记录中国铁路建设技术发展历程
凝聚智能、安全、绿色科技创新成果

OVERALL DESIGN AND TECHNOLOGICAL INNOVATION
OF BEIJING-ZHANGJIAKOU HIGH-SPEED RAILWAY

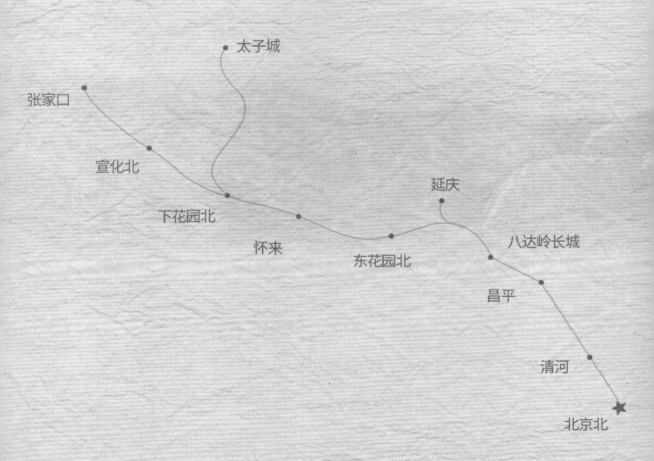

SERIES OF INNOVATIVE DESIGN AND TECHNOLOGY OF BEIJING-ZHANGJIAKOU HIGH-SPEED RAILWAY

京张高铁
总体设计与技术创新

OVERALL DESIGN AND TECHNOLOGICAL INNOVATION
OF BEIJING-ZHANGJIAKOU HIGH-SPEED RAILWAY

中铁工程设计咨询集团有限公司 / 组织编写
乔俊飞　王洪雨　王　通　等 / 著

人民交通出版社股份有限公司
北　京

内 容 提 要

本书为"京张高铁设计与技术创新丛书"之一，系统阐述了京张高铁的总体设计与技术创新。本书在回顾百年京张铁路的修建历程和历史意义基础上，总结了京张高铁的建设背景、建设意义、决策历程及建设过程，并从功能定位与技术标准、客运需求与运输组织、选线与布站设计、精品工程与智能设计、绿色景观与文化设计等方面，对京张高铁的总体设计、设计特色与技术创新进行了系统总结。

本书可供铁路行业设计人员、研究人员以及相关专业高校师生参考使用，也可供对高铁建设感兴趣的读者阅读。

图书在版编目（CIP）数据

京张高铁总体设计与技术创新 / 乔俊飞等著 . —北京 : 人民交通出版社股份有限公司, 2021.8
ISBN 978-7-114-17342-4

Ⅰ. ①京… Ⅱ. ①乔… Ⅲ. ①高速铁路—总体设计—华北地区 ②高速铁路—工程技术—技术革新—华北地区 Ⅳ. ① U238

中国版本图书馆 CIP 数据核字 (2021) 第 091109 号

审图号：GS（2021）5373 号

Jing-Zhang Gaotie Zongti Sheji yu Jishu Chuangxin

书　　　名：	京张高铁总体设计与技术创新
著 作 者：	乔俊飞　王洪雨　王　通　等
责任编辑：	吴燕伶
责任校对：	赵媛媛
责任印制：	张　凯
出版发行：	人民交通出版社股份有限公司
地　　址：	（100011）北京市朝阳区安定门外外馆斜街3号
网　　址：	http://www.ccpcl.com.cn
销售电话：	（010）59757973
总 经 销：	人民交通出版社股份有限公司发行部
经　　销：	各地新华书店
印　　刷：	北京印匠彩色印刷有限公司
开　　本：	787×1092　1/16
印　　张：	16.75
字　　数：	333千
版　　次：	2021年8月　第1版
印　　次：	2021年8月　第1次印刷
书　　号：	ISBN 978-7-114-17342-4
定　　价：	158.00元

（有印刷、装订质量问题的图书由本公司负责调换）

本书编审委员会

主 任 委 员：乔俊飞
副主任委员：王洪雨　王　通　奚文媛　崔俊杰　魏宏伟
　　　　　　张　婷　吕　刚　张忠良
编　　　委：（排名不分先后，按姓氏笔画排序）
　　　　　　丁学峰　马侃彦　马国友　马福东　马学涛
　　　　　　于素芬　于文明　于进江　王修华　王国君
　　　　　　王京伟　王潘潘　王东方　王向东　王效有
　　　　　　王　瑾　方　媛　冯小学　付昌友　冉　蕾
　　　　　　齐　楠　刘登峰　刘　方　刘建友　刘树红
　　　　　　师　歌　孙文广　孙　嵘　孙　行　孙　妍
　　　　　　朱　涛　何　勇　李敬中　李红侠　李　辉
　　　　　　李智伟　李向农　李伟丰　李　根　李　想
　　　　　　李宇辰　李　岩　吴青松　沈晓鹏　余泽西
　　　　　　杨文东　杨翰超　张小虎　张世杰　张大春
　　　　　　张　弛　张　强　张　宁　陈淑连　陈婷婷
　　　　　　陈世民　陈　雷　林海波　林国成　岳　岭
　　　　　　岳春明　金　令　郑　玢　周广杰　胡祥杰
　　　　　　胡江民　姜志威　宣立华　赵　鹏　赵　琳
　　　　　　赵博洋　高焕忠　夏瑞伶　夏　龙　徐升桥
　　　　　　贾方天　程　远　程　婕　程潮刚　韩传虹
　　　　　　韩　飞　蒋洁菲　彭建锁　楚振宇　裴爱华
　　　　　　靳元峰
主　　　审：蒋伟平
审稿专家：巫伟军　曹永刚　李汶京　陈进昌　杜文山
　　　　　　汪吉健　赵巧兰

前言

京张高铁是《中长期铁路网规划》（2016年版）中"八纵八横"高速铁路主通道中"京兰通道"的重要组成部分，也是京津冀城际铁路网的有机组成部分，同时也是国家举办2022年冬奥会的重要交通基础设施。线路自北京北站引出，向北经北京市海淀区、昌平区、延庆区至八达岭越岭后进入河北省境内，跨官厅水库，经张家口市怀来县、下花园区、宣化区后，终于张家口站，正线全长173.964km，最高设计时速350km。

中铁工程设计咨询集团有限公司于2008年12月开始京张高铁项目的前期研究，到2019年12月30日京张高铁开通运营，历经11年时间，完成了这项具有划时代意义重大项目的前期研究和全阶段设计工作。京张高铁设计团队发扬顽强拼搏、勇于创新的精神，全力打造"精品工程、智能京张"，取得了一大批设计创新成果。京张高铁首次全线、全专业采用了BIM设计技术，并在列车自动驾驶、智能调度指挥、故障智能诊断、北斗卫星导航、生物特征识别等方面实现了重大突破。智能设计、绿色设计、文化设计是京张高铁设计最耀眼的特色。首次利用智能技术进行智能化设计，开启了我国智能高铁新时代；利用绿色设计技术，打造了一条绿色环保景观线；首次进行铁路文化设计，将京张高铁打造成为传承老京张铁路百年历史的文化线。

"1909年，京张铁路建成；2019年，京张高铁通车。从自主设计修建零的突破到世界最先进水平，从时速35km到350km，京张线见证了中国铁路的发展，也见证了中国综合国力的飞跃。回望百年历史，更觉京张高铁意义重大。"在京张高铁投入运营首日，习近平总书记高度评价京张高铁建成通车的重大意义，对京张高铁开通运营作出重要指示。中铁工程设计咨询集团有限公司贯彻习近平总书记指示精神，精心组织、聚集体智慧编撰了本书，对京张高铁的设计创新成果进行总结，希望对我国其他高铁的设计提供参考和借鉴。

全书共分为7章，具体内容如下：

第1章，绪论。回顾了百年老京张铁路的修建历程和历史意义，总结京张高速铁路建设背景、建设意义、决策历程及建设过程。介绍了为保证"精品工程、智能京张"建设目标的实现，设计单位采取的组织保障、专家支持等措施，以及基于BIM的协同设计平台研发、BIM技术应用等设计手段和设计方法的创新。

第2章，功能定位与技术标准。结合相关路网规划，分析确定京张高铁的功能定位。为实现本线高铁、城际铁路、市郊铁路及服务2022年北京冬奥会的多种功能定位的融合，技术标准的选择涵盖了我国铁路客运时速120～350km的全系列技术标准。

第3章，客运需求与运输组织。结合路网规划、项目功能定位和沿线的经济特征，对奥运期、近期、远期的客运需求进行分析，运用多种客运量预测方法，预测了分时期、分时段、分构成的旅客运量，制定了京张高铁的运输组织方案，为京张高铁的设计提供基础。

第4章，选线与布站设计。选线和布站设计上，贯彻"绿色环保、以人为本、站城融合"的创新理念，大胆创新。在北京枢纽、八达岭越岭、张家口地区、延庆支线、崇礼铁路等的选线与布站设计上，结合沿线不同的地形地貌、经济据点以及文化古迹分布等因素，进行多方案研究、反复比选，达到线路走向、客站布局、站位方案最优。

第5章，精品工程与智能设计。为实现"精品工程、智能京张"建设总目标，设计单位发扬工匠精神，进行精品化设计，将清河站、八达岭长城站、张家口站、太子城站、清华园隧道、官厅水库特大桥等重点工程，打造成为各具特色的创新工程、精品工程；首次利用智能技术进行智能化设计，开启了我国智能高铁新时代。

第6章，绿色景观与文化设计。设计贯彻了绿色发展的新发展理念和"绿色、开放、共享、廉洁"的办奥理念，进行了全线绿色景观设计，将京张高铁打造成为一条绿色环保风景线。为使京张高铁成为弘扬中国铁路文化的载体、成为展现中国历史文化的窗口，首次进行了文化设计，将京张高铁打造成为中国铁路建设史上的一张文化名片。

第7章，展望。对中国高铁的未来发展进行展望。科技发展永无止境，我国高铁将在未来综合交通运输体系中发挥更重要的作用，高铁技术也将向更加智能、更加绿色方向发展。勘察设计需要适应未来高铁技术发展趋势，不断创新智能高铁、绿色高铁设计理念和技术，为中国高铁发展做出更多贡献。

本书撰写过程中，得到了中铁工程设计咨询集团有限公司蒋伟平、巫伟军、曹永刚、李汶京、陈进昌、汪吉健、杜文山、赵巧兰及西南交通大学张雪永、车小洁等专家的悉心指导，还得到了中铁工程设计咨询集团有限公司科技处、线站院、地路院、桥梁院、城交院、电通院、建筑院、环工院、轨道院、机动院、数字工程研究中心等单位的协助。书中也引用了大量参考文献和资料，在此一并表示感谢！

限于作者理论水平和实践经验，书中的疏漏和不妥之处在所难免，欢迎读者批评指正。

作　者

2021 年 4 月

目录

第 1 章　绪论 ··· 1
1.1　世纪工程 ·· 2
1.2　设计组织保障 ··· 9
1.3　设计方法创新 ··· 11

第 2 章　功能定位与技术标准 ·· 17
2.1　功能定位 ·· 18
2.2　技术标准 ·· 21

第 3 章　客运需求与运输组织 ·· 29
3.1　客运需求 ·· 30
3.2　运输组织 ·· 39

第 4 章　选线与布站设计 ··· 43
4.1　北京枢纽选线与布站 ·· 44
4.2　八达岭越岭选线与景区布站 ·· 61
4.3　张家口地区选线与布站 ·· 67
4.4　延庆支线选线与布站 ··· 72
4.5　崇礼铁路选线与布站 ··· 73

第 5 章　精品工程与智能设计 ································ 79

5.1　精品工程设计 ······································ 80
5.2　智能设计 ·· 153

第 6 章　绿色景观与文化设计 ·························· 195

6.1　概述 ·· 196
6.2　区间绿色景观与文化设计 ·························· 200
6.3　车站绿色景观与文化设计 ·························· 211
6.4　历史文物与京张文化保护 ·························· 236

第 7 章　展望 ·· 243

7.1　高速铁路智能化设计展望 ·························· 244
7.2　高速铁路绿色化设计展望 ·························· 244

参考文献 ·· 247

CONTENTS

Chapter 1　Introduction ··· 1

    1.1　Century Project ·· 2
    1.2　Design Organization Guarantee ·· 9
    1.3　Design Method Innovation ·· 11

Chapter 2　Function Orientation and Technical Standards ·· 17

    2.1　Function Orientation ·· 18
    2.2　Technical Standards ·· 21

Chapter 3　Passenger Transport Demand and Transport Organization ·· 29

    3.1　Passenger Demand ··· 30
    3.2　Transport Organization ·· 39

Chapter 4　Route Selection and Station Layout Design ······ 43

    4.1　Route Selection and Station Layout Design of Beijing Hub ······ 44
    4.2　Route Selection and Station Layout Design of Badaling Mountain Crossing Section ·· 61

4.3 Route Selection and Station Layout Design in Zhangjiakou Area   67

4.4 Route Selection and Station Layout Design of Yanqing Branch Line   72

4.5 Route Selection and Station Layout Design of Chongli Railway   73

Chapter 5 Excellent Project and Intelligent Design   79

5.1 Quality Project   80

5.2 Intelligent Design   153

Chapter 6 Green Landscape and Cultural Design   195

6.1 Overview   196

6.2 Green Landscape and Cultural Design   200

6.3 Green Landscape and Cultural Design of Station   211

6.4 Historical Relics and Protection of Jingzhang Culture   236

Chapter 7 Future Development Prospects   243

7.1 Prospect of Intelligent Design for High-speed Railway   244

7.2 Prospects for Green Design of High-speed Railway   244

References   247

京张高铁
设计与技术创新丛书
SERIES OF INNOVATIVE DESIGN AND TECHNOLOGY
OF BEIJING-ZHANGJIAKOU HIGH-SPEED RAILWAY

# CHAPTER 1
>>> 第1章

绪论
INTRODUCTION

1.1 世纪工程

在北京和张家口之间，存在着百年前建设的老京张铁路。老京张铁路由詹天佑先生主持修建，是中国自行出资、设计、建造的首条铁路，是中国独立发展铁路事业的重要标志。老京张铁路建设在中国铁路建设史上具有划时代里程碑意义，同时具有重要的政治价值、军事价值以及经济价值。百年之后，京张高铁与老京张铁路在同一个起点、同一个终点、同一条路径相伴而行（图1-1）。京张高铁将老京张铁路融入其中，老京张铁路成为京张高铁不可分割的一部分，京张高铁再一次赋予了老京张铁路新的生命。京张高铁是百年铁路史活生生的展现，具有重大的历史意义和现实价值，堪称世纪工程。

图1-1 京张高铁平面示意图

昔日老京张铁路实现了我国自主设计修建铁路零的突破，今天京张高铁使中国高铁跨入智能高铁的新时代，达到世界最先进水平。京张高铁取得的成就，是弘扬天佑精神的结果，是对百年京张的致敬。110多年前建成的老京张铁路以著名的"人"字线（又称"之"字线）实现了创新，挺起了当时民族的脊梁；110多年后，京张高铁建成通车，将"人"字发展为"大"字（图1-2），预示着伟大祖国必将更加强大、繁荣昌盛。100多年后，中国成功申办了冬奥会，并用举世瞩目的中国高铁向世界展现出了东方力量。从老京张铁路到京张高铁，它们见证了中国铁路的百年发展史，也见证了中华民族走向伟大复兴的历程。

1.1.1 百年京张的回顾

（1）建设历程

京张铁路起自北京市丰台区，经八达岭、居庸关、沙城、宣化等地至河北省张家口，全长201.2km。1905年9月开工修建，1909年10月2日建成通车，建设期比预定计划缩减了两年。

图 1-2 从"人"字铁路到"大"字铁路示意图

1904 年，袁世凯等人提议清政府用关内外铁路余利来修建京张铁路。但由于关内外铁路余利均存于英国汇丰银行，如若提用，必须先与英方协商。英国人坚持修筑京张铁路非用英国人不可。同时，俄国也发表声明，表示清政府以前与俄国有长城以北铁路不能由第三国承办之协议，反对英国人任工程师。在英、俄两国争夺修路权相持不下的情况下，袁世凯多次与英俄协商，最终确定由中国自己主持修建。清廷接受了袁世凯的建议后，袁世凯在资金和人才上精心筹划，任命陈昭常为总办、詹天佑为会办（相当于副局长）兼总工程师。

京张铁路经过多处险峻地势路段，工程复杂。"中隔高山峻岭，石工最多，又有 7000 余尺桥梁，路险工艰为他处所未有"，特别是"居庸关、八达岭，层峦叠嶂，石峭弯多，遍考各省已修之路，以此为最难，即泰西诸书，亦视此等工程至为艰巨"。"由南口至八达岭，高低相距一百八十丈，每四十尺即须垫高一尺"，最难点的南口关沟地区"两山夹峙，下有巨涧，悬崖峭壁，称为绝险"。这些都给工程勘测、选线、施工等带来极大挑战。

1905 年 5 月 10 日，詹天佑从丰台开始往北向张家口勘测线路。经过仔细勘察，詹天佑初步勘测出三条线路：第一条由丰台沿永定河谷经三家店至沙城，即今丰沙线；第二条由昌平绕道德胜口经延庆至沙城，即今 110 国道；第三条由丰台经南口通过关沟穿越八达岭至沙城。由于清廷拨款有限，时间紧迫，詹天佑决定采用第三条路线，即从丰台北上西直门、沙河，经南口、居庸关、八达岭、怀来、鸡鸣驿、宣化到张家口。

詹天佑把京张铁路全线分为三段：丰台到南口为第一段，南口到康庄为第二段，康庄到张家口为第三段。全线的难关在第二段关沟，这一带叠峦重嶂，悬崖峭壁，工程之难在当时为世界所罕见。针对山高坡陡的实际情况，詹天佑根据地形，从青龙桥起，顺着山势设计出了"人"字形（也有的称之为"之"字形）折返线爬坡。通过延长线路长度，抬高路基高度，从而减缓了列车上行的坡度。列车到达青龙桥后利用天然地形，车尾变为车头向右折返，继续上坡前行，穿过八达岭隧道（全长 1091m）。詹天佑带领勘测与施工团队，克服种种困难，创造性地解决了许多技术问题，保障了工程的顺利进行。1909 年 9 月 24 日，京张铁路全线通车，是中国首条不使用外国资金及人员，由中国人自行勘测、设计、施工，投入运营的干线铁路。京张铁路工期比原计划提前 2 年，工程费用比预算节省 28 万多两白银。1909 年 10 月 2 日，京张铁路在南口举行通车典礼。

京张铁路始自北京丰台柳村，经广安门、西直门、南口、居庸关、青龙桥、沙城、鸡鸣驿、宣化至终点张家口，设计之初共有 31 个车站，其中，起点站、南口站、青龙桥站和终点站是主要站点（图 1-3）。柳村站是早年建设时京张铁路的起点站，出站后线路北上经广安门站至西直门。1949 年中华人民共和国成立后，北京原宣武区手帕口至西直门火车站的一段铁路拆除，西直门站（北京北站）成为起点站。南口站是铁路进入山区的第一座车站，由于南口站以北的关沟路段坡度极大，一般机车无法满足牵引力需求，故京张铁路建成之初便设置南口机务段，用于来往列车的牵引作业。青龙桥站，是詹天佑先生设计的"人"字形铁路的顶点，通过人字线加长了坡道长度，减缓了线路坡度，巧妙地解决了火车爬陡坡的难题，从而成为当时铁路建设的典范（图 1-4）。原张家口站位于河北省张家口市桥东区，于 1909 年与京张铁路同期建成，是京张铁路的终点，后随着京包铁路的建成，设立了张家口南站（现张家口站），老张家口站成为京包铁路张家口联络线上的火车站。该站设有一个侧式站台（1 号站台）和一个岛式站台（2 号站台），站房上"张家口车站"五字为詹天佑书写。2014 年 7 月 1 日，老张家口站停止办理客运业务，2019 年 2 月 28 日其正式停业，完成了历史使命。

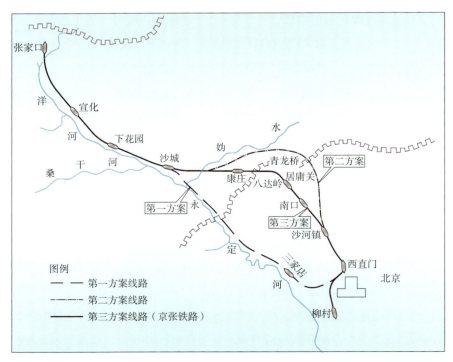

图 1-3　老京张铁路线路走向图

（2）历史意义

京张铁路是中国铁路建设史上的里程碑，在中国铁路史上具有划时代的意义。京张铁路是中国工程师独立完成的第一条干线铁路，是西方铁路筑路技术首次在中国实现本土化的铁路，在铁路技术移植中国的过程中具有特殊的意义和价值。京张铁路建设经费完全由中国国内自筹，有效遏制了外国利用资金投入控制路权的野心。京张铁路工程难度在近代中国是空前的，尤其是八达岭越岭段。詹天佑带领的工程队伍精妙设计、大胆创新，保质保量地完成了整个工程建设。

图1-4 青龙桥车站"人"字形铁路

张家口是北京通往内蒙古的要冲，南北旅商来往之孔道，是中、俄、蒙物资贸易的重要通道和集散地，是居天津之后的中国北方第二大商埠。京张铁路通车运营后大大便利了沿线客货运输，促进了沿线地区经济发展。沿线贸易发展的同时，张家口城市建设也如火如荼展开。张家口兴建了大量的商业区，官僚资本和民营资本兴办的工矿业也逐渐形成，促进了城市公共交通的起步和发展。此外，京张铁路通车还促进了区域经济协同发展。京张铁路不仅连接着京师和华北贸易转运中心张家口，其后又延长至绥远、包头等地，密切了西北地区与沿海内地之间的贸易交往。张家口也在转运北京附近的煤矿、天津口岸的货物与包头等地的商品运输活动中扮演重要角色，是区域间发展的关键节点，在京津冀地区发展过程中发挥着重要作用。"察哈尔居西北要冲，张家口当内外孔道，为畿辅之项背，库恰之后援。自来有事于西北者，莫不于张家口屯驻重兵以资拱卫"，京张铁路的修建是解决西北边疆危机的重要措施，也具有重要的政治和军事价值。

总之，京张铁路的终点张家口是华北平原通向内蒙古与西北的交通要冲，是南北商旅交易的要道，是中俄、中蒙物资贸易的重要通道和物资集散地、对外贸易的"旱码头"，曾有"陆路商埠"之称。与"丝绸之路"相媲美的古"张库大道"即从这里起始，因此京张铁路具有重要的政治和经济意义。京张铁路的建成轰动中外，是中国铁路史上辉煌的一页，它充分表现了中国人民的智慧和力量。其意义远大于工程本身，极大地鼓舞了当时饱受屈辱的中国人民，增强了中国人民的自尊心，提升了中国人民的民族自豪感，之后全国各地掀起了铁路建设的高潮。

1.1.2 京张高铁的建设

1）建设背景

中国共产党第十八届中央委员会第五次全体会议首次提出"创新、协调、绿色、开放、共享"五大发展理念。践行新发展理念是我国实现"两个一百年"奋斗目标，实现社会主义现代化的必由之路，也是实现铁路现代化的必然遵循。党的十八大以来，党中央高度重视生态文明建设，将绿色发展的新发展理念纳入中国特色社会主义"五位一体"总体布局和"四个全面"战略布局。党的十九大坚持"绿水青山就是金山银山",实行了最严格的生态环境保护制度,坚持生态优先、绿色发展已成共识。

高铁本身就是节能环保的运输方式。高铁动车组列车采用电力牵引,相较于其他诸如汽车、飞机、轮船等交通工具,具有明显的低碳排放特性,可大大降低对环境的影响。高铁的资源节约还体现在土地利用上,高铁采用"以桥代路"建造方式,节地效果明显,与公路、民航相比,其单位运输量土地占用较小。随着高铁运营里程的延伸,高铁日益成为人民群众出行的主要方式,也要求高铁进一步研发绿色技术,支撑绿色发展。

《中长期铁路网规划》自2004年国务院通过以来,经历了两轮调整和修规。2008年10月,国家发展和改革委员会(以下简称"国家发改委")批准《中长期铁路网规划(2008年调整)》(发改基础〔2008〕2901号),提出到2020年全国铁路营业里程达到12万km以上,其中客运专线里程达到1.6万km以上。2016年7月,国家发改委、交通运输部、原中国铁路总公司批复《中长期铁路网规划》(发改基础〔2016〕1536号),为满足快速增长的客运需求,优化拓展区域发展空间,在"四纵四横"高速铁路的基础上,增加客流支撑、标准适宜、发展需要的高速铁路,形成以"八纵八横"主通道为骨架、区域连接线衔接、城际铁路补充的高速铁路网,实现省会城市高速铁路通达、区际之间高效便捷相连。

这表明,一方面,高铁发展迅猛,成为国家经济发展和科技创新的靓丽名片,在经济社会发展中承载的使命越来越重。另一方面,对于高铁自身发展也提出了更高要求。除了支撑国家经济社会发展外,还要从国际高铁竞争角度,顺应国际高铁发展趋势,向更高的技术水平迈进。随着新一轮科技革命和产业变革孕育兴起,人工智能、大数据、云计算、物联网、建筑信息模型(BIM)、北斗卫星导航等新技术加速突破应用,人类社会快速进入智能时代。智能时代的到来对铁路的创新发展提出了新的更高要求,未来世界范围内高速铁路领域的竞争将在很大程度上是数字化和智能化水平的竞争,需要在推进"八纵八横"高速铁路网的同时,不断探索新的高铁技术。

2)建设意义

京张高铁不仅是向老京张铁路的致敬之作,在新时代国家经济社会发展中也具有重要的意义。

(1)完善我国高速铁路网,形成西北至京津冀地区便捷通道

自2004年国务院批准实施《中长期铁路网规划》以来,"四纵四横"客运专线网提出并实施,我国客运专线铁路建设进入快速发展期。根据国民经济发展新形势、新需求,《中长期铁路网规划(2008年调整)》提出要"突出客运专线、区际干线和煤运系统的建设",京张铁路为"完善路网布局和西部开发性新线"中的"新建北京—张家口—集宁—呼和浩特—包头线,形成北京至内蒙古呼包鄂地区便捷通道"。《中长期铁路网规划》(2016年版)提出构建"八纵八横"高速铁路主通道,京张高铁即是京兰通道(北京—呼和浩特—银川—兰州高速铁路)的重要组成部分。

京张高铁东端通过北京铁路枢纽,通达我国京津冀、东北、华东、中南地区,西端通过张呼、呼包、包银、银兰铁路连接内蒙古西部、宁夏、西北广大地区(不含陕西),通过大张、

大西高铁连接山西、陕西、西南地区，通过崇礼铁路、太子城至锡林浩特铁路构建锡林郭勒盟进京快速通道。京张高铁的建设，对于完善我国高速铁路网，形成西北至京津冀地区的便捷通道具有重要意义。

（2）打造"轨道上的京津冀"，促进京津冀协同发展

京津冀地区是我国三大城市群之一，推进京津冀协同发展，是党中央、国务院在新的历史条件下作出的重大决策部署。交通一体化是京津冀协同发展的骨骼系统，是优化和引导城镇空间布局的重要基础，是疏解非首都核心功能的基本前提，也是实现率先突破的重要领域。建设大容量、绿色型的城际铁路，打造"轨道上的京津冀"，是实现京津冀交通一体化的关键。

京张高铁作为路网性高速铁路，在承担中长途跨线客流为主的同时，兼顾张家口地区与京津冀地区城际客运功能，是京津冀城际铁路网的有机组成。京张高铁是打造"轨道上的京津冀"、促进京津冀协同发展的重要基础设施。

（3）满足2022年冬季奥林匹克运动会赛事场馆间快速通达的交通保障

2022年冬季奥林匹克运动会（以下简称"冬奥会"）由北京、河北张家口联合举办，比赛场馆布局在北京市区、延庆小海坨山区、张家口崇礼区太子城三个区域。为满足比赛场馆之间以及与北京市区的快速通达，北京市、河北省规划建设了铁路、公路、机场等配套综合交通项目。

京张高铁建成后，通过与崇礼铁路衔接贯通，实现北京市区至张家口太子城场馆50min左右到达，与延庆支线衔接贯通，实现北京市区至延庆场馆30min左右到达。因此，京张高铁是举办2022年冬奥会、满足赛事场馆间快速通达的交通保障。

总之，京张高铁建设意义重大。京张高铁既是2022年北京冬奥会的交通保障线，也是促进京津冀地区一体化协同发展的经济服务线；既是传承老京张铁路百年历史的文化线，也是展示中国铁路建设成果尤其是高铁建设成果的示范线，更是落实"一带一路"倡议、"走出去"战略的政治使命线。京张高铁是继京沪高铁、青藏铁路之后又一个划时代里程碑式的项目，是打造世界高铁建设典范和推动我国高铁技术新一轮创新的标志性工程，是中国智能铁路1.0版、中国铁路2.0版。

1.1.3 决策历程

2008年11月，开展项目前期研究工作。2008年12月，完成项目预可行性研究报告，2010年7月，国家发改委批复项目建议书。

2009年3月，完成项目初测工作。2009年4月，编制完成了项目可行性研究报告。2010年11月，原铁道部、北京市、河北省以《关于申报送新建北京至张家口铁路可行性研究报告的函》（铁计函〔2010〕1604号文）向国家发改委报送了可行性研究报告。

2013年7月，原中国铁路总公司、北京市、河北省以《关于报送调整新建北京至张家口铁路可行性研究报告的函》（铁总计统函〔2013〕491号文）向国家发改委报送了调整可行性研究报告。

2014 年 7 月，原中国铁路总公司、北京市以《关于报送新建北京至张家口铁路八达岭越岭段工程可行性研究报告的函》（铁总计统函〔2014〕913 号文）向国家发改委报送了八达岭越岭段可行性研究报告。2014 年 11 月，国家发改委以《关于新建北京至张家口铁路八达岭越岭段工程可行性研究报告的批复》（发改基础〔2014〕2548 号文）进行了批复。

2015 年 4 月，为适应京津冀协同发展交通一体化和北京城市规划的相关要求，并结合北京、张家口联合申办 2022 年冬奥会北京至崇礼赛区 50min 时间目标值需要，编制完成《新建北京至张家口铁路调整可行性研究报告》（2015 年版）。2015 年 9 月，国家发改委以《关于新建北京至张家口铁路可行性研究报告的批复》（发改基础〔2016〕2135 号文）对本项目的可行性研究报告进行了批复。

2009 年 6 月—2015 年 4 月，完成定测和多次定测补充工作。2015 年 4 月，完成初步设计文件编制，2015 年 11 月，原中国铁路总公司、北京市政府、河北省政府以《关于新建北京至张家口铁路初步设计的批复》（铁总鉴函〔2015〕1351 号文）联合批复了本项目的初步设计。2016 年 1 月，原中国铁路总公司批复项目施工图。

1.1.4 建设过程

（1）项目开工

2016 年 9 月 1 日，北京铁路局以《北京铁路局关于新建北京至张家口铁路工程开工条件备案的报告》（京铁建〔2016〕369 号）完成呈报核备。

（2）工期安排

根据全线指导性施组工期安排，京张高铁于 2016 年 3 月开工建设（其中先期开工段居庸关隧道于 2015 年 10 月份开工），全线工务工程于 2019 年 7 月 1 日开始组织静态验收。主要节点时间如下：路基工程，2016 年 6 月—2019 年 3 月；桥梁墩台，2016 年 5 月—2018 年 8 月；制梁工程，2016 年 8 月—2018 年 8 月；架梁工程，2016 年 10 月—2018 年 9 月；隧道工程，2016 年 3 月—2018 年 12 月；铺轨工程，2018 年 11 月—2019 年 6 月；长轨锁定和焊接，2019 年 4 月—2019 年 8 月；轨道精调，2019 年 4 月—2019 年 9 月。

（3）重点工程建设

官厅水库特大桥（全长 9.08km，主桥为 8×110m 简支钢桁梁）：2016 年 3 月 1 日开工，2018 年 4 月 30 日竣工。新八达岭隧道（全长 12km）：2016 年 3 月 1 日开工，2018 年 12 月 11 日竣工。清华园隧道（全长 6.02km，盾构隧道）：2016 年 3 月 1 日开工，2018 年 11 月 20 日竣工。清河站房：2017 年 6 月 8 日开工，2019 年 12 月 20 日竣工。太子城站房：2018 年 8 月 18 日开工，2019 年 12 月 25 日竣工。

（4）建成通车

2019 年 12 月 30 日，京张高铁按期顺利建成通车。

1.2 设计组织保障

1.2.1 组织保障

（1）工作领导小组和专家组

为确保京张高铁项目快速推进，成立了以中铁工程设计咨询集团有限公司（以下简称"中铁设计"）主要领导为组长、以主管领导为副组长、以各生产院及相关部门主要领导为组员的领导小组。成立了以中铁设计总工程师为组长、副总工程师及相关生产院总工程师为组员的专家组，确保京张高铁建设的顺利推进。

（2）成立智能高铁工作组

为顺利推进智能京张有关工作，并配合好原中国铁路总公司相关工作组的工作，中铁设计分别成立了智能铁路组、设计创新组、工程推进组、质量安全组、廉洁建设组、京张文化组、外部协调组7个工作组，还成立了"精品工程、智能京张"工程化推进专项设计组，全方位确保"精品工程、智能京张"系列工作按计划推进实施。

（3）组建强大的设计团队

为确保设计工作的高质高效，中铁设计举全公司之力组建了强大的设计团队，据不完全统计，先后有300余名职工参与到了京张高铁各阶段工作中，针对项目特点设置了5位副总体配合总体开展工作，副总体均由各专业骨干担任，部分副总体由相关生产院副总工程师兼任。另一方面，结合项目实际，在京张总体组构架下还成立了专项总体组，如清河站总体组等。

（4）建立工作机制

结合原中国铁路总公司牵头确定的《京张高铁精品工程指导意见》及《京张高铁精品工程实施方案》，制定了《京张高铁打造精品工程、智能高铁设计创新调整方案》，多次讨论、修改、优化，为实现最终目标建立了完善的工作机制。

（5）组建技术专家团队，联合大专院校、科研院所开展科研攻关工作

为解决京张高铁设计中遇到的大量技术难题，设计单位组建了强大的技术专家团队，并联合高等院校、科研院所开展科研攻关工作。中铁设计联合中国铁路经济规划研究院有限公司、京张城际铁路有限公司、中国铁道科学研究院集团有限公司、北京交通大学、西南交通大学、清华大学、北京工业大学、中铁五局集团有限公司等单位，开展了中国国家铁路集团有限公司（以下简称"国铁集团"）重大科研课题《京张城际铁路大跨度深埋地下车站综合修建技术研究（2014G004-C）》；与京张城际铁路有限公司、国铁集团工程管理中心、中铁五局集团有限公司和北京中铁诚业工程建设监理有限公司联合开展了国铁集团重大科研课题《京张高铁八达岭地下车站施工关键技术研究（2017G007-A）》；与京张城际铁路有限公司、中国铁路经济规划研究院有限公司、中铁十四局集团有限公司、北京交通大学、西南交通大学、中国

铁道科学研究院集团有限公司和中铁西南科学研究院有限公司联合开展了国铁集团重大科研课题《京张高铁城市密集区复杂地质高风险大直径盾构隧道修建关键技术研究（2017G007-B）》；与中国铁道科学研究院集团有限公司、京张城际铁路有限公司、东南大学、中铁五局集团有限公司联合开展了国铁集团重大科研课题《京张铁路长寿命耐久混凝土制备关键技术研究（2017G007-C）》等的研究工作，解决了一系列重大技术难题，取得了一批创新成果。

（6）加强策划与过程质量控制

中铁设计集团公司主管副总工程师、各生产院总工程师和主管副总工程师均全过程介入，前期精心筹划，过程中加强指导，重视设计细节，针对具体问题随时研讨，对设计的中间和最终成果严格审查把关，统一思想达到设计产品零缺陷目标。

（7）加强现场配合施工工作

为了加强现场配合施工，高效、及时处理建设过程中出现的各类问题，为项目顺利实施保驾护航，中铁设计先后成立了京张高铁配合施工指挥部、京张高铁配合施工指挥部党工委和纪工委。同时，为加强依法合规推进各项工作，中铁设计还成立了以主要领导为组长、以纪委书记及主管领导为副组长、各部分主要领导为组员的京张高铁配合审计工作领导小组，在体制、机制上全力确保现场配合施工工作正常、有效推进。

1.2.2 专家支持

（1）国内知名院士、专家咨询

在京张高铁前期规划设计和建设阶段，充分发挥集团公司院士流动站的作用，得到了不同行业的知名院士、设计大师及专家学者的帮助。比如在八达岭长城站站位论证、清河综合交通枢纽站方案研究论证过程中，前后邀请了何华武、施仲衡、杜彦良三位院士及多位知名专家共同参与讨论，再如清华园隧道施工过程中也得到了钱七虎院士的助力。

（2）充分发挥国铁集团专家技术委员会、中国铁道学会的平台作用

在规划设计过程中，针对时速350km有砟轨道研究、八达岭越岭段大坡度论证、冬奥会转场时间目标值保障等关键问题和技术难点，向国铁集团专家技术委员会以及中国铁道学会等机构汇报并共同研究确定，集思广益，取得了良好效果，达到了预期目标。

（3）组织开展专家论证和专家评审会

对于部分重点问题，采用专家论证或专家评审会等形式进行研讨。如在八达岭长城站站位论证过程中，先后七次邀请结构、安全、运输、环保、旅游、文保、监测等各行业专家进行论证，研究透彻、目标统一，为项目顺利实施奠定良好基础，施工过程中对于安全控制、文物及环境保护等也实现了预期目标。

（4）学习借鉴国际先进技术

在积累国内建设经验的同时，还充分学习、借鉴了国际先进技术，特别是为保障京张高

铁建设的顺利实施并为开通后高质量的运营、服务打好基础，进一步了解和学习国外相关国际盛会铁路建设以及运输组织、客运服务模式等成功经验，在原中国铁路总公司带领下，分别于 2016 年和 2017 年先后考察了俄罗斯索契、日本长野和札幌等相关冬奥会设施。通过学习进一步优化了为冬奥会服务的相关设施、设备，为成功举办 2022 年冬奥会打下了良好基础。

1.3 设计方法创新

BIM（Building Information Model）是"建筑信息模型"的简称，起源于 20 世纪 70 年代，由美国佐治亚理工学院（Georgia Institute of Technology）的查克·伊斯曼博士（Chuck Eastman, Ph.D.）提出，并定义其概念为：建筑信息模型是将一个建筑建设项目在整个生命周期内的所有几何特性、功能要求与构件的性能信息综合到一个单一的模型中，同时，这个单一模型的信息中还包括了施工进度、建造过程的控制信息。目前，对于 BIM 的定义与解释已有诸多版本。维基百科中将 BIM 定义为涵盖了几何学、空间关系、地理信息系统、各种建筑组件性质及数量（例如供应商的详细信息）的建筑信息模型，可以用来展示整个建筑生命周期，包括兴建过程及运营过程；美国国家标准（NBIMS）定义 BIM 是一个建设项目物理和功能特性的数字表达，是从建设项目最初概念设计开始的整个生命周期里做出任何决策的可靠共享信息资源。

BIM 从 20 世纪 70 年代提出至今，已经从概念普及阶段进入到应用普及阶段，开展从局部范围、企业内的试验到全线路范围、多方协同的实践，并逐步向全产业链协同、全生命周期实施应用迈进。BIM 的深入应用和发展，将有利于整合设计、生产、施工、运维等整个产业链，有利于企业生产组织模式创新，有利于市场资源合理配置，有利于推动行业创新变革。目前，美国、新加坡、日本、韩国及欧洲诸国等多个国家，均已在建筑行业提出了 BIM 应用要求，并建立了相关的 BIM 企业级和行业级应用标准。我国房建、水电等行业 BIM 应用相对成熟完善，已在全力推广 BIM 技术的应用。经过最近几年的快速发展，铁路行业 BIM 应用标准也在逐步完善，积极参与到国际铁路标准的制定中。随着中国铁路信息化建设进程的不断推进，BIM 技术将成为铁路工程建设行业发展的必然趋势。

中国铁路建设已取得了辉煌的成就，其中，信息化、智能化发挥了重要的作用。智能铁路是现代新技术在铁路领域的综合应用，是铁路建设必然的发展方向。人工智能、大数据、物联网、BIM 等新技术与铁路融合后，形成智能铁路的基础技术体系和理论框架。智能铁路分为智能建造、智能装备、智能运营，为实现智能铁路战略提供重要技术保证。而 BIM 技术是智能铁路建设的重要技术发展方向和核心技术之一。作为铁路工程建设的源头，基于 BIM 技术的三维设计为智能铁路的施工建设及运营维护提供了可靠的数据基础。

1.3.1 基于 BIM 的协同设计平台建设

（1）整体建设目标

BIM 技术是基于三维数字设计所构建的可视化建筑信息模型，同时也是一种先进的管理理念。中铁设计以"BIM 设计水平达到同行业先进水平；协同设计达到工程化应用程度"为核心目标，针对智能铁路总体框架以及建设特点，提出了通过基于 BIM 技术的协同设计，为铁路工程建设提供贯穿于铁路全生命周期的全要素数据信息，形成完整、准确、实时更新的数字铁路的总体思路，从而打破铁路建设中各专业、各阶段的信息断层，有效管理工程信息的采集、传递、交流和整合，为智能铁路建设提供可靠的数据基础。

（2）协同体系建设的重难点

首先，铁路设计专业多、接口复杂、流程阶段多，是协同体系建设解决的重点问题。利用 BIM 技术，将各专业内及各专业间的内在逻辑关系抽象出来，然后利用相关的计算机技术对其进行表述，得到参数化数学模型。在这个模型中，各个组件之间的联系是动态的，任意专业输入条件的改变，都会影响到与其相关联的组件，进而影响到整个复杂的系统。通过建设包含全专业的参数化数学模型，构建了专业内和专业间数据层面的强耦合关联关系，强化了数据层面的协同能力。依托面向工程对象的多专业、多层级、多粒度的技术，对数字孪生铁路进行精细化管理，这也正是数字孪生铁路具备动态、可感知特性的原因。

其次，针对设计中的重难点工程，传统二维设计需要对比分析各专业的各类图纸来确定、优化设计方案。利用 BIM 技术，可动态抽取不同维度各专业设计成果，将其集中在同一维度中进行表达和分析，提升设计能力。

最后，针对传统设计过程中，文件流转流程复杂等特点，利用 BIM 技术对其进行优化。基于 BIM 技术的专业间协同设计，让各专业在同一个信息模型上开展工作，使很多原本是串行的工作转为并行，专业间的配合更多是依靠定制的流程引擎去驱动全要素信息模型中数据层面的直接交互，各专业数据层面逻辑联系更紧密，配合度更高，从而促进设计质量的提升。同时，这种工作方式还能让年轻的技术人员更快、更深入地了解相关专业的设计意图和思路，掌握专业间如何配合、如何合理解决冲突等方法和技巧。

（3）标准体系研究与建设

推进 BIM 标准体系研究与建设是铁路 BIM 技术发展的核心，制定相关 BIM 标准不仅是铁路 BIM 研发的基础，也是铁路建设周期中信息充分共享的支撑。依据铁路 BIM 联盟发展规划，未来铁路行业内应根据 BIM 推进工作的需要，制定政策、建立措施、完善相关机制，尽可能地为建设各方提供支持和帮助。同时，实现标准化是铁路工程 BIM 项目发展的重点方向，也是提高铁路工程信息化水平的基础和前提。为了更有效地规范 BIM 设计，充分发挥 BIM 协同设计在铁路设计行业的优势，同时结合 BIM 业务建设与管理应用的实际工作，中铁设计参照铁路 BIM 联盟相关标准体系，对相关的设计方法、流程、质量保证以及组织架构等方面进行了深入研究，制定了技术标准体系和实施标准体系，从整体架构、BIM 建模标准、编码标准等多方面进行规范和定义，形成了一套行之有效的技术与管理应用标准体系，为各专业开展 BIM 设计提供了准绳。

（4）协同设计体系应用与实践

基于 BIM 的协同设计是指参与单位之间、参与专业之间、相关设计阶段之间的信息交付和工作协调。铁路工程建设涉及专业多达二十几个，站前专业如线路、站场、桥梁、路基等，站后专业如暖通、给排水、机械、电力等专业，每个专业内或不同专业间都要密切配合与协作，确保信息沟通顺畅、准确。传统的二维设计抽象复杂，多专业图面零乱繁杂，很难直观表述模型的设计意图，特别是工程进行时因图纸差错导致的返工，单专业错误可能导致其他专业的图纸变更，大幅增加了设计工作量，严重影响工程进度，甚至增加项目成本。应用 BIM 技术能够使各专业协同设计与作业，在设计初期及时沟通，进行模型汇总整合，及时修正错误，确保设计信息及时准确地呈现，将传统方式下项目后期出现的问题提前解决。完善的 BIM 模型可最大限度降低图纸变更带来的损失，从根本上减少因此而产生的人力、物力浪费，确保数据的统一性与准确性，有效提高各方的协作效率。

京张高铁全线、全专业采用了 BIM 技术进行三维信息模型设计，形成一条基于 BIM 技术的数字铁路。为实现设计、施工、运营维护全生命周期、一体化管理的智能铁路打下基础。

1.3.2 京张高铁 BIM 技术应用

京张高铁 BIM 设计是智能京张的先导工程，其本质是以 BIM、地理信息系统（GIS）以及现代信息技术为基础，实现京张高铁建设过程的全面数字化，带动组织形式、管理模式和建设过程的变革，以及工程建设过程和产品的变革。京张高铁 BIM 技术应用于以下几方面。

（1）京张高铁协同设计体系的建立

京张高铁全线设计参与专业多，且各专业都有各自独特的设计需求和方法，也都有各自独特的数据特点。专业间业务接口复杂、数据交互频繁，协调难度大。传统二维 CAD 设计存在各专业内和专业间数据相对离散、逻辑关联性不高、信息大量冗余等问题，无法满足数字建造对数据的要求。为了解决这一问题，设计采用了基于 BIM 技术的协同设计体系。

首先，依据《新建北京至张家口铁路站前工程招标预算编制原则》文件中的 10 个标段和 26 个招标预算子单元，按照站场、路基、隧道、桥梁、动车所、信号等设计起始里程范围，把全线 BIM 工作划分成 56 个设计段落，并确定了模型总装的牵头专业。

其次，基于 Project Wise 平台进行二次开发，形成符合设计习惯及项目特点的设计协同工作管理平台，将贯穿于项目设计过程中的信息以三维模型为载体进行集中、有效的管理，并按照以下方式进行管理：

①在协同平台建立项目所需的模板库、单元库、材质库、线形库、特征库及标准配置，标准文件内容如图 1-5 所示。

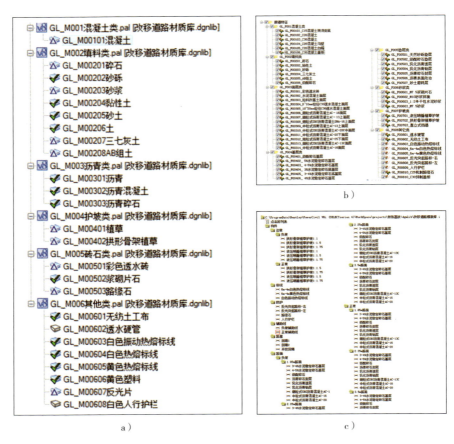

图 1-5 材质库、线型库、特征库、构件及横断面

② 结合各专业工作内容分解，建立项目结构树，按规范命名并建立关键文档。模型划分按照项目总装、区域总装、专业分装、模型文件等层级进行划分（图 1-6）。

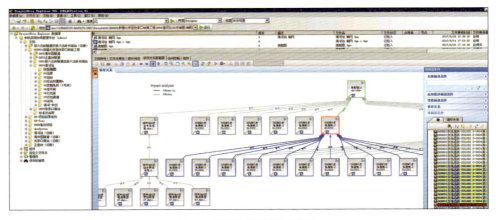

图 1-6 清河站模型装备结构图

③ 制定 BIM 实施流程（图 1-7）。

（2）勘察设计信息获取与利用

京张高铁勘察设计主要涉及地形、地物、地质、水文、气象、军事、电力、植被、经济、人文等基础数据的获取、处理以及融合工作。京张数字铁路的信息获取，利用了航天遥感、航空摄影、无人机、飞艇、倾斜摄影、近景摄影、机载激光雷达（Lidar）、地面三维激光、倾斜摄影、GPS、室内定位、工程物探、超前地质预报、各类传感器等现代信息采集技术，利用遥感判释、图像识别与信息提取技术，大大地丰富了传统勘察设计数据的获取手段。同时，针对勘察数据多元化的特点，采用了以传感网和信息平台为支撑，以大数据分析、云计算为手段，对数据进行叠加处理，同时也能对各种数据进行融合处理的多源数据融合处理技术。融合后的数据可以使勘察信息更加直观，勘察人员可以获得更多的信息，勘察效率与质量都能够得到保证。

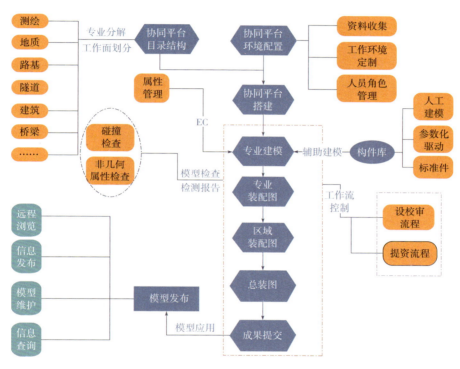

图 1-7 BIM 协同设计流程图

（3）京张高铁 BIM 设计成果

京张高铁数字建造基于 BIM 技术，采用了铁路行业的 BIM 标准体系，构建了包含线路、站场、地质、路基、桥梁、隧道、站房、电力、接触网、通信、信息、防灾、机械、动车、机务、车辆、轨道等专业的数字模型，并进行了全专业的模型总装，模型各构件满足 LOD3.0 级、部分达到 LOD4.0 级及 LOD5.0 级的几何及非几何精度的要求，是我国首条全线、全专业基于 BIM 技术的数字化应用的铁路项目，为"智能京张"实现提供了充足的数据支撑（图 1-8）。

图 1-8 京张高铁 BIM 模型总装

CHAPTER 2
第 2 章

功能定位与技术标准
FUNCTION ORIENTATION AND TECHNICAL STANDARDS

本章对京张高铁在国家铁路网规划、京津冀一体化和北京市域交通规划以及在2022年冬奥会赛区规划中的功能定位进行分析研究，确定了京张高铁是国家铁路网主骨架京包兰通道和"八纵八横"高速铁路主通道之京兰通道的重要组成部分；是京津冀城际铁路网的有机组成部分，兼顾市郊铁路功能；同时也是国家举办2022年冬奥会的重要配套基础设施。为实现本线高铁、城际、市郊铁路多功能的融合，在设计中打破常规的一条线一个标准的原则，全线涵盖了我国目前铁路客运时速120～350km的全系列标准。

2.1 功能定位

2.1.1 在国家中长期铁路网规划中的定位

《中长期铁路网规划（2008年调整）》提出到2020年全国铁路营业里程达到12万km以上，其中客运专线1.6万km以上。为实现该目标，规划方案要在路网总规模扩大的同时，突出客运专线、区际干线和煤运系统的建设，提高路网质量，扩大运输能力，形成功能完善、点线协调的客货运输网络。

在2008年版规划中，京张高铁属于"完善路网布局和西部开发性新线"中的"新建北京—张家口—集宁—呼和浩特—包头线，形成北京至内蒙古呼包鄂地区便捷通道"。该条线路的建设，对于形成北京至内蒙古呼包鄂地区便捷通道，保障大秦、丰沙大、唐包铁路煤炭集疏运系统，从根本上解决京包兰通道运输能力长期紧张具有重要作用。

在《中长期铁路网规划》（2016年版）中，京张高铁是国家铁路网主骨架京包兰通道和"八纵八横"高速铁路主通道之京兰通道的重要组成部分。京包兰通道是我国铁路网主骨架之一，是西北、华北通道的重要组成部分，也是我国新疆及内蒙古北部口岸与天津港外贸和国际物资交流的重要通道，是蒙西、晋北地区及宁夏与首都北京联系的最直接通道，在路网中具有重要地位；京兰通道对于完善我国高速铁路网，形成西北至京津冀地区的便捷通道有着重要意义。京兰高铁通道位置示意图如图2-1所示。

京张高铁建成后，与张（家口）呼（和浩特）高铁、大（同）张（家口）高铁一起形成北京至内蒙古呼包鄂地区、晋北地区快速客运通道，对于贯通形成京兰高铁通道，释放既有京包铁路运输能力，保障大秦、唐包铁路煤炭集疏运需要具有重要意义。同时，与崇礼铁路、太子城至锡林浩特铁路一起构成锡林郭勒盟进京快速客运通道。

2.1.2 在京津冀城际铁路网规划中的定位

2005年3月，国务院审议通过环渤海京津冀地区、长江三角洲地区、珠江三角洲地区城际轨道交通网规划。按照《环渤海京津冀地区城际轨道交通网规划（2005—2020年）》，京津冀地区城际轨道交通网以北京为中心，以京津为主轴，以石家庄、秦皇岛为两翼的城际轨道交通网络，覆盖京津冀地区的主要城市，基本形成以北京、天津为中心的"2h交通圈"。本项目作为京津冀地区远景城际轨道交通线首次提出。

图 2-1　京兰高铁通道位置示意图

2016年11月，国家发改委批复《京津冀城际铁路网规划修编方案（2015—2030年）》（发改基础〔2016〕2446号）。发展目标以"京津、京保石、京唐秦"三大通道为主轴，到2020年，与既有路网共同连接区域所有地级及以上城市，基本实现京津石中心城区与周边城镇0.5～1h通勤圈，京津保0.5～1h交通圈，有效支撑和引导区域空间布局调整和产业转型升级。远期到2030年基本形成以"四纵四横一环"为骨架的城际铁路网络。

环渤海京津冀地区城际轨道交通网以北京、天津为中心，以京津、京张、京石、京唐等城际线以及京沪、京广、京哈、京沈等省（区）际客运专线为主骨架。作为京津冀城际网的有机组成部分（图2-2），京张高铁建成后，使京张两地间铁路旅行时间缩短到1h左右，对于落实京津冀协同发展规划，加强京张两地间经济密切联系，促进京西地区旅游发展，改善沿线地区交通运输条件等具有重要意义。

2.1.3　在北京市郊铁路线网规划中的定位

根据《北京市城市总体规划（2004—2020年）》，北京市郊铁路规划线网由6条线路组成，总长度430km，北京北至延庆市郊铁路为北京市郊铁路规划线网的组成部分。同时，根据

《北京市城市总体规划（2016—2035 年）》，京张城际铁路和延庆支线共同组成北京北至延庆市郊客运通道。京张高铁途经海淀、昌平、延庆和八达岭长城景区，可以利用北京段线路富裕能力兼顾北京市区至延庆、八达岭景区市郊及旅游功能（图 2-3）。

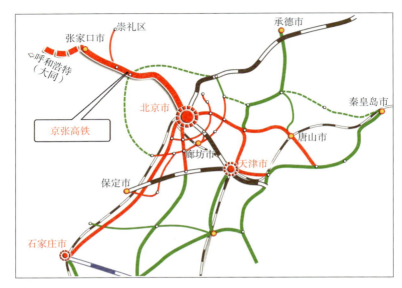

图 2-2　京津冀城际铁路网规划的组成部分示意图

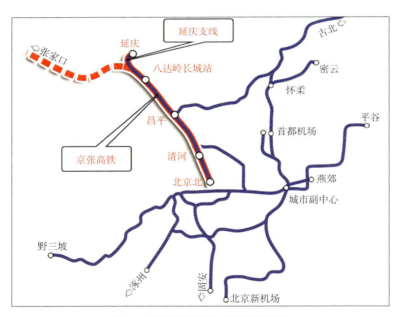

图 2-3　北京市郊铁路的功能承载示意图

2.1.4　在 2022 年冬奥会赛区规划中的定位

根据相关规划资料，2022 年冬奥会计划使用 25 个场馆，将沿北京—张家口—延庆一线，分北京赛区、延庆赛区和张家口赛区三个区域布局竞赛场馆和非竞赛场馆，建设三个相对集聚的场馆群。北京市区北部的奥林匹克中心区,将主要承办冬奥会五个冰上项目;北京市西北部的延庆区,将用作雪车、雪橇大项和滑雪大项中的高山滑雪比赛场地;河北省张家口市,将承办除雪车、雪橇大项和高山滑雪以外的所有雪上比赛。

绿色低碳公共交通是北京冬奥会"绿色办奥"一大亮点,要求建设形成北京市冬奥绿色低碳公共交通网,观众在北京冬奥会期间可通过多种公共交通方式便捷抵达赛场。在这张交通网中,京张高铁将北京赛区、延庆赛区、张家口赛区相连,打造出"两地三赛区1h交通圈",为2022年冬奥会提供交通保障。

根据"2022年北京—张家口冬奥会综合交通规划方案",为保障北京2022年冬奥会北京市区、北京市延庆区、张家口市崇礼区三个赛区间的交通服务,北京市、河北省将建设连接北京—延庆—张家口三地的综合交通体系。因此,京张高铁新建线路设计时速宜选择在250~350km之间,以实现北京赛区至张家口赛区50min转场的要求。京张高铁、延庆支线、崇礼铁路构成了北京主赛区往返延庆赛区和张家口赛区的高效便捷通道,拉近了北京主赛区与延庆赛区和张家口赛区的时空距离。因此,京张高铁也是国家举办2022年冬奥会的重要配套基础设施(图2-4)。

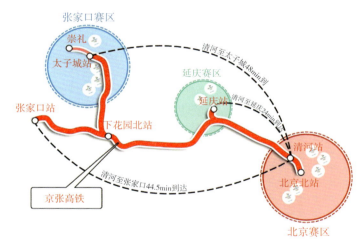

图2-4 2022年冬奥会的交通保障示意图

2.2 技术标准

结合京张高铁的功能定位,速度目标值选择主要受相邻线路技术标准、奥运时间目标值、合理的工程投资等因素影响。另外,在北京城区还受征地拆迁与环保要求影响;在八达岭越岭段受大坡道动车组实际最高运行速度的限制影响。

以往的铁路设计原则上一条线一个标准,设计单位在京张高铁设计中打破常规,结合项目沿线周边环境、地形地貌特点、功能定位,因地制宜地合理选择不同段落的技术标准。京张高铁全线涵盖了我国目前铁路客运时速 120～350km 的全系列标准（图 2-5）。其中设计时速 200km 及以下标准线路占比 18%，设计时速 250km 标准线路占比 46%，最高设计时速 350km 标准线路占比 36%。老京张铁路是"近代铁路发展的里程碑"，新京张高铁堪称"当代铁路建设的教科书"。

图 2-5　京张高铁速度目标值分段示意图

2.2.1　速度目标值选择

1）时间目标值要求

我国申办 2022 年冬奥会时，曾承诺北京赛区至张家口赛区间铁路 50min 内通达。

张家口纳入北京"1h 经济生活圈"，对于使张家口乃至河北省西北部地区更好融入京津冀经济圈，加速京津冀一体化发展，加快构建西北、内蒙古西部、山西北部地区快速进京客运通道，增进西北地区与京津冀地区协同发展发挥重大作用。而且新建的京张高铁与既有的丰沙线、老京张铁路共同构成京兰铁路通道的东段，西连张呼高铁和大张高铁，可大力提升既有运输能力和质量，可将呼和浩特、大同纳入北京"3h 交通圈"，基本解决北京西北部地区运输不畅、枢纽运输"南紧北松"的尴尬局面，加强首都经济圈与京张高铁沿线城市联系，促进沿线旅游资源综合开发，加速沿线地区经济社会又好又快发展。为促进张家口市、内蒙古西部、山西北部以及西北经济社会发展的需要，使张家口纳入北京"1h 经济生活圈"、呼和浩特及大同纳入"3h 交通圈"，京张高铁时间目标应控制在 1h 内。

当铁路速度目标值为 250km/h、350km/h 时，考虑附加出行时间因素，按铁路与航空总出行时间相当的条件推算出，运距为 800km、1500km 及以内时，高铁具备较强的市场竞争优势。北京至呼和浩特、包头的高铁运营里程分别为 459km、632km，高铁实际运营时间分别在 2.5h、4h 之内，高铁的市场竞争优势明显，分摊至本线的时间目标值宜控制在 1h。

综合以上因素，京张高铁应满足北京北—张家口 1h 到达，以及北京赛区（清河站）—张家口赛区（太子城站）50min 到达的时间目标要求。

2）项目功能定位要求

作为兼顾长途跨线客流和城际功能的高速铁路，速度目标值应以功能定位、与相邻线相协调等为主要考虑因素。

根据《中长期铁路网规划（2016年版）》，高速铁路主通道规划新增项目原则采用时速250km及以上标准（地形地质及气候条件复杂困难地区可以适当降低），其中沿线人口城镇稠密、经济比较发达、贯通特大城市的铁路可采用时速350km标准。区域铁路连接线原则采用时速250km及以下标准。城际铁路原则采用时速200km及以下标准。京张高铁是我国"八纵八横"高速铁路主通道之京兰通道的重要组成部分，京张高铁与通道内及周边高铁共同采用较高的速度目标值有利于适应不同层次需求，从功能定位、技术政策、与路网规划一致的角度出发，宜采用较高的速度目标值，速度目标值应在250km/h以上。

3）区域路网相关线路的速度目标值要求

主要相邻线路速度目标值分别为：与本线连接的张呼高铁、大张高铁采用250km/h速度目标值，两条高铁线路均采用纯客专运输组织模式；枢纽规划衔接的其他线路，如京津城际、京广高铁、京沪高速、京沈高铁，均采用350km/h速度目标值。为与相邻路网相协调，本线速度目标值宜在250km/h及以上选择。

4）本线速度目标值的选择

京张高铁沿线所经地区外部条件复杂、敏感，尤其是在北京市境内，大部分段落线路速度目标值受环保、拆迁等因素控制，不具备按常规选择单一速度目标值的条件。因此，需在满足冬奥会50min时间目标、北京北—张家口1h到达的时间目标要求下，结合沿线自然、社会、人文等制约因素，对全线速度目标值进行分段研究，确定出技术可行、经济合理的方案。

（1）北京北至昌平段（北京城区段）速度目标值选择

为了避免对城市的分割，线路在该段落内与老京张铁路共通道走行，既有铁路通道为120km/h速度标准，为满足时间目标值的要求，需对既有线进行提速改造。北京城区内既有线周边的建、构筑物密集，拆迁费用和代价很高，建、构筑物的拆迁是本段线路提速最主要的控制因素。此外，提速越高，列车运行产生噪声越大，对周边居民生活、休息的影响也越大。为尽可能降低对铁路周边环境的影响，控制工程投资，结合既有线曲线半径现状及分布情况，对北京城区段的速度目标值方案进行研究比选。

北京北至清河段：该段线路位于北京市核心区内，周边建筑物密集，外部条件复杂，沿线以教育、商业、住宅用地为主，分布有北京交通大学、北京航空航天大学、中国科学院、北京语言大学、北京林业大学、清华大学等多所大学以及五道口繁华商圈等，该段提速至160km/h工程拆迁代价太大。因此，线路维持既有120km/h速度标准。

清河至北清路段：该段线路为地面线，既要考虑周边拆迁情况，还要考虑京张高铁正线与东北环线的疏解关系。区域内交通情况复杂，主要有老京张铁路、既有东北环线、昌平轨道线、京新高速公路。建筑物密集，主要有铁盟物流公司、龙兴园小区等，布线空间十分受限。结合时间目标值的要求，该段重点对 120km/h、160km/h 和 200km/h 三个方案进行了研究比选。200km/h 方案较 120km/h 方案运营时分节省 1.3min，但征拆量较大，工程投资增加 12.89 亿元。160km/h 方案较 120km/h 方案，征拆量和工程投资增加不大，运行时分可节省 0.9min。因此，本段速度目标值确定为 160km/h。

北清路至昌平段：该段线路主要沿老京张铁路通道走行，既有铁路分布有 8 个曲线，$R < 1200m$ 曲线 4 个，$1200 \leq R < 1600m$ 曲线 1 个，$R \geq 1600m$ 曲线 3 个，由于受下穿多处城市道路既有桥涵结构限制，提速至 250km/h 代价过大，提速至 200km/h 方案增加工程投资不多。因此，本段速度目标值确定为 200km/h。

（2）昌平至八达岭西线路所段（八达岭越岭段）速度目标值选择

昌平站中心高程为 55.6m，昌平至八达岭西线路所段线路全长约 27.9km，线路需翻越八达岭。昌平出站后，地形急剧上升，线路越岭最高点为八达岭长城站（车站中心高程为 578m），受其控制，局部段落最大坡度达到 30‰（图 2-6）。按昌平出站 200km/h 速度、采用 CR400 动车组计算，昌平至八达岭西线路所段下行方向最高时速仅为 225km，最低时速为 209km，平均时速仅为 213km，不具备进一步提速的条件，采用 250km/h 以上速度目标值仅能缩短上行运行时分，而冬奥会 50min 时间目标值主要受限于京张高铁下行运行时分，因此本段速度目标值确定为 250km/h。

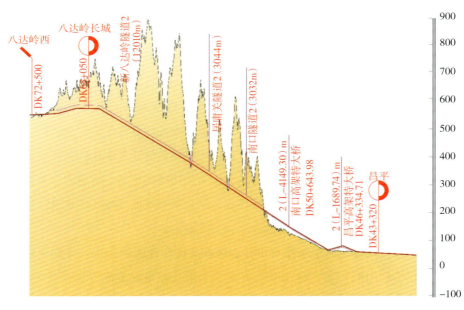

图 2-6　昌平至八达岭段线路剖面示意图

功能定位与技术标准 CHAPTER 2

（3）八达岭西线路所至张家口段速度目标值选择

八达岭西线路所至下花园北段：该段地形平缓、开阔，为落实冬奥会 50min 时间目标值的要求，本段选择了 350km/h 的速度标准。

下花园北至张家口段：该段线路宜与整个京包兰通道内速度目标值的协调统一，张呼高铁、呼包高铁均采用 250km/h 速度目标值，京张高铁该段采用 250km/h 可满足张家口纳入北京"1h 经济生活圈"要求。因此，该段选择 250km/h 的速度标准。

（4）崇礼铁路速度目标值选择

崇礼铁路沿线地形特点为北高南低，下花园北站中心线路高程为 615m，太子城站中心高程为 1589m。为尽量缩短桥隧长度，本线在两端均采用了较大的坡度，尤其是在正盘台隧道段，线路平均坡度达到 28.5‰。经行车检算，采用 CR400 动车组全线下行方向平均速度仅为 190km/h 左右，本段线路同样不具备进一步提速的条件，采用 250km/h 速度标准与行车速度曲线基本匹配。

崇礼铁路为京兰高铁主通道的支线铁路，预测行车量不大，采用 250km/h 速度标准，可满足冬奥会 50min 时间目标值的要求，因此，该段采用 250km/h 速度标准。

结合以上对各区段速度目标值选择的分析，经牵引模拟检算清河至太子城、北京北至张家口的一站直达运营时分，如表 2-1 所示。

京张高铁（崇礼铁路）满足时间目标要求的运营速度和时分表　　表 2-1

段　落	线路长度（km）	速度目标值（km/h）	平均运行速度（km/h）	清河—太子城运行时间（min）	北京北—张家口运行时间（min）
北京北—清河	11.2	120	90.4		7.5
清河—昌平	19.8	160～200	125	9.5（清河始发）	7.5（清河通过）
昌平—八达岭长城	24.7	250	212	7.0（清河始发）	7.0（清河通过）
八达岭长城—下花园北	69.7	350	288	14.5（清河始发）	14.5（清河通过）
下花园北—张家口	46.8	250	208		13.5（清河通过）
下花园北—太子城	52.4	250	185	17.0（清河始发）	
运行时分合计（min）				48（清河始发）	50（清河通过）

注：动车组采用 CR400 检算。

经模拟检算，京张高铁（含崇礼铁路）各区段选择的速度目标值满足冬奥会 50min 到达及北京—张家口"1h 经济生活圈"的时间目标值要求，且有一定的余量。

综上分析，京张高铁推荐速度：北京北—清河段为 120km/h、清河—北清路为 160km/h、北清路—昌平段为 200km/h、昌平—八达岭西线路所段为 250km/h、八达岭西线路所—下花园北段为 350km/h，下花园北—张家口段为 250km/h。京张高铁采用以上推荐速度目标值（表 2-2），通道内呼和浩特、包头等重要城市采用高铁出行相比采用航空出行具备较强的市场竞争优势，满足张家口 1h、太子城 50min 时间目标值要求。

速度目标值段落划分表　　　　　　　　　　　　　　　　表 2-2

序号	段　　落	里　程　范　围	线路长度（km）	速度标准（km/h）
1	北京北—清河	DK12+413～DK26+900	14.485	120
2	清河—北清路	DK26+900～DK29+800	2.923	160
3	北清路—昌平	DK29+800～DK44+400	14.606	200
4	昌平—八达岭西线路所	DK44+400～DK72+800	28.539	250
5	八达岭西线路所—下花园北	DK72+800～DK135+700	62.524	350
6	下花园北—张家口	DK135+700～DK194+210	50.887	250
	合计		173.964	
7	下花园北—太子城	DK138+792.8～DK53+039.86	52.84	250

2.2.2　铁路主要技术标准

（1）京张高铁主要技术标准

铁路等级：高速铁路。

正线数目：双线。

设计行车速度：北京枢纽（北京北—昌平）根据速度-距离曲线和拆迁情况分段确定；八达岭越岭地段（昌平北—八达岭西线路所）250km/h；八达岭西线路所—下花园北段 350km/h，下花园北—张家口段 250km/h。

正线线间距：250km/h 区段 4.6m，350km/h 区段 5.0m，枢纽地区结合行车速度选用。

最小曲线半径：250km/h 区段，一般地段 3500m，困难地段 3000m；350km/h 区段，一般地段 7000m，困难地段 5500m；枢纽地区结合行车速度选用。

最大坡度：一般地段 20‰，困难地段 30‰。

牵引种类：电力。

机车类型：动车组。

到发线有效长度：650m。

列车运行控制方式：自动控制。

调度指挥方式：调度集中。

（2）崇礼铁路主要技术标准

铁路等级：高速铁路。

速度目标值：250km/h。

正线数目：双线。

正线线间距：4.6m。

最小曲线半径：一般地段 3500m、困难地段 3000m，下花园北出站端结合行车速度最小半径采用 2000m。

最大坡度：一般地段 20‰、困难地段 30‰。

到发线有效长度：650m。

列车运行控制方式：自动控制。

调度指挥方式：调度集中。

最小曲线半径：一般地段3500m、困难地段3000m，下花园北出站端结合行车速度最小半径采用2000m。

最大坡度：一般地段20‰、困难地段30‰。

到发线有效长度：650m。

列车运行控制方式：自动控制。

调度指挥方式：调度集中。

CHAPTER 3
>>>> 第3章

客运需求与运输组织
PASSENGER TRANSPORT DEMAND AND TRANSPORT ORGANIZATION

本章基于京张高铁在路网中的多重定位，结合路网规划和沿线的经济特征，对各种情况下的客流特点和客运需求进行分析，预测本项目在奥运期、近期、远期的客运量，并在此基础上制定京张高铁的运输组织方案❶。在考虑平时客运需求的同时，也要满足冬奥会召开时的特殊需求；既考虑了近期的客运需求，也前瞻了未来的客流；既满足了长途高铁客流需求，也兼顾了中短途城际和市郊客流需求，为科学合理的工程设计奠定基础。

3.1 客运需求

3.1.1 经济特征

（1）直接吸引范围

本线途经北京、张家口两市，直接吸引范围为上述两市。

（2）行政概况

北京：祖国首都，是一个历史悠久的文明古城，是全国政治、文化、交通、旅游和国际交往的中心。全市总面积 $1.68 \times 10^4 km^2$，常住人口 2114.8 万人，辖 14 区（东城、西城、房山、海淀、朝阳、丰台、门头沟、石景山、通州、顺义、昌平、大兴、怀柔、平谷）2 县（延庆、密云）。

张家口：地处河北省西北部，居京、晋、蒙交界处，有"塞外山城"之称。全市总面积 $3.69 \times 10^4 km^2$，常住人口 441.3 万人，辖 4 区（桥西、桥东、宣化、下花园）13 县（宣化、张北、康保、沽源、尚义、蔚县、阳原、怀安、万全、怀来、涿鹿、赤城、崇礼）。

（3）旅游资源

北京：拥有众多的天然风景资源和历史悠久的人文旅游资源，其中"世界文化遗产"有故宫、长城和周口店北京猿人遗址，国家级风景名胜有十三陵风景名胜区、居庸关长城、蟒山国家森林公园等，特色旅游景点有龙庆峡、松山、康西草原等。

张家口：旅游资源十分丰富，拥有"历史文化早天下、坝上夏季爽天下、崇礼滑雪名天下、军事旅游冠天下"四大旅游品牌，规划有滑雪、长城大境门、张北元中都、沽源金莲川等十大旅游区。张家口毗邻北京，与北京山水相连并且有着丰富的旅游资源，加强京张旅游合作，构建京西休闲旅游区域，地区间可供开发的旅游线路主要有：北京—怀来鸡鸣驿—宣化古城—长城大境门—张北中都草原旅游线、北京—张北中都草原—沽源金莲川草原旅游线、北京—怀来鸡鸣驿—赤城温泉—沽源金莲川草原旅游线、北京—涿鹿黄帝城—蔚州古城与绿色大峡谷—空中草原旅游线、北京—宣化古城—阳原泥河湾—蔚州古城与绿色大峡谷—空中草原旅游线、北京—宣化古城—长城大境门—崇礼天然滑雪—赤城温泉旅游线等。

---

❶ 注：本章节经济特征、路网构成、远景预测、客流分析等方面内容均根据 2013 年相关统计数据编制。

3.1.2 路网构成

奥运期（2022年）：临哈、准朔、蓝张、呼准鄂、唐包铁路建成，集通、集二铁路扩能完成；大西高铁、京沈高铁、大张高铁、石济高铁、张呼高铁、崇礼铁路建成；京唐、京滨、京雄城际建成。

近期（2030年）：太子城至锡林浩特铁路建成。

远期（2040年）：包银高铁、大同至集宁铁路建成。根据运输需求，相关路网进一步完善。

3.1.3 运量预测

为了反映设计阶段的工作，本书对需求预测的基础年度和基础数据未做改动。

1）冬奥会期间观赛客流预测

（1）2022年冬奥会概况

2022年冬奥会场馆布局包括3个区域：北京市区、延庆小海坨山区、张家口崇礼区太子城区域。北京市区主要承担5个冰上项目；延庆小海坨赛区将举行雪橇雪车和滑雪大项中的高山滑雪项目；崇礼赛区主要举行跳台滑雪、单板滑雪、自由式滑雪、北欧两项、冬季两项和越野滑雪项目的比赛。

（2）冬奥会期间旅游客流预测

①崇礼铁路客流特征。

根据崇礼赛区场馆分布和赛程安排，全日客流量分布总体呈现分散到达、集中返程的特点。下花园北—太子城方向客流高峰时段在18：00以后以及11：00—12：00；太子城—下花园北方向客流高峰时段在20：00以后并持续到24：00。太子城—崇礼和崇礼—太子城方向客流高峰时段均集中在18：00以后。崇礼铁路全日分时段客流量分布如图3-1所示。

②延庆支线客流特征。

延庆支线客流形成早晚两个高峰，早高峰在07：00—10：00，晚高峰在21：00—24：00。早高峰最大客流为6420人次/h，晚高峰最大客流为6600人次/h。延庆支线全日分时段客流量分布如图3-2所示。

③京张高铁清河至八达岭段客流特征。

京张高铁清河至八达岭段早高峰最大客流为9420人次/h，晚高峰最大客流为13000人次/h。京张高铁清河至八达岭段全日分时段客流量分布如图3-3所示。

2）八达岭长城景区旅游客流预测

（1）现状客流特征分析

①年游客接待量。

2005—2013年八达岭长城景区年游客接待量如图3-4。

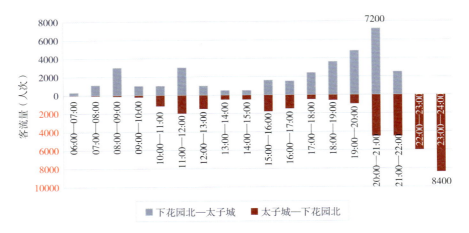

图 3-1　崇礼铁路全日分时段客流量分布图

图 3-2　延庆支线全日分时段客流量分布图

图 3-3　京张高铁清河至八达岭段全日分时段客流量分布图（仅冬奥会客流）

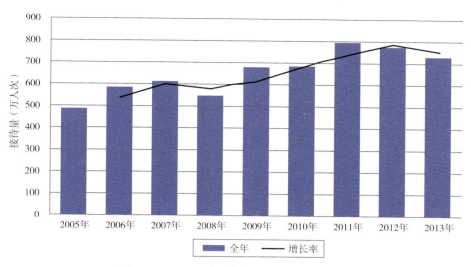

图 3-4　2005—2013 年八达岭长城景区年游客接待量

八达岭长城景区年游客接待量峰值出现在 2011 年，达 795 万人次；日均游客接待量在 1.33 万～2.18 万人次之间。

② 月客流分布。

2005—2013 年八达岭长城景区月客流分析如图 3-5 所示。

每年 5、7、8、10 四个月约占全年接待量的 53%，1、12 两个月仅占全年接待量的 5% 左右；同时，暑期 7、8 两个月游客接待量要高于"五一""十一"黄金周所在的 5、10 两个月。

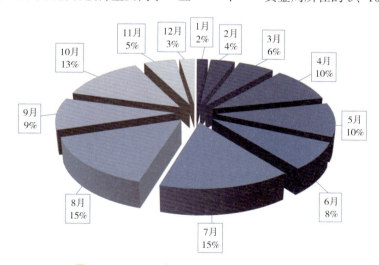

图 3-5　2005—2013 年八达岭长城景区月客流分析图

③ "五一""十一"黄金周客流分布。

2008—2013 年八达岭长城景区"五一""十一"黄金周客流分布如图 3-6 所示。

"五一""十一"日均游客接待量分别在 3 万人次、5 万人次的水平，"十一"黄金周客流总体高于"五一"黄金周。

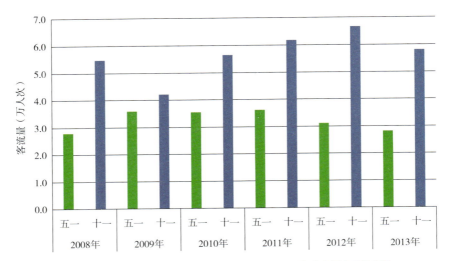

图 3-6　2008—2013 年八达岭长城景区 "五一" "十一" 黄金周客流公布图

④日客流分布。

2008—2013 年八达岭长城景区日客流统计分析如图 3-7 所示。

2008—2013 年景区日游客接待量超过 5 万人次的天数为 54 天，占总天数的 2.5%；2012 年 10 月 3 日景区游客接待量超过 10 万人次，为近六年的最高值。

图 3-7　2008—2013 年八达岭长城景区日客流统计分析图

⑤八达岭长城景区容量。

根据《八达岭—十三陵风景名胜区总体规划修编（2007—2020 年）》，八达岭—十三陵风景名胜区日最高游人量应控制在 5.33 万人次以内，年游人量应控制在 1600 万人次以内；其中八达岭长城景区日合理游人量为 3 万人次左右，据此景区年容量为 1000 万人次。八达岭长城景区根据《景区最大承载量核定导则》，科学核定出景区日最大承载量为 10.8 万人次，景区日最佳承载量为 6.5 万人次，并最终将 6.5 万人次作为景区的每日最大限制游客流量，该措施自 2018 年 6 月 1 日开始执行。京张高铁开通前，八达岭长城景区年旅游接待人数已超过 900 万人次，高峰日旅游接待人数已超过最高游人量控制上限。

（2）分方式客流分析与预测

①现状分析。

2005—2013 年八达岭长城景区分方式客流分析见表 3-1。

2005—2013 年八达岭长城景区分方式客流分析表　　　　表 3-1

年度	年接待量（万人次/年）	旅游巴士（团体）		公 交 车		自 驾 车		铁路（S2线）	
		运量（万人次/年）	份额（%）	运量（万人次/年）	份额（%）	运量（万人次/年）	份额（%）	运量（万人次/年）	份额（%）
2005 年	487	309	63.4	98	20.1	76	15.6	4	0.8
2006 年	587	366	62.4	109	18.6	108	18.4	4	0.7
2007 年	613	373	60.8	115	18.8	120	19.6	5	0.8
2008 年	548	318	58.0	132	24.1	86	15.7	12	2.2
2009 年	679	383	56.4	91	13.4	190	28.0	15	2.2
2010 年	686	378	55.1	137	20.0	151	22.0	20	2.9
2011 年	795	458	57.6	124	15.6	173	21.8	40	5.0
2012 年	780	442	56.6	126	16.1	174	22.3	38	4.9
2013 年	731	385	52.6	130	17.8	177	24.2	39	5.3

从现状八达岭长城景区分方式承担份额看，旅游巴士所占比重最大，其次是公交车、自驾车，铁路所占比重最小。2008 年以前，铁路年承担客运量仅为 5 万人次左右；2008 年北京市郊铁路 S2 线开通后，年承担客运量逐渐上升到 20 万人次；2011 年北京市郊铁路 S2 线执行北京公交优惠票价后，年承担客运量进一步上升至 40 万人次左右，承担份额达到 5% 左右。

②研究年度分方式预测。

京张高铁建成后，将成为八达岭长城景区旅客集散的重要公共交通方式，研究年度京张高铁近、远期年承担客运量分别为 416 万人次、525 万人次，所占份额分别为 46.2%、52.5%，为景区集散的主要客运方式（表 3-2）。

研究年度八达岭长城景区分方式客流预测表　　　　表 3-2

年度	年接待量（万人次/年）	旅游巴士（团体）		公 交 车		自 驾 车		京 张 高 铁	
		运量（万人次/年）	份额（%）	运量（万人次/年）	份额（%）	运量（万人次/年）	份额（%）	运量（万人次/年）	份额（%）
近期	900	334	37.1	100	11.1	50	5.6	416	46.2
远期	1000	325	32.5	100	10.0	50	5.0	525	52.5

京张高铁在八达岭景区设站，可为八达岭长城景区提供一种安全、便捷的交通方式，据测算，设八达岭长城站，对于减少汽车碳排放量、缓解京藏高速和北京市区交通流量可起到积极作用。

（3）八达岭车站高峰小时客流预测

八达岭长城站高峰小时时段为 07:00—08:00 和 15:00—16:00。"十一"黄金周全日客流近、远期分别为 1.71 万人次、2.14 万人次，约为年日均客流的 1.5 倍；"十一"黄金周期间高峰小时人数近、远期分别为 3400 人次、4000 人次，为全年高峰小时人数的 2 倍左右（表3-3）。

八达岭车站高峰小时客流预测表　　　　表 3-3

指标	景区游客总量（万人次/年）		铁路承担客流（万人次/年）		铁路日均发送量（万人次/d）		铁路高峰小时人数（人次/h）	
	近期	远期	近期	远期	近期	远期	近期	远期
全年	900	1000	416	525	1.14	1.44	1481	1870
"十一"黄金周	40	40	12	15	1.71	2.14	3400	4000

3）主要站旅客发送量及高峰小时人数

现状老京张铁路年旅客发送量 615.5 万人次，从分站旅客发送量情况来看，北京北、张家口南（现张家口站）、张家口、宣化、下花园、沙城站年旅客发送量分别为 182.5 万人次、136 万人次、78.2 万人次、85 万人次、28.7 万人次、57.4 万人次，各站客运量均有一定幅度的增长；北京市郊铁路 S2 线实行优惠票价后，市郊旅游客流增长迅速，全年北京北站完成旅客发送量 248 万人次（到达量 259 万人次）。研究年度，京张高铁设北京北、清河、张家口等站，延庆支线设延庆站，沿线各站旅客发送量预测情况见表 3-4。

沿线车站旅客发送量预测表　　　　表 3-4

线 别	车 站	年旅客发送量（万人次/年）		高峰小时人数（人次/h）	
		近期	远期	近期	远期
京张高铁	北京北	1100	1525	3000	4100
	清河	1450	1600	3900	4300
	昌平	30	50	100	150
	八达岭长城	416	525	1480	1870
	怀来	200	240	510	590
	下花园北	100	130	300	385
	宣化北	250	300	755	890
	张家口	865	1115	2210	2800
	小计	4411	5485		
延庆支线	延庆	80	110	260	360
合计		4491	5595		

4）通道客运量预测

既有通道各种交通方式客运构成分析详见表 3-5。

京张通道各种运输方式客运构成分析　　　　表 3-5

区　段	客运量（万人次/年）				比例（%）			
	铁路	公路	民航	合计	铁路	公路	民航	合计
北京—沙城	1365	4397	310	6072	22.5	72.4	5.1	100
沙城—张家口	1019	3197	310	4526	22.5	70.6	6.8	100

5）本线客流密度和客车对数汇总

根据近、远期通道各线客流预测结果，结合冬奥会期间客运预测结果和运输组织方案，京张高铁区段客流密度和客车对数汇总表见表 3-6。

京张高铁客流密度和客车对数汇总表　　　　表 3-6

主要区段	客流密度（万人次/年）		客车对数（对/d）		
	近期	远期	奥运期	近期	远期
北京北—清河	1100（150）	1525（175）	55	71（6）	87（7）
清河—昌平	2346（150）	3431（175）	114	109（6）	158（7）
昌平—八达岭长城	2226	3306	114	103	151
八达岭长城—下花园北	1987	3028	74	79	121
下花园北—张家口	1867	2878	24	67	100

注：（）内为普速客车对数、客流密度。

3.1.4　客流分析

1）客流构成

（1）断面客流量

根据客流预测结果，京张高铁断面客流量见表 3-7。

京张高铁断面客流量表　　　　表 3-7

主要区段	年断面客流量（万人次/年）		全日断面客流量（万人次/d）		高峰小时断面流量（人次/h）	
	近期	远期	近期	远期	近期	远期
北京北—清河	950	1350	2.6	3.7	2800	3860
清河—昌平	2196	3256	6.0	8.9	5475	7670
昌平—八达岭长城	2226	3306	6.1	9.1	5550	7790
八达岭长城—下花园北	1987	3028	5.4	8.3	5000	7200
下花园北—张家口	1867	2878	5.1	7.9	4655	6780

（2）客流构成

京张高铁客流最大断面为昌平—八达岭长城段，客流由长途客流、城际客流、市郊及旅游客流三部分构成，详见表 3-8。

本线客流构成表　　　　　　　　　表 3-8

客流构成	客流密度（万人次/年）		份额（%）	
	近期	远期	近期	远期
长途客流	1294	2113	58.1	63.9
城际客流	598	769	26.9	23.3
市郊及旅游客流	334	424	15.0	12.8
合计	2226	3306	100	100

长途客流：主要为西北（不含陕西）、蒙西、晋北地区与东北、华北（主要为太青客专以北）、华东地区旅客交流。

城际客流：为京津冀地区城市之间客流（即张家口、崇礼至京津唐、石家庄等）。

市郊及旅游客流：为北京市区至延庆区和八达岭长城景区客流。

2）客流特点分析

（1）以中长途客流为主，兼顾市域和市郊客流

京张高铁是国家铁路网主骨架京包兰通道和"八纵八横"高速铁路主通道之京兰通道的重要组成部分，主要承担西北（不含陕西）、蒙西、晋北地区与东北、华北（主要为太青客专以北）、华东地区旅客交流，该部分客流近、远期占比分别为58.1%、63.9%；同时京张高铁是京津冀城际铁路网的重要组成部分，城际客流近、远期占比分别为26.9%、23.3%；京张高铁还兼顾市郊铁路功能，该部分客流近、远期占比为15.0%、12.8%。

（2）旅游客流突出，且季节性明显

本项目沿线旅游资料丰富，八达岭长城景区尤为突出。八达岭长城景区游客淡季和旺季分布不均衡、假日和平日相差悬殊，尤其是假日期间的单日接待高峰压力过大。每年5、7、8、10月四个月约占全年接待量的53%，暑期7、8月两个月的游客接待量最高占比达30%。"五一""十一"日均游客接待量分别在3万人次、5万人次的水平，"十一"黄金周客流总体高于"五一"黄金周。

本项目沿线途经八达岭长城景区，承担八达岭长城景区50%的旅游客流。本项目承担旅游客流占比30%，其中八达岭旅游客流占比16%，且具有明显的季节性。

（3）综合交通中骨干作用凸显

根据预测，近、远期京张通道（北京—沙城）全方式最大客流密度分别为8590万人次、10870万人次，其中铁路客流分别为2616万人次、3596万人次，所占份额分别为30.5%和33.1%（表3-9），铁路所占份额呈上升趋势，说明京张高铁建成后，铁路在通道内发挥着越来越重要的作用。

通道各种运输方式客流密度及份额　　表 3-9

年度	区 段	客运量（万人次/年）				比例（%）			
		铁路	公路	民航	合计	铁路	公路	民航	合计
近期	北京—沙城	2616	5541	433	8590	30.5	64.5	5.0	100
	沙城—张家口	2407	3555	433	6395	37.6	55.6	6.8	100
远期	北京—沙城	3596	6651	488	10870	33.1	61.2	4.5	100
	沙城—张家口	3347	4459	488	8524	39.3	52.3	5.7	100

3.2 运输组织

3.2.1 车站分布

京张高铁全线设北京北、清河、昌平、八达岭长城、东花园北、怀来、下花园北、宣化北、张家口、延庆（延庆支线）10 座车站；全线最大站间距 27.298km（怀来—下花园北），最小站间距 11.186km（北京北—清河），平均站间距 19.124km；崇礼铁路设太子城站，站间距为 52.393km（图 3-8）。

图 3-8　京张高铁车站分布示意图

北京北站为北京枢纽规划的主要客运站之一，清河站为北京北站辅助客运站，北京北至八达岭长城间各站、延庆站所在地为北京市辖区，其他各站为张家口市辖区。延庆市郊动车组停靠北京北、清河、昌平、八达岭长城、延庆站。

3.2.2 运输组织方案

（1）运输组织模式

京张高铁及延庆支线、崇礼铁路均采用客运专线组织模式，全部开行动车组列车（北京北至昌平段外），其中包括开行延庆的市郊旅游动车组。北京北至昌平段兼顾开行 S5 线动车组（2020 年 9 月 30 日新增，由内燃动车组更替为电动车组）和动车底走行。

京张高铁衔接了三条高速铁路和一条市郊铁路，即张呼高铁、大张高铁、崇礼铁路和延庆支线，从衔接方向和客流特点分析，京张高铁不仅是京包兰高铁通道的一条高铁线，也是一条城际线、市郊线。北京铁路枢纽格局中，枢纽北部主要客站为北京北站、清河站、北京朝阳站，京通线完成电化改造后，京通线方向北京枢纽的始发作业将主要集中在北京北站和昌平北站办理。上述多条衔接线路的客流主要都是进京客流，造成了京张高铁的运输压力，特别是高峰时段的客流需求大，运输能力紧张。

京张高铁在北京枢纽设北京北站、清河站两座客运站，可适应北京北至清河段的线路通过能力，同时还可以分流客流，有效缓解城市交通压力。

（2）客车开行方案

京张高铁初步设计阶段调整的客车开行方案见表 3-10。

京张高铁研究年度开行方案 表 3-10

线别	序号	客车种类	起点	讫点	经由	客车对数（对/日）			编组
						奥运期	近期	远期	
京张高铁	6	动车	北京北	张家口	京张高铁	10	14	16	8 辆
	10	动车	北京北	呼和浩特	京张高铁、张呼高铁	5	15	19	16 辆
	11	动车	北京北	包头	京张高铁、张呼高铁	3	10	12	16 辆
	12	动车	北京北	鄂尔多斯	京张高铁、张呼高铁	2	6	6	16 辆
	13	动车	北京北	乌兰察布	京张高铁、张呼高铁		2	3	16 辆
	14	动车	清河	大同	京张高铁、大张高铁	2	10	13	16 辆
	15	动车	清河	朔州	京张高铁、大张高铁、大西高铁	1	4	5	16 辆
	16	动车	清河	太原	京张高铁、大张高铁、大西高铁	1	6	8	16 辆
	20	动车	北京北	榆林	京张高铁、张呼高铁			3	16 辆
	21	动车	北京北	临河	京张高铁、张呼高铁			2	16 辆
	22	动车	北京北	乌海西	京张高铁、张呼高铁			3	16 辆
	23	动车	北京北	银川	京张高铁、张呼高铁			6	16 辆
	24	动车	北京北	兰州	京张高铁、张呼高铁			4	16 辆
				小计		24	67	100	
崇礼铁路	1	动车	清河	崇礼	京张高铁、崇礼铁路	50			16 辆
	2	动车	北京北	崇礼	京张高铁、崇礼铁路		12	15	8 辆
	3	动车	北京北	锡林浩特	京张高铁、崇礼铁路			6	8 辆
				小计		50	12	21	
延庆支线	4	动车	北京北	延庆	京张高铁、延庆支线	18			16 辆
	5	动车	北京北	延庆	京张高铁、延庆支线	22	24	30	8 辆
				小计		40	24	30	
				合计		114	103	151	

随着周边路网进一步完善,实际开行方案会进行调整优化,以适应旅客运输服务;北京市郊铁路 S5 线开通运营后,增加了北京枢纽的客车开行方案,增强了京张高铁的市郊铁路运输功能。

3.2.3 通过能力

动车组客车在北京、张家口仅在 06:00—24:00 到发,综合维修天窗时间采用 240min 矩形天窗,京张高铁及延庆支线追踪间隔在奥运期、近期、远期分别采用 5min、5min、4min。崇礼铁路追踪间隔在奥运期、近期、远期均采用 6min。

京张高铁及延庆支线、崇礼铁路全日及高峰小时的能力适应性如图 3-9、图 3-10 所示。

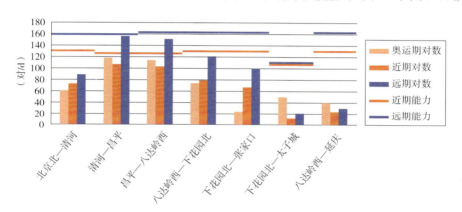

图 3-9 京张高铁及延庆专线、崇礼铁路全日通过能力适应性示意图

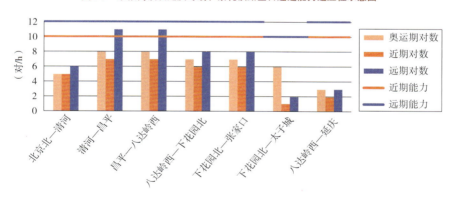

图 3-10 京张高铁及延庆专线、崇礼铁路高峰小时通过能力适应性示意图

研究年度京张高铁各区段能力、高峰小时能力均可满足运输需求。京张高铁远期最紧张区段为清河—昌平段,线路能力富余 3 对,能力接近饱和。冬奥会期间,京张高铁高峰小时主要为冬奥会服务,北京—张家口赛区、延庆赛区高峰小时总的观众及旅客需求为 8 对,富余能力 2 对。因此,冬奥会期间,京张高铁高峰小时能力可满足客流需求,并有一定的富余能力来应对突发事件及赛事需求。

# CHAPTER 4
>>> 第 4 章

选线与布站设计
ROUTE SELECTION AND STATION LAYOUT DESIGN

京张高铁选线和布站设计，贯彻"绿色环保、以人为本、站城融合"的创新理念，实现了铁路建设与生态环境的和谐统一。在北京枢纽、八达岭越岭、张家口地区、延庆支线、崇礼铁路等的选线与布站设计上，结合沿线不同的地形地貌、经济据点以及文化古迹分布等因素，进行多方案研究、反复比选，达到线路走向、客站布局、站位方案最优。

铁路客站是城市对外交往的重要载体，是反映城市形象的重要"门户"，与城市结构、景观、文化紧密相连，直观展现着城市的风土人情、人文历史和时代精神。近年来，国家支持鼓励"站城融合"发展，越来越多的铁路客站和城市建设规划在前期就开始统筹策划。国铁集团提出的新时代铁路客站"畅通融合、绿色温馨、经济艺术、智能便捷"的十六字方针，也是对"站城融合"的有力回应。在"站"与"城"的关系方面，京张高铁在选线布站设计方面进行了一系列研究与探讨，从规划层面即与城市、自然环境充分融合、一体设计。

北京枢纽的选线与布站采用了"融入城市"模式，采用"双客站+地下线"的布局，降低对城市周边环境的影响，缝合城市空间，缓解城市交通压力。八达岭越岭段的选线与布站采用了"消隐模式"，采用地下隧道并设置地下车站，做到选线与车站设置与自然环境相融，在满足景区客运需求的同时尽可能减小对环境景观的影响。张家口地区的选线与布站采用"造城模式"，结合城市发展规划，在旧城和新城接合部设置张家口车站，在方便老城区旅客出行的同时，为新城开发创造条件，成为带动城市发展的新枢纽。太子城奥运赛区的选线与布站采用"奥运模式"，与奥运赛区规划相融合，实现客站平时与奥运期间在功能布置、流线组织、文化理念方面的融合与转换。

4.1 北京枢纽选线与布站

4.1.1 概述

1）城市规划要求

为适应国际化大都市的建设目标，《北京城市总体规划（2004—2020）》提出实施"以新城、重点镇为中心"的城市化战略，在北京市域范围内构建"两轴—两带—多中心"的城市空间结构，形成由中心城、新城、镇构成的三级城镇体系，逐步改变单中心的空间格局，加强外围新城建设，中心城与新城相协调，构筑分工明确的多层次空间结构。2020年，北京市总人口规模规划控制在1800万人左右，年均增长率1.4%。其中户籍人口1350万人左右，居住半年以上外来人口450万人左右；城镇人口规模规划控制在1600万人左右，占全市人口的比例为90%左右。实施公共交通导向的交通发展策略，特别是发展运量大、占地少、污染少、节能的轨道交通，由地铁、轻轨、市郊铁路等多种方式组成的快速轨道交通网覆盖中心城范围，并连接外围的通州、顺义、亦庄、大兴、房山、昌平等新城，2020年形成22条线路、662.4km左右的轨道交通网络。新城与中心城间通勤交通方式以轨道交通及小汽车为主，中心城内部以轨道交通为主。北京市郊铁路规划线网由 6 条线路组成，总长度 430km，北京北至延庆市郊铁路为北京市市郊铁路线网规划的组成部分。

《北京市城市总体规划纲要（2004—2020）》提出："高速铁路枢纽的布局既要考虑北京城市内部交通分布均衡，也要考虑到高速铁路枢纽对区域的服务。""充分发挥北京北站的作用，在各个站点均开行不同方向的列车，减少铁路客流在市区的穿行距离。""规划建设以首都为中心、京津为主轴、京石京秦为两翼的快速铁路运输系统。该系统由 7 条线路组成，线网长度 1284km。系统服务特征为：覆盖京津冀地区的主要城市，以 2h 通达为目标。与北京铁路枢纽有关的 5 条规划快速铁路线路为：……京张快速铁路，线路长度 140km。"根据总图规划，京张高铁（京张快速铁路）利用既有铁路廊道引入北京北站，详见图 4-1。

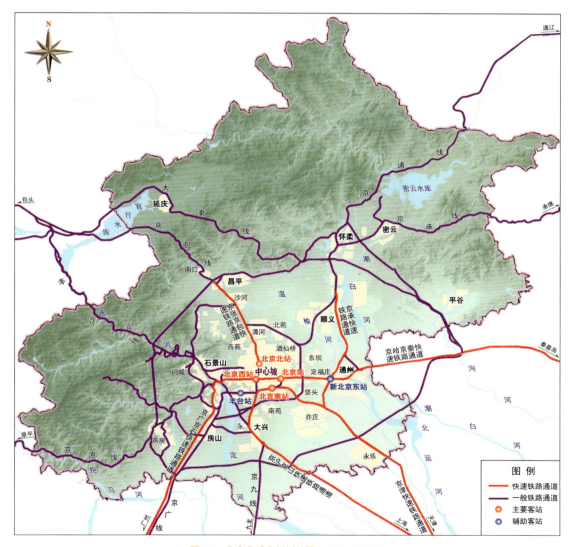

图 4-1　北京市城市规划总图（2004—2020）

根据《北京市城市总体规划（2016—2035）》（图 4-2），京张高铁和延庆支线共同组成北京北至延庆市郊客运通道。

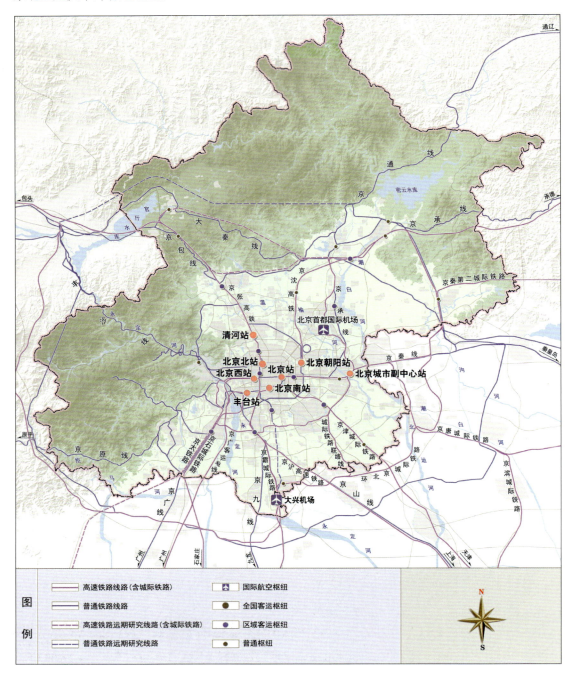

图4-2 北京市城市总体规划图（2016—2035）

2）设计理念与研究思路

（1）设计理念

①与城市规划结合，贯彻"铁路融入城市"的理念。

客站布局方案要结合北京铁路枢纽总图规划、北京城市交通规划、旅客出行特点进行合理选择。通过对北京枢纽主要客站布局进行分析，在城市北部地区需要新建客站，以满足北部城区乘客出行需求。根据本线的功能定位和客运需求分析，京张高铁承担延庆与市区通勤旅客交流以及八达岭景区旅游客流，需衔接延庆支线并在八达岭景区设站。京张高铁在运量预测中要区分长途客流、城际客流、市郊与旅游客流，并分析各种客流的出行特征，在城市北部设置多座车站，服务城市北部地区旅客出行，在一定程度上可缓解北部地区交通压力。高铁客站的大量客流，需要城市轨道交通进行集疏运。高铁客站站址选择，要结合轨道交通线路走向和车站分布，实现高速铁路与地铁的"零换乘"。高铁客站站房应结合周边地块区域规划统筹开发，打造站城融合，贯彻统一规划、统一设计、工程统一建设的理念。

②综合考虑引入城市中心的环境因素，贯彻"绿色环保"的理念。

老京张铁路深入北京城市中心城区，线路两侧建筑物密集，周边环境复杂，高速列车运行将对周边建筑物产生噪声和振动影响。老京张铁路车站建筑、区间线路已有百年历史，是民族精神之魂、国家创新之源，是国家重要历史文化遗产。因此京张高铁在引入北京铁路枢纽选线布站，应贯彻"绿色环保"理念，高度重视环境保护以及京张历史文化遗址保护和传承。

（2）研究思路

京张高铁引入北京枢纽的选线布站设计，结合北京城市规划，从规划角度重新审视"站"与"城"的关系，突出铁路线网布局与站房布局新思维，实现"畅通融合"。主要研究思路是：面对北京北站拥堵的交通现状，研究如何避免特大城市终点站客流过度集中、无法及时疏散、造成交通拥堵的问题；面对老京张铁路对城市"分割"的现状，研究如何消除铁路对城市的割裂，减小对城市规划的影响问题；面对清河站局促的用地环境及既有交通的限制，研究车站如何实现周边交通的高效衔接，达到畅通融合的目的；面对位于城市中心区的车站，其城市功能不断加强的发展趋势，研究车站功能与城市功能如何高效融合，如何与城市空间融为一体的问题。

4.1.2 客站布局方案研究

1）铁路枢纽分析

（1）枢纽既有概况（2013年）

北京铁路枢纽既有京沪线、京九线、京广线、京原线、丰沙线、京包线、京通线、京承线、京哈线、大秦线10条铁路干线及京沪、京广高速铁路和京津城际铁路，是我国铁路网中最大的铁路枢纽之一。枢纽内各干线间通过东南环、东北环、西北环等环线相互连接，形成大型的辐射式环形铁路枢纽。枢纽内既有车站99座，其中北京、北京西、北京南、北京北为枢纽内办理旅客列车始发终到作业的主要客运站，丰台西为路网性编组站，丰台、双桥、三家店为技术作业站，石景山南为工业站；另在黄村、丰台、大红门等站设有货场，其余均为中间站。北京北站办理京通线及市郊铁路S2线的始发终到车作业，为尽端式车站，车站规模6台

12 线（其中 1 条为存车线）；未配属客车技术作业点，普速客车始发终到的整备作业在到发线上进行，详见图 4-3。

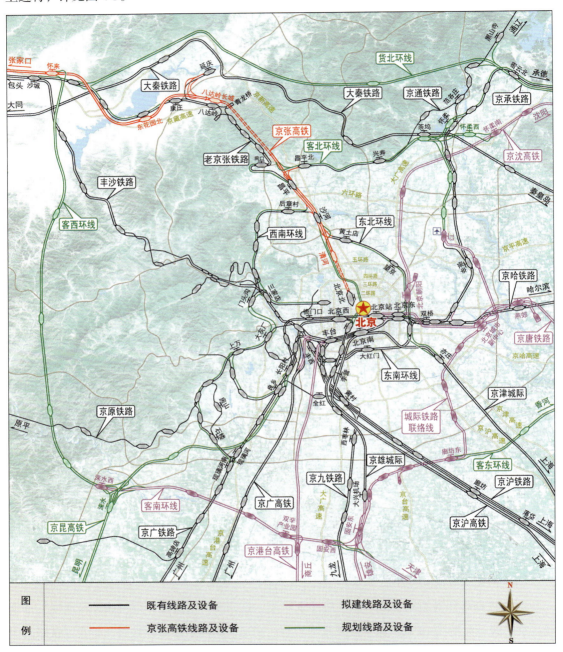

图 4-3 北京铁路枢纽总布置示意图

（2）客流分析

北京枢纽的铁路客流以始发终到客流为主、通过客流为辅，其中通过客流仅占枢纽总客流比例的 5%，主要为长途客流。始发终到客流中，城际、长途客流并重。以 2014 年为例，当年北京铁路枢纽共开行旅客列车 438 对 /d，其中始发车 420 对 /d，主要发往上海、广州和沈阳等方向；通过车 18 对 /d，主要为几大干线之间跨线运行的普速客车。

从铁路客运量流向看，2014 年北京枢纽全部铁路客运量 12356 万人次，其中城际客流 4323 万人次，约占 35%；中长途客流 8033 万人次，约占 65%，中长途客流中，京沪沿线客流比例最大，约占 17.6%，其次是东北地区占比 12.6%，京广沿线约占 11.7%，西南、西北地区现状中长途客流比例较小，约占 7.3%，蒙西仅占比 2.2%。

（3）北京枢纽客站布局分析

①枢纽主要客站布局。

北京铁路枢纽内的客运站包括 4 个主要客站和 2 个辅助客站。4 个主要客站为北京站、北京西站、北京南站、北京北站；2 个辅助客站为北京通州站、丰台站。4 个主要客运站的分工情况见表 4-1。

既有枢纽内主要客运站分工情况 表 4-1

车站	规模	功 能 定 位	轨道交通衔接
北京站	8 台 14 线	主要承担国际列车的始发终到、京哈线、京沪线客车的始发终到及京广线对开客车的始发终到	地铁 2 号线
北京西站	10 台 18 线	主要担当京广客运专线、京广线、京九线客车的始发终到，并担当部分京哈线对开客车的始发终到	地铁 7、9 号线
北京南站	13 台 24 线	主要承担京沪高速、京津城际、市郊客车的始发终到	地铁 4、14 号线
北京北站	6 台 11 线	主要承担京包线、京通线客车的始发终到，并作为北京城市综合交通枢纽的组成部分，担当延庆方向旅游及市郊列车的始发终到	地铁 2、4、13 号线

其中北京西站铁路客运量最大，其次是北京南站、北京站，北京铁路枢纽主要客运站历年旅客发送量见表 4-2。

北京铁路枢纽主要客运站历年旅客发送量（单位：万人次） 表 4-2

车站	2006 年	2007 年	2008 年	2009 年	2010 年	2011 年	2012 年	2013 年	2014 年
北京站	2709	2998	3066	2785	2774	2749	2811	3324	3469
北京西站	3150	3632	3865	4090	4403	4682	4454	4623	5081
北京南站	113		410	966	1408	1909	2647	3070	3474
北京北站	109	117	154	183	190	248	287	338	332
丰台	43	32	31	30	14				
合计	6124	6779	7526	8054	8789	9588	10199	11355	12356

②枢纽主要客站布局特点分析。

根据北京市 2010 年第六次全国人口普查数据，北京市常住人口为 1961.2 万人。各区人口分布情况见表 4-3。

北京市2010年第六次全国人口普查分布情况　　　　　　　　　表4-3

地　区	常住人口数量	地　区	常住人口数量
东城区	91.9万人（其中，原东城区57.3万人，原崇文区34.6万人）	顺义区	87.7万人
西城区	124.3万人（其中，原西城区67.4万人，原宣武区56.9万人）	昌平区	166.1万人
朝阳区	354.5万人	大兴区	136.5万人
丰台区	211.2万人	怀柔区	37.3万人
石景山区	61.6万人	平谷区	41.6万人
海淀区	328.1万人	原密云县	46.8万人
门头沟区	29.0万人	原延庆县	31.7万人
房山区	94.5万人	合计	1961.2万人
通州区	118.4万人		

分功能区看，城市功能拓展区（朝阳区、丰台区、石景山区、海淀区）常住人口最多，占全市常住人口的48.7%；其次是城市发展新区（房山区、通州区、顺义区、昌平区、大兴区），占30.8%；首都功能核心区（东城区、西城区）、生态涵养发展区（门头沟区、平谷区、怀柔区、原密云县、原延庆县）常住人口较少，所占比重分别为11%和9.5%。

分区县看，朝阳区常住人口最多，为354.5万人，其次是海淀区和丰台区，分别为328.1万人和211.2万人，这三个区集中了全市45.6%的常住人口。此外，昌平区、大兴区、西城区和通州区的常住人口总量也都突破了百万。

分象限看，北城人口高于南城人口，2010年北京城六区（原为城八区）常住人口为1110万人，以北城人口为主，北城人口（海淀区、朝阳区北部、原东城区、原西城区）713.85万人，占比64.3%，其中西北方向常住人口为395.5万人，占比35.6%。详见表4-4。

北京城六区（原城八区）常住人口分布情况（2010年）　　　　表4-4

方　向	地　区	常住人口（万人）		比　例
东北方向	朝阳区北部	261.05	318.35	28.7%
	原东城区	57.3		
西北方向	原西城区	67.4	395.5	35.6%
	海淀区	328.1		
西南方向	原崇文区	34.6	245.8	22.1%
	丰台区	211.2		
东南方向	原宣武区	56.9	150.35	13.5%
	朝阳区南部	93.45		
合计			1110	100%

首先，铁路客运站布局应与城市人口分布相适应，北京市北城人口较多，但是目前北京大部分铁路客运站分布在北京市南城，"南重北轻"特征明显。以北京市长安街划分，除北京北站外，北京南站、北京站、北京西站三个客站均分布于长安街以南，这样的客站布局造成大量北城的铁路客流需要利用城市交通到南城各铁路客站出行，给城市公共交通造成了较大的压力。从方便城市北部居民出行、均衡车站布局角度出发，结合城市规划，应适时在城市北部地区新建铁路客站。其次，根据北京铁路枢纽总图规划，北京北、北京站、北京西站、北京南站的能力已趋于饱和，无法满足研究年度规划铁路建设的需要，枢纽内需另考虑增设客站。最后，北京北站为尽头式车站，无法与其他客站联通，从直通客车开行、方便旅客换乘角度出发，应考虑京张高铁客车与城市南部几个客站实现互联互通。

（4）北京北站的区位分析

既有北京北站为6台12线（其中1条为存车线）尽端式车站，根据初步分析，车站远期需承担158对列车始发终到作业，车站到发能力不足，且车站未配属动车及普速客机检修设施。北京北站位于城市核心区，周边高层建筑密集，而且北京北站（老京张铁路上的西直门车站）于1909年建成，已有百年历史，站内的天桥、雨棚及老站房均为重要文物。因此，北京北站不具备进行大规模改扩建的条件。

此外，为满足京张高铁与京广高铁、京沪高铁开行跨线列车需求，还需修建地下直径线将北京北站与其他线路接通。但北京北站东、西两侧分别被地铁13号线及二环路、西直门北大街包围，南侧为西直门交通枢纽、地铁4号线及西直门外大街，车站无扩建及南延条件。

另外，北京北站地处西直门综合交通枢纽，集中了高铁、市郊铁路、地铁、公交和社会车辆和多种综合服务功能，客流量大、客流集散集中。西直门交通枢纽衔接有地铁2号线、4号线、13号线，每日有近30万人换乘，几条地铁线高峰时段上座率已经饱和。西直门交通枢纽衔接的西二环等主要道路早晚高峰长期拥堵，且车站周边无社会停车场。因此，如果全部由北京北站承担京张高铁始发终到车作业任务，铁路客流将几乎全部由轨道交通及公交承接，势必增加轨道交通线、公交线及区域内道路的客流运输压力。

综上所述，需要研究北京枢纽新建客站方案。

2）方案研究

北京枢纽的客站布局方案，主要研究了北京城市北部新建客站方案、北京北+清河双客站格局方案。

（1）北京城市北部与京沈高铁共建新客站方案研究

该方案考虑在北京北部地区（五环外）新建客站，京张高铁和京沈高铁引入该客站。分别研究了沿东北环设站方案、沿老京张铁路设站方案、六环北侧设站方案、顺义设站方案（图4-4）。经综合对比分析，以上各站距离中心城区较远，站位和引入线路没有预留规划用地，拆迁工程巨大，且周边城市交通设施配套较差，无轨道交通接驳，不能利用既有北京北站设备设施。因此，研究后舍弃。

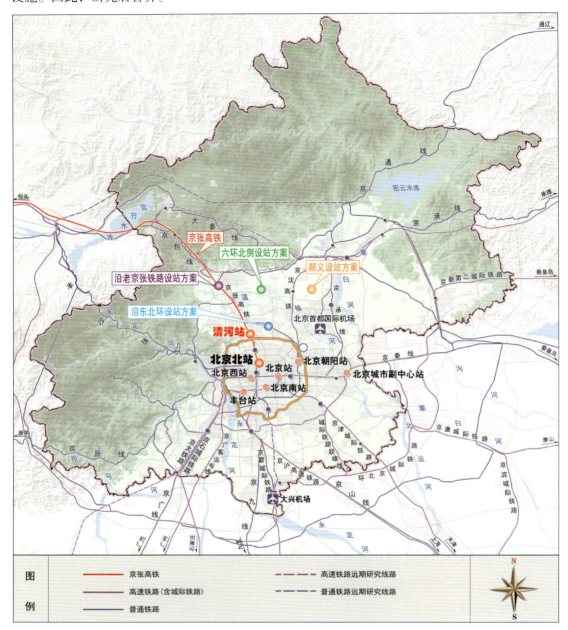

图4-4 北京城市北部新建客站站位选择示意图

（2）北京北+清河双客站格局方案研究

该方案考虑在充分利用既有北京北站的基础上，在老京张铁路通道沿线新建第二客站，以实现多点乘降、合理分流的目标。老京张铁路出北京北站后，依次设置有清华园站、清河站、昌平站。清华园站位于四环内，距离天安门约10km。该站区位条件较好，但位于建成区，周边建筑物密集，无扩建条件，车站周边交通接驳条件较差。昌平站位于北六环外昌平区马池口镇（距离天安门约36km），距离中心城较远；该区域规划以居住为主，车站周边现状为村庄，人口密度较低，车站周边无既有及规划轨道交通线路，车站周边交通接驳条件较差，对客流服务效果较差；且车站衔接有货场和多条专用线（还有军事专用线），车站改扩建条件较差。清河站位于五环路北侧（距离天安门约16km），地处海淀区海淀山后及上地产业组团，该区域对外出行需求较大，该站址可更好服务通勤客流及城区北部出行客流；车站并行的地铁13号线具备加站条件，同时规划有地铁19号线支线及昌平南延线在此设站，具备建设京张高铁新建第二客站的条件。而且该站位距离位于东北环线、老京张铁路及环清线围合的动车运用所也较近，方便动车出入动车所。

3）方案选择

经综合研究比选，从与规划符合性、服务效果、交通接驳条件、工程可实施性方面综合对比分析，北京枢纽采用了北京北站+清河的"双客站"布局（图4-5）。京张高铁引入北京枢纽，打破了在一个城市内"一线一站"的传统枢纽布局，在五环外增设了清河客站，形成两站新布局，避免超大型客站"城中城"现象，有效减轻了西直门地区的交通压力，大幅降低了城市改造和为客站配套的基础设施投资。

4.1.3 线路方案研究

经过对北京枢纽客站布局方案的研究，选择了京张高铁沿老京张铁路通道引入北京北站，并在清河站建设第二客站的建设方案。北京北站位于城市中心城区，京张高铁沿既有通道引入北京北站，沿线高楼林立，各类建筑极多，空间狭小。不仅分布有北京交通大学、清华大学、北京体育大学等多所高等教育学府，更有五道口、西二旗等北京市的商务、经济、科技中心区域，还有军政家属区、天兆家园、上地佳园、当代城市家园、智学苑小区、保利香谷罗兰等居民区。线路选线设计需贯彻环保选线理念，综合考虑沿线环境保护、文化特色、城市规划、时间目标值以及工程建设成本等因素，力求打造绿色、环保、人文的精品铁路工程。

1）北京北至昌平段线路格局方案研究

京张高铁利用老京张铁路通道引入北京北站，该段线路需兼顾普速旅客列车通行，S5线动车组通行，北京北动车所出入动车底走行的功能，结合枢纽内近远期客货运运量情况、既有线的运输能力、运输组织机动灵活性和沿线征拆情况，设计阶段对北京北至昌平段的线路格局方案进行了研究。

（1）北京北至沙河段

该段沿线高楼林立，各类建筑极多，空间狭小。结合该段线路的区域特征特点，综合既有线的运输能力和运输灵活机动性，分别研究了二线格局方案和三线格局方案。

①二线格局方案研究。

该方案北京北—沙河段按二线格局建设，承担通道内全部客货运输，开行动车组、动车底普速客车及小运转列车。京张高铁自北京北站沿老京张铁路增建二线至二拨子线路所后，利用老京张铁路与东北环线至沙河,并于三角地修建动车运用所,同时为了满足京张高铁与东北环线间列车的跨线作业需求,于沙河站南侧修建沙河至东北环线的上下行联络线,实现京张高铁与京沈高铁的联系。为缓解北京北站到发线能力紧张的状况及西直门地区的交通压力,增设清河站作为北京北的辅助客运站,办理部分列车的始发终到作业,方案布置如图4-6所示。

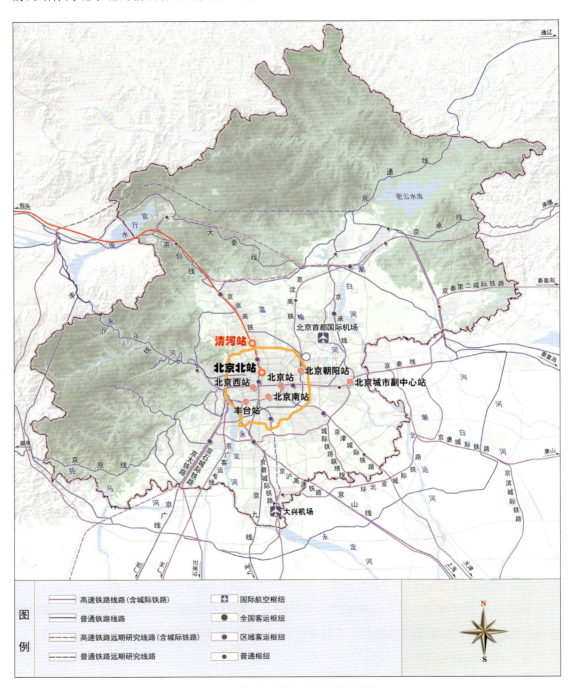

图4-5 "一主一辅"双客站布局示意图

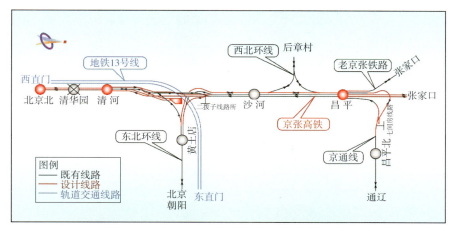

图 4-6　二线格局方案示意图（北京北—沙河）

②三线格局方案研究。

该方案北京北—沙河按三线格局建设，既有线保留，另外新建双线。新建双线承担全部动车组的运行，既有线（单线）承担动车底、小运转列车、普速客车的运行。京张高铁自北京北站沿老京张铁路增建双线至二拨子线路所后，二拨子线路所至沙河与二线格局方案相同，同时修建三角地动车运用所及北京北至动车运用所走行线 12.089km，方案布置如图 4-7 所示。

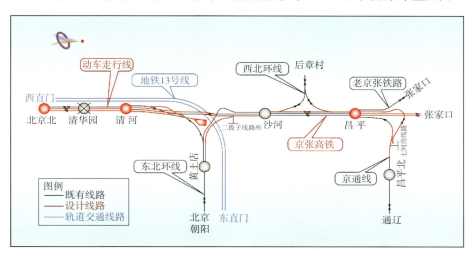

图 4-7　三线格局方案示意图（北京北—沙河）

③方案选择。

经综合分析，两方案从运输能力角度考虑均满足近远期需要。同时两方案在拆迁角度来看，相差不多，但二线格局方案可大大减少新征用地，对该段落所处的北京市核心城区位置，可有效集约用地、节省投资、工程易于实施，经比选后予以采用。

（2）沙河至昌平段

沙河至昌平段线路周边建筑物与北京北至沙河段相比相对较少，故设计阶段重点结合运输能力和运输组织灵活性，综合考虑征拆情况，研究了二线格局方案、三线格局方案和四线格局方案。

①二线格局方案研究。

京张高铁自沙河站引出,利用老京张双线引入昌平站,京张高铁承担通道内全部客货运输作业,开行动车组、普速客车及小运转列车,形成两线格局,同时对既有铁路进行电气化改造。两线格局方案沙昌区间动车组、普速客车和小运转列车共线运行,交叉干扰严重,运输组织复杂,且远期能力趋于饱和,没有富余能力增开市郊列车。方案示意如图4-8所示。

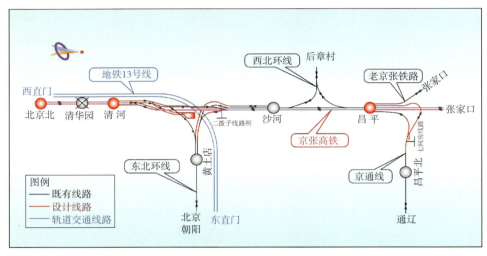

图4-8 二线格局方案示意图(沙河—昌平)

②三线格局方案研究。

京张高铁自沙河站引出,利用老京张双线引入昌平站,并在京张高铁西侧修建沙河至昌平第三线,形成三线格局。该方案沙河至昌平段能力满足运输需求,同时远期有一定富余。沙昌三线承担普速客车和小运转列车,京张高铁主要承担通道的全部动车组和京通线上行方向普速客车,该方案运输组织简单。方案示意如图4-9所示。

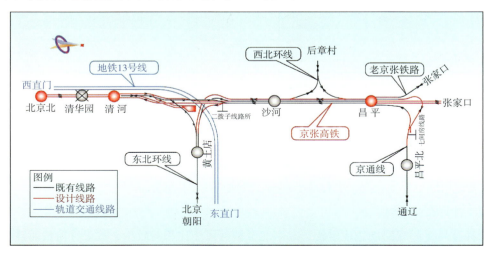

图4-9 三线格局方案示意图(沙河—昌平)

③四线格局方案研究。

京张高铁自沙河站引出，利用老京张双线引入昌平站，并在京张高铁东西两侧修建沙河至昌平三、四线，形成四线格局。京张双线运行全部动车组，还建沙昌三、四线开行小运转列车、普速客车，与三线格局方案相比，双单线运输组织更加灵活。方案示意如图4-10所示。

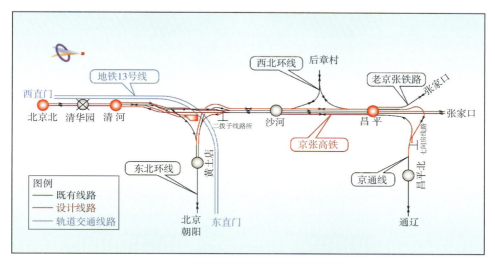

图4-10 四线格局方案示意图（沙河—昌平）

④方案选择。

经综合研究分析，虽然四线方案区间避免了客货运相互干扰，可大大提高运输能力，但新增征拆工程很大，投资较多，予以放弃。三线方案中，沙昌三线与京通线疏解、西北环、东北环形成枢纽货运环线，增加了枢纽运输组织的灵活性，预留了枢纽进一步发展的条件，与二线方案相比，增加投资不多。因此，采用了三线格局方案。

2）五环内线路敷设方案研究

老京张铁路在五环内采用地面线的敷设方式，铁路沿线经过百年发展和变迁异常繁荣，许多地名也都烙下了老京张铁路的印记，如著名的五道口商圈就是因老京张铁路自北京北站出来第五个平交道口而得名，可以说老京张铁路见证了城市的一步步发展。

老京张铁路两侧分布有北京交通大学、北京航空航天大学、中国科学院、北京语言大学、北京林业大学、清华大学等众多高等学府，还分布有钻河公馆、军政家属区、红杉国际公寓等众多居民小区，铁路沿线对于声环境的要求较高，老京张铁路运行造成的噪声污染问题亟待进一步改善。除此以外，老京张铁路沿线还分布有学院南路、成府路、双清路等多处平交道口，地面线路阻隔了城市交通，在一定程度上制约了城市的进一步发展。为了进一步优化老京张铁路沿线环境、消除既有线路对城市的分割，设计阶段深入研究讨论了京张高铁在五环内的敷设方式，从工程地质条件、线路最大坡度、对市政交通和管线以及周边重要建（构）筑物影响、防灾救援等不同角度研究了五环内线路地下方案的可实施性，并与地面方案进行了综合技术比选。

（1）方案研究

①地面线方案研究。

该方案维持既有地面线路，沿老京张铁路增建二线。线路自北京北站引出依次上跨学院南路（道路下挖改造）、北三环、知春路、北四环、成府路、双清路及清华东路（铁路原位高架），下穿北五环至清河站，该方案线路长度11.266km，其中桥梁长度1.744km，桥梁比例15.48%。方案示意如图4-11所示。

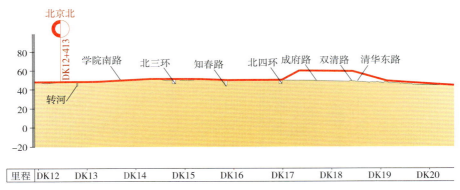

图4-11　地面线方案示意图

②地下线方案研究。

为避免地面线敷设对城市造成的分割，该方案在北京北至清河区间采用地下线的敷设方式，线路自北京北站引出后，采用30.0‰的最大坡度转入地下，依次下穿学院南路、北三环路（上跨规划12号线）、知春路（地铁10号线）、北四环路、成府路、双清路、清华东路（上跨在建地铁15号线），然后转出地面再下穿北五环至清河站，该方案线路总长11.266km，其中隧道长度6.020km，隧道比例53.43%。方案示意如图4-12所示。

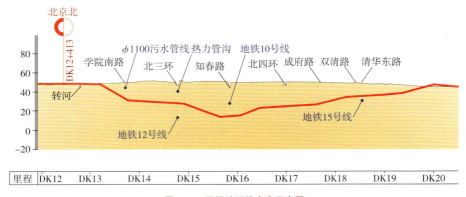

图4-12　区间地下线方案示意图

（2）方案选择

区间线路地下线方案与地面线方案相比，虽然存在着工程投资高、施工风险大等缺点，但将对环境敏感点的影响由地面方案的36处降低至10处，能有效减小对周边环境的影响。

同时,改造为地下线后,学院南路、成府路、双清路既有铁路道口取消,消除了交通安全隐患,道路通行条件更好,两侧区域连通和交流更顺畅,缝合了被既有铁路割裂的城市空间。通过综合对比分析论证,最终确定采用了区间线路地下线方案。

3)北京北站下沉方案研究

关于北京北站是否下沉改为地下站一直是各界关注的焦点,设计阶段对北京北站下沉方案也进行了深入的研究。

(1)方案研究

既有北京北站北端咽喉跨越转河,受转河高程控制,该方案北京北站车场需下沉约20m,车场部分设置为地下两层(北端局部三层),地下二层为站台层,地下一层南端为站厅层与既有车站地下一层候车厅相连通,地下一层北端(局部两层)为停车场。保留既有站房不动,旅客的进出站利用既有站房地下一层站厅层与下沉后站厅层同层进出站。通过下沉后站厅层的楼扶梯直接下至站台层,实现旅客进出站。方案示意如图4-13、图4-14所示。

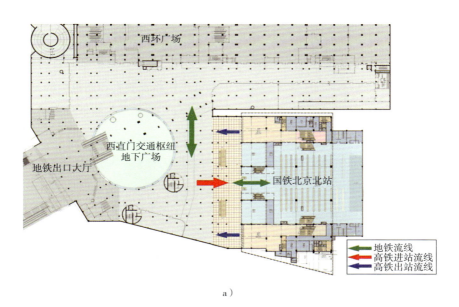

a)

b)

图4-13 北京北站下沉方案示意图

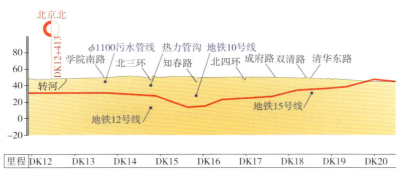

图 4-14　全地下线（北京北站下沉）方案示意图

（2）方案选择

经过对该方案的深入研究分析，该方案存在以下问题和工程风险，经过充分研究后予以放弃。

首先，平绥西直门车站旧址（古遗址），位于北京北站站内，为北京市市级文物保护单位。平绥西直门车站旧址是詹天佑主持修建老京张铁路时所建，是现存老京张铁路站场设施中唯一保存较完好的一处（图 4-15～图 4-17）。根据 2005 年国家文物局针对北京北站改造时的意见（文物保函〔2005〕601 号及文物保函〔2005〕1053 号），"北京北站平绥西直门车站旧址是目前唯一完好保存的京张铁路站场设施，是研究中国近代铁路发展史和建筑史的重要实物例证，具有很高的文物价值，站台雨棚和天桥等设施宜原址保护"。北京北站下沉方案不能满足文物保护的相关要求。

图 4-15　平绥西直门车站旧址——站台雨棚　　　图 4-16　平绥西直门车站旧址——站台天桥

其次，该方案的基坑属于超大深基坑，施工风险因素多，施工风险等级为极高。基坑周边重要建构筑物众多，西侧紧邻地铁 13 号线（在基坑范围内为高架线，桩基础深度为25m），基坑边缘到 13 号线路中线最小距离仅为 7.0m。地铁 13 号线西侧为小转河，基坑边缘至河边距离 25m。基坑东侧为 9～16 层建筑物，基坑边缘距建筑物基础 16～20m。该工程范围内存在上层滞水和承压水，基坑施工前需对基坑内外地下水降至基坑底部以下，施工降水将引起周边建（构）筑物的沉降，特别是地铁 13 号线的基础沉降会影响地铁运营安全甚至导致地铁停运。

最后，北站下沉方案工程建设期间，会对周边的环境产生巨大的影响。推土机、挖掘机、打桩机施工机械等固定源及混凝土搅拌运输车、压路机各种运输车辆等流动源将会产生很强的噪声污染和振动影响。地下车站施工时将对周围敏感建筑产生一定程度的振动影响。在施工中，施工机械车辆尾气、施工扬尘将造成大气环境的轻微污染。

图 4-17　平绥西直门车站旧址老站房图

以燃油为动力的施工机械和运输车辆的增加，必然导致废气排放量的相应增加。施工过程中开挖、填筑、砂石灰料装卸等作业将产生粉尘污染，车辆运输产生的二次扬尘污染影响时间最长、最明显。该工程产生弃渣247万 m^3，需全部外运，每天需要大量的运渣车出入，根据周边道路情况，基坑开挖设置南北2个工作面，北工作面运输路线：经铁路用地至学院南路运出城外，南工作面经西侧商业楼通道至高粱斜街（或交大东路）后运出城外。经调查，市区每个工作面渣土运输时间为22：00至次日06：00，共8小时，按不间断运输出渣考虑，每辆车间隔3～4min，每天需运渣车约260辆（考虑进、出场地为520辆次），将极大增加西直门地区的交通压力。

◎ 4.1.4　工程建设实效

在京张高铁引入北京枢纽的研究过程中，结合枢纽与城市特点，提出了"一线双站，多点乘降"的新思路，将北京北与清河站同时设计为北京枢纽的主要客站，使客流可以分散乘降，缓解了一站换乘给城市交通带来的压力，也方便了北部城区的乘车需求，取得了很好的效果，这在今后类似设计中值得借鉴。

京张高铁入地后，可将原地上段落改造成京张铁路遗址公园。遗址公园将纵贯南北、横连东西，连通原铁路沿线的现有绿地，将郊区绿色引入城市，打造真正的"城市花园"。通过原铁轨空间的留白和重建，尽可能保留沿线重要历史记忆点，在给市民提供运动休闲场所的同时，让文物古迹和古建筑讲述历史故事。

4.2　八达岭越岭选线与景区布站

◎ 4.2.1　概述

八达岭—十三陵风景名胜区为1982年国务院审定公布的第一批全国重点风景名胜区，总面积326.37km²，外围保护地带面积141.38km²，区内拥有八达岭长城、十三陵两处世界文化遗产地，在世界上享有很高的声誉。八达岭—十三陵风景名胜区范围：西包括关沟，西北包括长城及石峡古堡，北包括土边长城及岔道古城、碓臼峪，东包括银山塔林及铁壁银山，南包括龙、虎山等景观资源集中的区域；核心景区由八达岭长城景区、居庸关长城景区、十三陵景区、银山塔林景区组成。八达岭长城景区包括八达岭长城、水关长城、残长城、土边长城及两侧山体区域，景区中最为著名的景点为八达岭长城，有"不到长城非好汉"的美誉，历来深受国内外游客青睐。八达岭—十三陵风景名胜区是以独特的长城和皇家陵寝为主景，以文物古迹与自然风光完美结合为特色，具有历史文化展示、自然景观游览功能的世界文化遗产级综合性国家重点风景名胜区，总体可概括为长城雄关、皇家陵寝、山水相依和世界瑰宝（图4-18）。

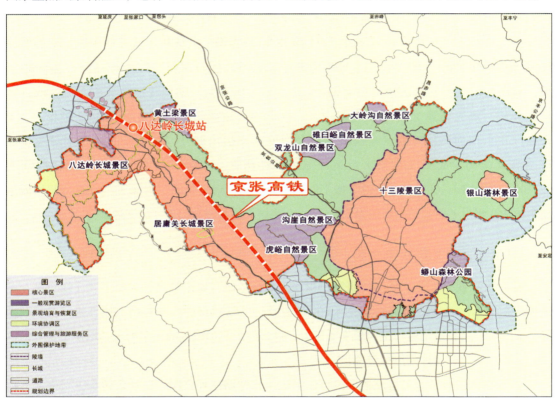

图4-18 八达岭—十三陵风景名胜区总体规划（2007—2020）

八达岭长城是世界旅游胜地，既是世界文化遗产又是国家级重点风景名胜区，根据八达岭—十三陵风景名胜区总体规划，景区年接待游人量约为1000万人次。

在京张高铁修建前，到八达岭景区旅游有两种交通方式供游客选择，一种是公路交通，另一种是铁路交通。选择公路交通的游客可经京藏高速公路或京藏高速公路辅路到达八达岭景区，但由于距离主登城口最近的滚天沟停车场泊车数量有限，大部分游客只能将车辆停放在黑龙潭停车场或岔道西停车场，之后搭乘景区内接驳车或步行约2.3km到达主登城口；选择铁路交通的游客可搭乘S2线通过老京张铁路到达八达岭站，下车后步行约1.3km到达主登城口。不论是公路交通还是铁路交通，对于游客出行均略有不便，同时大量的游客造成京藏高速公路、京藏高速公路辅路以及景区内道路常年拥堵。

为了有效分流景区内部分公路交通的客流，降低交通压力和公路尾气排放，结合京张高铁的建设，对八达岭越岭段选线与核心景区设站的方案进行深入研究。处理好客运需求与景区环境保护的关系，为景区提供更加绿色、环保、节能的交通方式是非常有意义、非常有必要的。

八达岭越岭段选线布站方案研究需要考虑以下因素：第一，要处理好与八达岭景区的关系，八达岭长城是明长城中保存最好的一段，是世界文化遗产、旅游胜地，每年来往的旅客络绎不绝，选线布站设计需尽可能靠近景区，为景区游客提供最便捷的运输服务。第二，为降低对风景名胜区内景观的影响，需尽量以隧道形式通过。第三，风景名胜区内分布有居庸关长城、水关长城、八达岭长城以及既有青龙桥火车站等诸多重点保护文物，需处理好铁路与各类文物之间的关系，消除铁路施工及运营对于既有文物的不利影响。第四，该线兼顾市郊铁路功能和为 2022 年冬奥会延庆赛区服务功能，京张高铁选线布站需充分考虑延庆支线的接轨条件，同时尽量缩短延庆支线的线路长度，降低工程投资。

4.2.2　八达岭越岭选线方案研究

八达岭是峰峦叠嶂的军都山中的一个山口，地形特殊，历代乃兵家必争之地。八达岭长城更是天下九塞之一，是万里长城的精华和杰出代表。高超的建筑技艺和不朽的艺术价值，充分体现了中国古代劳动人民的智慧和力量。一百多年前，中国铁路之父詹天佑在翻越八达岭段的选线设计中，创造了"人"字形铁路，克服了复杂的地形条件，解决了诸多技术难题，是中国工程技术界的光荣和骄傲。京张高铁与老京张铁路总体走向基本相同，同样需要克服八达岭这一天险，在选线过程中要充分弘扬天佑精神，多论证、敢创新，选择确定最优的线路方案，在前辈的基础上树立新时代中国高铁的形象。

1）方案研究

在八达岭越岭段选线过程中，充分考虑地形地貌、历史文物、景区客运需求及同步修建延庆支线的相关要求，在设计阶段分别研究了八达岭设站方案、南口取直方案、绕避八达岭景区方案，方案示意如图 4-19 所示。

（1）八达岭设站方案

线路自昌平站引出，经南口镇东侧，以两座 3km 隧道和一座 12km 隧道群越岭，在八达岭景区滚天沟设地下车站，出隧道后经康庄镇北侧，后并行京藏高速公路跨越官厅水库至比较终点，线路全长 57.5km，桥梁长度 22.5km，隧道长度 18km，桥隧比 70.43%，同步修建延庆支线 9.3km。

（2）南口取直方案

线路自昌平站引出，经南口镇南侧，以一座 20.7km 隧道越岭，出隧道后并行京藏高速公路跨越官厅水库至比较终点，线路全长 51.1km，桥梁长度 19.9km，隧道长度 20.7km，桥隧比 79.45%，同步修建延庆支线 15.9km。

图 4-19 八达岭越岭段方案示意图

（3）绕避八达岭景区方案

线路自昌平站引出，经南口镇南侧，绕避八达岭景区，以一座 25.5km 长隧道越岭，出隧道后并行京藏高速公路跨越官厅水库至比较终点，线路全长 49.4km，桥梁长度 10.8km，隧道长度 25.5km，桥隧比 73.48%。

2）方案选择

绕避八达岭景区方案虽然线路长度最短，但线路远离了八达岭景区且无法设站，延庆支线也无接轨条件，无法满足八达岭景区与延庆区的客运需求，与京张高铁的功能定位不符，研究后首先予以舍弃。南口取直方案虽然较八达岭设站方案线路长度短，但线路远离了八达岭景区且无法设站，延庆支线接轨也十分困难。综合考虑本线的功能定位及八达岭景区和延庆区的客运需求，选择采用了八达岭设站方案。

4.2.3 八达岭景区内站位研究

1）方案研究

线路走向方案采用了八达岭设站方案后，需进一步对八达岭景区内站位方案进行深入的研究论证。如何选择适宜的站位，最大限度为游客提供优质的运输服务，充分发挥出京张高铁市郊铁路的功能，同时处理好铁路与风景区之间的关系，使铁路景观与自然景观协调一致，为游客提供更加环保、便捷、绿色的出行方式，是八达岭景区内站位方案研究的重要课题。

根据八达岭景区规划，到达八达岭景区的交通方式有市郊铁路 S2 线、京藏或京礼高速公路、877等多条公交线路。景区有多个售票口，包括北一楼附近的主登城口、索道售票处、公交车集散中心处的售票处及滑道售票处，但是客流最多的售票处还是主登城口的售票处。在遵循便捷理念和绿色环保理念的原则下，同时考虑了车站与主登城口、工程投资等综合因素，对滚天沟地下站方案和程家窑地面站方案进行了比选方案，方案比选示意如图4-20所示。

图4-20　八达岭景区站位方案比选示意图

（1）滚天沟地下站方案：车站位于滚天沟停车场北侧山体下方，地面站房位于滚天沟中部，受线路纵断面坡度的限制（采用了30‰的最大坡度，图4-21），车站轨面埋深102m，旅客提升高度62.7m。站位距长城入口500m，距北索道300m。

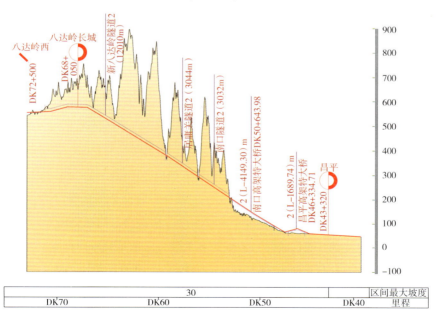

图4-21　昌平至八达岭西段线路剖面示意图

（2）程家窑地面站方案：该方案在程家窑村西侧设地面站，站位距黑龙潭停车场2.5km，距八达岭长城入口约7.2km处。

对两方案的优缺点进行对比分析如下：

从对景区环境的影响方面分析。滚天沟地下站方案，乘客出站步行即可到达长城入口，无须修建交通接驳设施，可以减少对景区道路和交通影响，缓解旅游旺季交通拥堵状况。程家窑地面站方案，乘客需通过汽车接驳至长城入口，对于景区内公路交通拥堵无明显改善，同时还进一步加剧了既有康辛路的交通压力。地面道路交通带来的压力、尾气污染等对景区的影响较大。

从旅游客流服务功能性、便捷性方面分析。滚天沟地下站方案，可将游客直接输送至景区入口，与步道入口及索道入口距离较近，减少游客的走行距离，更加方便旅游客流；程家窑地面站相距景区入口较远，若采用小容量轨道交通接驳，会增加游客换乘次数，延长旅客旅行时间，服务性和交通便捷性相对较差。

从运营安全风险方面分析。地下站工程位于地下，疏散、管控等相对受限，安全风险相对较大，但通过采取一定的措施后，安全风险可控；地面站与地下站相比而言，为常规工程，旅客地面疏散条件好，安全风险较小。

从工程经济性方面分析。地面站方案较地下站方案铁路部分工程总投资少72636.1万元，但考虑地面接驳设施工程投资，地面站方案工程较地下站方案工程总投资多94768.65万元。另外，据国家发改委综合运输研究所测算，八达岭地面站方案与地下站方案相比，每年旅客运输接驳经营费用增加3691万元，旅行时间延长成本增加17430万元，车站经营成本减少1500万元，三项合计19621万元。以项目运营期30年考虑，地面站方案比地下站方案新增费用32.94亿元。

2）方案选择

关于八达岭景区站位的选择，一直是各方关注的焦点。2009年8月正式上报国家发改委的预可研文件，对地下站和地面站两个方案进行了比选，并选择了采用滚天沟设地下站的方案。2011年3月，国家发改委综合运输研究所完成了八达岭站位方案交通仿真与经济评价研究，从经济、社会、环境、投资等综合角度分析，认为地下站优于地面站方案。2013年9月，原中国铁路总公司鉴定中心对八达岭越岭段初步设计进行了预审，同意八达岭越岭段采用30‰坡度，八达岭地下站的旅客提升高度由98m缩减为62m，进一步降低了运营安全风险。之后在2014至2015年间，铁路部门及北京市多次召开专家评审会，历次会议均认为地下站方案技术可行、风险可控，同时从工程技术、建设条件、方便旅客乘降、交通接驳便捷程度、环境及文物保护等方面分析，地下站方案均优于地面站方案。2016年1月14日，原中国铁路总公司、原北京市规划委员会、北京市文物局共同召开八达岭设站及保护文物论证会议，会议认为滚天沟地下站地面设施对文物保护影响较小，优势明显，大部分专家最终同意采用滚天沟地下站方案。

关于八达岭站位的争论历时 6 年多之久，从旅客服务水平、技术、经济、环保等方面综合考虑，最终采用了滚天沟地下站方案。

4.2.4 工程建设实效

为了最大限度地降低对景区的影响，采用以隧道方式穿越景区并在景区入口附近设地下车站（八达岭长城站）的方案，旅客可步行直达景区，最大限度方便旅客出行。八达岭长城站主体设于地下，尽量减小地面站房规模，车站设计风格和色调充分与八达岭长城文化理念相融合，并采用消隐式设计，将站房消隐、融入周边自然环境，避免了对八达岭风景名胜区的景观影响。京张高铁的修建使城区往来八达岭景区的旅行时间由原来的 80 分钟压缩至 20 多分钟，旅客到达车站后直接步行到达景区入口，为旅客出行提供了极大的便利；同时铁路以其高效的运输能力分担了部分公路客流，大大缓解了景区内京藏高速公路及京藏高速公路辅路的交通压力。

4.3 张家口地区选线与布站

4.3.1 概述

1）城市规划

张家口市位于河北省西北部，不仅是河北省重要的能源基础和生态型旅游城市，而且是冀西北地区中心城市，京北门户，连接京津沟通晋蒙的交通枢纽。辖 4 区 13 县，中心城区有桥东区及桥西区。全市面积 $3.69 \times 10^4 km^2$，常住人口 441.3 万人。（注：2013 年数据）

根据张家口市区位和资源特点，在《张家口城市总体规划（2000—2020）》中，城市总体发展目标为将张家口市建成冀西北地区的金融、信息和商贸中心，发挥张家口市连接京津、沟通晋蒙的桥梁作用，把张家口市逐步建成河北省重要的能源基础和生态型旅游胜地，冀西北地区现代化中心城市。

张家口市地处坝下盆地的东北缘，地形为三面环山，西有西山山脉，北有阴山山脉，东边有崇礼群山，与市区落差很大，达 500～700m；主城区南边则像敞开的大门，正对着南方，至洋河区域均为平地。市区地形北高南低，平均海拔为 780m。除了山区外，北部城镇海拔较高，为 800～900m；而南部海拔为 700 多米。受地形地貌限制，老城区以向南发展为主，适当向东、西山坡拓展。

张家口站站位选择，重点考虑了如何与城市有机相融，最大限度地提高地区交通效率，引导城市空间调整，优化城市功能，给城市带来新机遇。

2）地区铁路规划

（1）既有概况

张家口铁路地区位于河北省张家口市，京包铁路由地区东南侧引入横贯东西；唐包铁路张集段自地区西端外包京包铁路引入孔家庄站；唐包铁路张唐段从地区南侧引入孔家庄站并与张集段贯通；老京张铁路从张家口站（原张家口南站）西端引出伸入市区中心。

地区范围西至京包线郭磊庄站，东至沙岭子东站。既有车站包括张家口（原张家口南站）、张家口南（原沙岭子西站）、老张家口、郭磊庄、王玉庄、孔家庄、沙岭子、沙岭子东共8个，其中张家口站为客、货运区段站，张家口南站规划为地区技术作业站，其余为中间站。

老张家口站（老京张铁路张家口站）位于张家口市中心，为老京张铁路的终点站，为尽头式车站。站内设有客车到发线3条，有效长度为199～356m，旅客站台2座，货物列车到发线3条，有效长度为325～389m，调车线2条，站修所1处，机务整备点1处，有多条专用线接轨。现状（2009年）车站主要办理张家口市地区始发终到的旅客列车及市郊列车共8对，现状利用到发线北侧站修线进行客车整备。

张家口站（原张家口南站）为京包线上的一级二场横列式技术作业站。站内既有发线11条（含正线2条），有效长度为850～1050m，调车线8条。基本站台和中间站台各一座，尺寸分别为446m×7.8m×0.6m和400m×6.2m×0.6m，设地道2处。车辆段、机务段均与下行到达端咽喉区连接，站同左设有综合货场一处。京包线上行正线在站内贯通，下行正线外包机务段后接入8道，在站内不贯通，有8条专用线在该站接轨，车站既有站前广场狭窄。

当前张家口地区存在的主要问题有：一是随着新线的引入及张家口地区经济的快速发展，张家口地区近期和远期客车将分别达95对和131对，既有车站站台、到发线难以承担地区增长的客运量，且既有张家口客站设施陈旧，扩建条件困难，需对地区客运布局系统进行研究。二是张家口城市规划主要向南发展，目前已发展至张家口站及张宣公路两侧附近，张家口站位于规划城市中心区，大量的货运列车尤其是煤炭列车从张家口站通过已不合时宜。

（2）地区铁路总图规划

随着京张高铁、张呼高铁、大张高铁及唐包铁路4条新建铁路干线引入，考虑货车外绕城市，与唐包铁路共通道经张家口南站绕开主城区，使得张家口地区形成"客内货外"的总图格局。客运系统按"1个客运站、1个主题公园"的布局进行规划。其中，1个主要客运站为张家口站，1个主题公园为詹天佑铁路公园（老张家口站处）。解编系统按"1个技术作业站"的总体布局进行规划，随着规划货运外迁工程的建设，将张家口南站建设为地区技术作业站。地区货运系统：规划1个物流基地，规划将张家口货场搬迁至张家口南站，建设为地区的综合物流基地（二级）。地区内形成1个客运站、1个技术作业站，共计规划10个车站。张家口铁路地区总布置示意如图4-22所示。

4.3.2 选线与布站方案研究

结合张家口城市规划和未来客运需求，以及张家口地区铁路既有现状，京张高铁引入张家口地区，选线布站的设计思路：一是结合既有线情况、城市人口分布及线路走向，合理确定张家口地区客运站选择，方便居民出行；二是适应张家口城市地形特点、城市总体规划及发展方向，设站及站房布置引领城市发展；三是结合地方政府要求及设站情况进一步优化施工过渡方案，同步结合地区总图规划，避免城区内客货运交叉，根据实际需求适时修建货车外绕线；四是依托京张高铁引入地区的站位及站型布置为基础，打造城市综合交通枢纽及地标建筑，达到"站城融合一体"的效果。

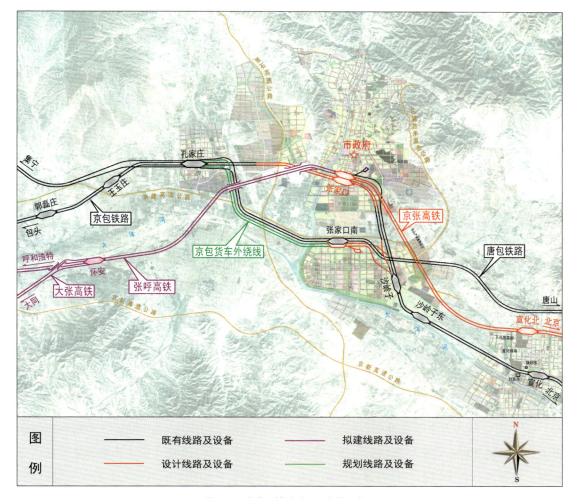

图 4-22 张家口铁路地区总布置示意图

基于此，京张高铁引入张家口铁路地区，选线布站充分体现"适应规划、引领发展；客站布局、集中高效；绿色发展、客内货外；畅通融合、智能便捷"的设计理念。

1）方案研究

结合张家口城市规划和张家口地区铁路规划研究，对京张高铁引入张家口地区的站位方案进行研究，研究了引入老张家口站方案、新建客站方案和引入既有张家口站方案。方案比选示意如图 4-23 所示。

图 4-23　张家口铁路地区站位方案比选示意图

（1）引入老张家口站方案研究

老张家口站为老京张铁路终点，位于北部市区中心，既有车站站坪受限。车站东西两侧紧密分布有幼儿园、商场及高层居民楼等建筑物，尽端（北侧）为商业区，南侧为平交的建设东路。京张高铁作为京包兰铁路通道的组成部分，张家口站为重要的客运站，有大量通过车，车站应为贯通式站型。老张家口站为尽端式站型，老张家口站至张家口站段线路（单线）穿越主城区，多处与城市主干道平交，受车站周边建成区构筑物控制，老张家口站无法改造为可接发 16 辆编组动车组的贯通式车站。综合以上分析，京张高铁引入老张家口站方案可实施性差且与城市规划适不符，研究分析后舍弃。

（2）新建客站方案研究

该方案考虑在张家口城市规划边缘的南侧，靠近张家口南站北侧新设客运站。新建客站靠近城市南部，距离老城区中心 13km、距离政府大楼 6.5km、距离洋河新区 4.5km，虽然适应城市发展方向，但距离老城区较远，城市居民大部分仍在北侧，百姓出行不便。地区内高速动车组始发、通过客车全部在新客站办理，张家口站维持区段站格局，普速客车作业在张家口站办理。新建客站远离既有中心城区，拆迁工程量小，工程可实施性强，但周边道路系统及配套设施较差，难以满足旅客便捷、快速出行要求，不利于吸引客流。

（3）引入既有张家口站方案研究

该方案考虑京张高铁引入既有张家口站，对张家口站进行改扩建，张家口地区始发、通过客车全部集中在张家口站办理。根据城市总体规划，张家口城市规划向南发展，客站位置符合城市发展规划。车站周边道路系统及公共设施较完善，便于旅客出行和换乘，有利于吸引客流。但既有张家口站衔接货场、专用线较多，车站功能转换后，货场及专用线外迁实施难度较大。同时，为满足地区内技术作业需要，需先行实施货车外绕线上的沙岭子西站，施工工期长。

京张高铁自地区东侧、并行老京张铁路北侧引入张家口站，地区内高速及普速始发、通过客车全部集中在张家口站办理。虽然既有张家口站衔接车辆段、货场及多条专用线，车站功能转换后，货场及专用线外迁实施难度较大，既有站改造复杂。但是一方面根据城市总体规划，张家口城市规划向南发展，张家口站位于老城区南侧边缘，符合城市规划；另一方面车站距离老城区中心 8.5km、距离新政府大楼 2.0km、距离洋河新区 8.0km，客站集中设于张家口站，相对全国同类型城市而言，车站距离老城区、市政府及洋河新区均较近（小于 10km），张家口站站位将成为张家口城区的中心区域。而且车站周边道路系统及公共设施较完善，符合居民的出行习惯、便于旅客出行和换乘，有利于吸引客流。

2）方案选择

（1）客站方案选择

根据张家口市新的城市规划可知，张家口城市北部、东部、西部发展空间有限，城市主要向南发展，既有张家口站位于老城区南侧边缘，车站南侧规划为洋河新区，车站位于新老城区结合部，既可以方便北部老城区乘客的出行，又可促进南部洋河新区的发展，带动城市进一步向南发展，符合城市发展规划要求。另外，京张高铁引入既有张家口站，可充分利用既有铁路通道及市政配套设施，不割裂城市。因此，张家口地区选择了京张高铁引入张家口站方案。

（2）线路走向方案

结合张家口市周边公路及铁路网、重大厂矿企业以及军事设施等控制因素，线路自宣化北站引出后折向西北，并行京藏高速走行，以 7.34km 长的隧道下穿草帽山，出隧道后上跨胜利南路，双线引入张家口站高速场，西端与张呼高铁相连。

4.3.3 工程建设实效

张家口站位于规划主城区中心及中心城区与组团衔接的节点位置，既有主城区位于铁路以北，铁路以南为规划的洋河新区，为消除铁路横贯于南北城区之间造成的消极影响，车站设置南北两个广场，并在车站下方设置贯穿车站南北区域的"城市通廊"，并通过配套市政交通及轨道交通，实现南北城区无缝衔接。随着京张高铁的建设，张家口市在张家口站南侧规划有高铁新城及奥森公园，张家口车站将成为高铁新城及洋河新区对外联系的窗口，为洋河新区南部城区的快速发展提供了条件和发展动力。

4.4 延庆支线选线与布站

4.4.1 概述

延庆区隶属北京市，地处北京市西北部，东邻怀柔区，南接昌平区，西与河北省怀来县接壤，北与河北省赤城县相邻，城区距北京德胜门 74km。延庆区生态职能为：北京市的后花园、西部生态屏障的重要一环，重要水源保护地，保障首都城市生态安全的关键区域，西部发展带中的生态型城市发展区。

经济职能：京津冀北区域经济发展的重要节点，北京联系西北的空间枢纽和产业纽带，农业循环经济的重要示范区，最具特色的体验旅游和休闲旅游区，服务北京国际大都市的科研、艺术创意型产业新区。文化职能：历史文化名城的重要组成，集中众多著名风景名胜区的历史悠久的文化大区，促进首都对外交往事业的重要组成。基于延庆区的功能定位，延庆地区和新城的发展定位核心可概括为三个方面：首都生态涵养重地、国际旅游休闲名区、现代生态宜居新城。

延庆区与主城区间的交通联系，公路主要依靠京藏（八达岭）高速公路、京新高速公路、110 国道，铁路主要依靠市郊铁路 S2 线。北京市郊铁路 S2 线利用老京张铁路及康延线开行的内燃动车组，连通北京北站和延庆站，运行时间约 95min。既有 S2 线运行时间长，受线路条件限制，全天开行车次受限，服务质量不高。

根据《北京市城市总体规划（2016—2035）》，京张高铁和延庆支线共同组成北京北至延庆市郊客运通道。本线的功能定位也确定京张高铁北京范围需承担延庆至北京主城区之间的市郊铁路客流。

延庆赛区作为 2022 年冬奥会三大赛区之一，延庆支线的建设，将为其提供交通保障。

2015 年 9 月，国家发改委批复了京张高铁项目的可行性研究报告，京张高铁兼顾北京至延庆的市郊铁路功能，延庆支线纳入京张高铁同步建设。

4.4.2 选线与布站方案研究

由于八达岭长城站为深埋地下站，延庆支线若从八达岭长城站接轨将产生四线隧道，工程投资高、施工难度大。延庆支线与京张高铁接轨，选择于新八达岭隧道出口路基段设八达岭西线路所进行接轨。

既有延庆站距离城区较近，站场股道规模（4 条到发线）满足客运能力需求，利用既有康延线可节约土地资源和工程投资。因此，延庆支线选择利用既有康延线引入既有延庆站的方案。延庆支线从八达岭西线路所分方向别与京张高铁正线疏解引出后，利用既有康延铁路增建二线引入既有延庆站，线路全长 9.3km。延庆支线接轨方案示意图如图 4-24 所示。

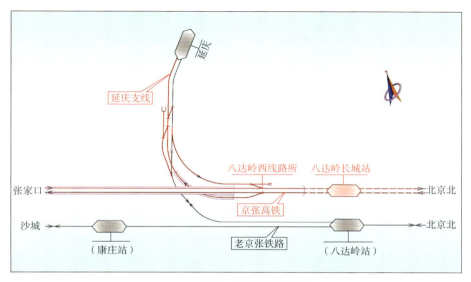

图 4-24　延庆支线接轨方案示意图

4.4.3　工程建设实效

延庆支线的建设，使北京城区往来延庆城区的旅行时间由原 100min 压缩至 30min（清河至延庆 26min、北京北至延庆 39min），拉近了延庆城区与北京主城区的距离，极大地方便延庆区居民通勤、出行及游客到延庆旅游，为延庆区发展提供强大的推动力，也为冬奥会期间运动员出行提供便利。

4.5　崇礼铁路选线与布站

4.5.1　概述

2022 年北京冬奥会将会成为我国向世界展示的一个窗口，北京与张家口赛区主要交通方式需保证快速、安全、环保。冬奥会申办过程中，我国承诺北京城区清河站至张家口赛区铁路运行时分在 50min 以内。作为 2022 年北京冬奥会的重要交通保障设施，京张高铁及崇礼铁路是连接北京与张家口两市、两赛区的重要交通纽带，承担赛时重要的运输任务。

1) 崇礼区滑雪场规划

张家口崇礼区是以旅游滑雪为核心的精品旅游城市，滑雪资源高度集中，以太子城冰雪小镇为中心，在 10km 半径范围内形成国内最大的雪场集群，北侧为密苑生态旅游度假区、万龙滑雪场及长城岭滑雪场，南侧为崇礼四季文化旅游度假区及多乐美地滑雪场（图 4-25）。

图 4-25　张家口崇礼赛区滑雪场分布图

密苑生态旅游度假区包含云顶滑雪场、冬季两项中心、北欧中心越野滑雪场等奥运场地，旅游区规划总面积 99.57km²，旅游区用地布局结构可以概括为"一核三带两环"。"一核"即奥运分城冰雪度假小镇，"三带"主要包括御道文化带、时尚运动带和生态体验带，"两环"是指规划机动车道路所形成的两条主要环线。

崇礼四季文化旅游度假区（太舞滑雪场）规划总面积为 40km²，旅游区用地布局结构可以概括为"两核三带，绿色基底，组团发展。""两核"即营岔冰雪度假小镇、水泉特色滑雪小镇。"三带"是指沿机动车路形成的三条主要游览带，总建筑面积约为 200 万 m²，分三期建设，目前一期工程已开工建设，部分酒店基础及配套道路已基本建成。

2）张家口太子城赛区规划

张家口太子城赛区共有 8 个竞赛、非竞赛场馆，将进行 2 个大项（滑雪、冬季两项）、6 个分项（单板滑雪、自由式滑雪、越野滑雪、跳台滑雪、北欧两项、冬季两项）、50 个小项的比赛。其中自由式滑雪、单板滑雪在云顶滑雪公园场地 A 及云顶滑雪公园场地 B 两场馆举行，场馆距离张家口奥运村约 5km；跳台滑雪、北欧两项、冬季两项和越野滑雪在冬季两项中心、北欧中心跳台滑雪场及北欧中心越野滑雪场举行，场馆距离张家口奥运村约 3km。

4.5.2 选线与布站方案研究

崇礼铁路为 2022 年冬奥会的重要交通基础设施，也是内蒙古锡林郭勒盟快速进京客运通道的组成部分。崇礼铁路选线布站方案，首先要结合奥运赛区规划，充分考虑满足冬奥会需求；同时也要结合内蒙古锡林郭勒盟快速进京客运通道的规划，对该项目的选线布站方案进行综合研究。另外，太子城奥运赛区地处沟谷狭长地势，地形困难、土地资源紧张。赛区车站选址在适应地形地貌的同时，还要尽量靠近山坡设站，以节约土地资源。

1）太子城站位方案研究

崇礼区太子城站位于 2022 年北京冬奥会主赛场，该地段处于沟谷狭长地势，平地少、用地紧张，周边自然环境良好。太子城车站选址，主要考虑地形条件及周边赛场分布，既要减少对周边环境的影响，充分尊重自然环境，又要更大地预留冰雪小镇发展条件。

以张家口奥运村为中心，北侧为云顶滑雪场，东南侧为北欧中心滑雪场，南侧为太舞滑雪场。从便于观众及运动员出行、同时考虑后奥运时期的冰雪产业发展的角度出发，太子城站应尽量靠近奥运赛场及各滑雪场。结合既有地形地貌，最终确定将车站布置于山脚下，张家口奥运村南侧约 0.8km，将车站与山体充分结合，最大限度让出冰雪小镇发展用地。

2）太子城站敷设方案研究

在确定崇礼铁路走向及站址后，根据奥运赛区整体规划，并结合车站标高及其对车站前后线路工程的影响，对半地下站方案和地面站方案进行了深入的研究比选。

（1）方案研究

①太子城半地下站方案。

线路以隧道下穿河道及崇礼四季文化旅游度假区综合管线后，于太子城村南侧约 1.3km处设太子城半地下站。车站站台范围内采用地下形式，站台外至终点采用路堑形式。车站采用"双岛式"站型，设到发线 2 条、正线 2 条，楼扶梯 4 座；综合工区纵列布置于车站北侧；车站中心轨面标高 1586.61m，站台相对标高为 –9.10m，采用半地下线上式站房。进站旅客从广场进入站房一层地面集散厅，安检后乘楼扶梯到二层候车厅检票选择乘车方向后，乘楼扶梯到地下站台层乘车，出站旅客流线反之，即"上进上出"。具体方案如图 4-26 所示。

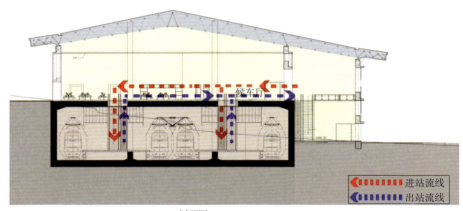

图 4-26　太子城半地下站方案示意图

②太子城地面站方案。

线路以隧道下穿河道及崇礼四季文化旅游度假区综合管线后，于太子城村南侧约 0.8km 处设太子城地面站。站房位于线路东侧，车站采用"双岛式"站型，设到发线 2 条、正线 2 条，8m 宽旅客地道 2 座；综合工区横列布置于车站西侧；车站中心轨面高程 1587.61m，站中心轨顶距高程较自然地面高 6.6m。进站旅客从候车室大厅通过旅客地道进入站台，出站旅客通过旅客从站台抵达出站厅，即"下进下出"。具体方案如图 4-27 所示。

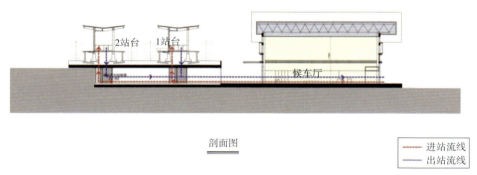

图 4-27　太子城地面站方案示意图

（2）方案选择

地下站方案站台位于地下，冬季不受风雪影响，车站保温条件好，但地下站旅客进出站不便，特殊情况下疏散救援困难，工程投资较高。崇礼铁路冬奥会期间承担赛时高峰期客流大，地面站旅客进出站组织更加方便、安全，冬奥会期间临时站房永临结合好，工程投资节省。经综合比选,采用了地面站方案。

3)线路走向方案

崇礼铁路南接京张高铁,北至冬奥会张家口太子城赛区,根据京张高铁车站分布情况、冬奥会张家口赛区规划,结合运营时分、沿线地形、环保、厂矿企业以及往锡林浩特市方向延伸的条件等因素,选择了在京张高铁下花园北站接轨。

线路自京张高铁下花园北站西端咽喉引出,上跨京张高铁、京藏高速公路后,于李大人庄东侧设赵川南站(预留),之后至红庙湾上跨既有宣赵铁路,经赵川镇西侧北行,至黄土坡东侧上跨唐包铁路,经小白阳至前坝口以连续三个隧道越岭至太子城村设太子城站,设计终点DK53+039.86,预留进一步向锡林浩特延伸的条件。线路全长52.84km,桥隧比75%。全线新建太子城站1座、预留赵川南车站1座。崇礼铁路平面示意图如图4-28所示。

图 4-28 崇礼铁路平面示意图

4.5.3 工程建设实效

崇礼铁路作为2022年冬奥会的重要交通保障设施,具有服务奥运期间旅客及运动员出行需求的功能。崇礼铁路与京张高铁同步建设,自京张高铁清河站出发,经由京张高铁、崇礼铁路,50min 即可到达张家口奥运赛区太子城站,兑现了国家对国际奥委会的承诺。

CHAPTER 5
>>>> 第 5 章

精品工程与智能设计
EXCELLENT PROJECT AND INTELLIGENT DESIGN

为了深入贯彻十九大精神和习近平总书记在北京城市规划建设和2022年冬奥会筹办工作座谈会上的重要讲话精神，以"创新、协调、绿色、开放、共享"五大发展理念为引领，原铁路总公司党组确定了全力打造京张高铁"精品工程、智能京张"的建设目标，并发布了《中国铁路总公司关于建设精品工程智能京张有关工作的通知》（铁总建设〔2017〕482号），确定了90项精品工程和67项智能化专题科研项目。2018年8月，原中国铁路总公司召开了京张高铁建设领导小组办公室第三次会议，原则同意了关于智能装备、智能运营、智能建造的技术方案推进计划，形成了《京张高铁建设领导小组办公室第三次会议纪要》（铁总办建设函〔2018〕201号）。两个重要文件是京张高铁"精品工程、智能京张"建设工作的依据和推进的基础。

5.1　精品工程设计

5.1.1　概述

从广义角度上讲，精品工程是通过精心设计、精心组织、精心施工，创造出完美的建筑工程。从狭义角度上讲，精品工程是以现行有效的规范、标准和工艺设计为依据，通过全员参与的管理方式，周密组织和严格控制，对所有工序工程进行精心操作，最终达到优良的内在品质和精致细腻的外观效果的优良工程。精品工程即是设计新颖，造型美观，技术先进，经济合理，无质量缺陷，经得起宏观和细微检查，且能经受时代考验，与周围建筑物相协调，使用户满意的工程。

为实现京张高铁"精品工程"的建设目标，首先要进行精品化设计。广大设计者发扬工匠精神，进行了全面的技术创新，开展了京张高铁90项精品工程的精细化设计工作，打造出以北京北站、清河站、八达岭长城站、张家口站、太子城站、清华园隧道、官厅水库特大桥等为代表的各具特色的创新工程、精品工程。

5.1.2　北京北站设计

北京北站原为老京张铁路、北京市郊铁路S2线的始发、终到站，地处首都中央行政区，曾为"西直门站"。车站紧邻西北二环，南靠西直门立交桥，北邻清华园、中关村，坐落于首都功能核心区、北京西直门区域综合交通枢纽、西环广场大型综合性建筑群内，由于其得天独厚的地理位置，成为北京轨道交通枢纽重要组成部分（图5-1）。

经过多年的建设、运营，国铁、地铁、公交等多种交通汇集在此，形成集地铁2号线、4号线、13号线，国铁（北京北站）和地面公交多种交通体系和综合服务为一体的综合性大型交通枢纽。这里楼宇密集、四衢八街，开发建设用地受限，聚集大量人流、车流，承担着较大的交通压力。遵循铁路、北京市相应的上位规划，为了充分发挥北京北站的位置优势、进一步挖掘既有交通设施资源、实现以铁路为主导交通的互联互通和快速疏解、为乘客提供高质量的运输服务,对既有北京北站进行提质、升级已势在必行。

图 5-1 北京北站鸟瞰图

车站为尽端式站型,站台呈南北向顺延,主站房在站台南端。到发线 11 条,停车线 1 条,到发线有效长度 550m,既有站台 6 座,5 座站台尺寸为 550m×11.5m×1.25m,另有 1 座站台尺寸为 450m×11.5m×1.25m;站台上不设雨棚柱,雨棚柱设于 1 道与 2 道、9 道与 10 道之间。站场东侧有机务折返段 1 处,另有北京二商集团有限责任公司西郊食品冷冻厂、中国铁道科学研究院、中国铁路北京局集团有限公司(以下简称"北京局集团有限公司")焊接厂等专用线接轨,见图 5-2。

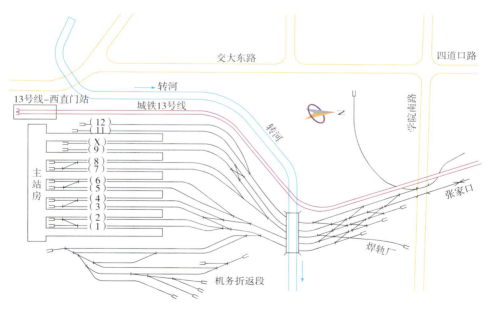

图 5-2 北京北站既有车场示意图

既有站房总高 31.5m,地面以上局部 6 层,地下 2 层:地面一层及地下一层设有候车厅、贵宾候车厅、售检票厅、出站厅,以及商业服务、客服安检等房屋设施。2~5 层中部为候车厅上空，两侧房屋对称布置于候车厅上空；2层两侧分别设有贵宾（VIP）室、咖啡厅及部分客服、办公室；地下一层与西直门交通枢纽下沉广场及西环广场负一层同层；地下二层为设备用房。站房距离地铁西直门站最近的出入口仅几十米，换乘十分方便。站房设有3个售票厅，分别位于地面层的东侧、地下一层的东西两侧。旅客从地铁站经西环广场地下一层下沉环岛进入站房地下层的广厅抵达候车室（地下一层、地面层）进站，旅客从站台下至出站厅到达西环广场下沉环岛出站。

1）适应性改造设计

京张高铁引入北京枢纽，进京客流主要靠地铁2号线、4号线和13号线及少量的公交接驳，如将来自西北方向的客流全部引入北京北站，必将给西直门交通枢纽带来更大压力。京张高铁采用北京北＋清河双客站布局方式，实现客流的多点沉降，缓解西直门综合交通枢纽客流疏散困难的问题，切合首都总体规划，同时考虑在既有用地界内合理、高质量地改造北京北站，大幅减少翻新扩建或改造对市政交通、市区环境的影响以及新建客站配套基础设施引起的工程投资。

经深入现场勘察、反复调研，完成"北京北站适应性改造方案研究"专题报告，经过众多方案研究比选，确定采用北京北站维持原站房主体、车场、广场位置和规模基本不变，对其进行适应性改造的设计方案。

结合北京北站所处北京铁路枢纽的功能形态、西直门综合交通枢纽的现状布局，综合建设条件、运能预测和交通组合特点，确立与枢纽交通一体化设计的理念，以"精品、智能"为标准，开展适应性升级改造。设计在已形成的交通枢纽格局的基础上，以增强高铁始发站客流集散功能"适应性"为目的，遵循国铁集团、首都上位规划，融合城市交通，通过优化站内站外、地上地下的布局来简化空间形式，并增设智能设备，使车站的进出站流线更加顺畅、清晰，实现车站与城市轨道交通线间的快捷换乘、无缝衔接，使北京北站成为北京市交通设施的重要资源和组成部分。

（1）车场布置

北京北站维持既有站台不变，对咽喉区进行改造，增加部分平行进路。将站台范围内站内钢轨更换为60kg/m无缝钢轨，站台范围内维持既有宽枕，咽喉区采用聚氨酯固化道床（Ⅲ型枕）。将到发线有效长度按尽头式车站要求调整，取消停车线（12道），设到发线11条，将车站到发线有效长度按尽头式车站要求进行调整，其中1～8道满足16辆编组列车停发要求；9～11道满足8辆编组列车停放要求，如图5-3和图5-4所示。

（2）旅客流线优化

对北京北站内到发线进行南延，最大限度缩短尽端站旅客行走距离；对全部旅客站台位置、高程、限界进行精工整修；调整匹配高铁和市郊列车运行方案；划清多种交通界面，封闭高铁车场；挖掘利用既有房屋设施，采取检测加固等措施，转换功能、合理布设；应用当今高铁核心技术及成果，对站内信息、标识引导系统进行更新升级。通过以上改造，全面提升了车站的整体智能、站线运行机能和服务质量。

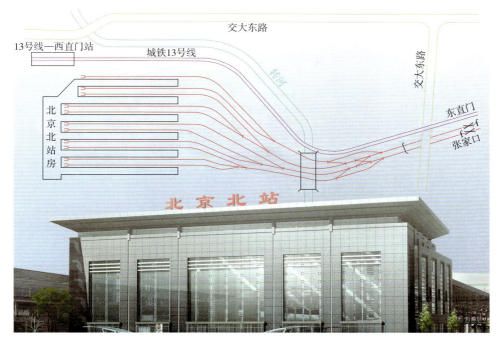

图 5-3　北京北站车场布置图（1）

图 5-4　北京北站车场布置图（2）

对站房内部客运公共功能区实施改造、整合，对地下层候车厅、首层候车厅分别进行功能合并及布局整合，挖掘扩大地下、地面候车厅的候车区域和候车空间；结合增设智能高铁售检票系统技术，简化进出站流程，合理布设检控点位，使车站"平进下出""下进下出"流线平顺通畅；充分利用地铁 2 号线、4 号线、13 号线立体换乘设施资源，将地下层客运、客服设施全面更新，为既有站房注入新功能。通过以上改造，实现了高铁与地铁间的便捷换乘、无缝衔接。

①国铁列车。

北京北站负责办理京张高铁张家口、延庆及太子城 3 个方向的国铁动车组始发终到作业。其旅客流线设计如图 5-5 和图 5-6 所示。

a. 地下层客流组织：地铁出站旅客自地下广场进入铁路地下层候车厅，检票后通过扶梯上至站台层进站；出站旅客自站台层经楼扶梯下至地下出站厅检票出站，通过下沉广场换乘地铁。

b. 站台层客流组织：进站旅客自站房平台进入一层候车厅检票进站；出站旅客自站台经楼扶梯下至地下出站厅检票出站。

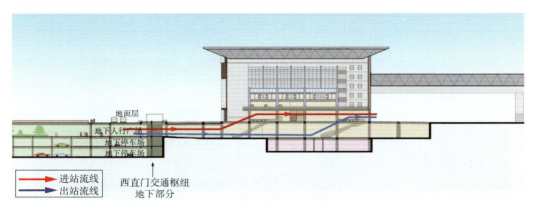

图 5-5　北京北站进出站流线立面设计剖面图

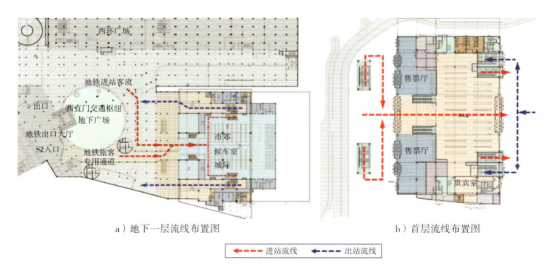

a）地下一层流线布置图　　　　　　　　b）首层流线布置图

图 5-6　北京北站进出站流线平面设计图

②市郊铁路 S5 线流线设计。

考虑到国铁长途旅客和乘坐 S5 线（北京北至怀柔、密云方向）旅客的停留需求不同（国铁长途旅客有候车需求；乘坐 S5 线旅客，多为随到随走的公交化需求），北京北站承担的作业及到发线使用分工不同，以及国铁票制与市郊铁路票制不统一等问题，为减少市郊列车与京张高铁动车组客流之间的交叉，利用车场西侧2线1台（10股道、11股道及6站台）作为市郊铁路车场，进出站通过南侧人行道路，北侧直接与市郊站台相连，实现站台候车。市郊进出站流线与国铁完全分开、互不影响，并快速与轨道交通衔接。市郊列车进出站设施总平面布置如图5-7所示。

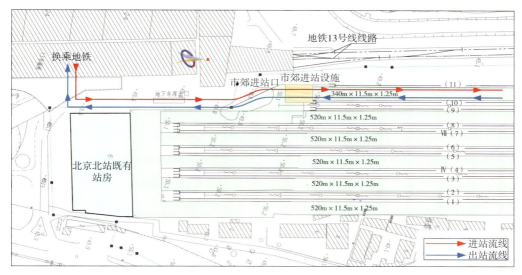

图 5-7 市郊列车进出站设施总平面布置图

（3）站内信息、标识系统进行全面智能化升级

北京北站既有站房及通道经适应性改造，基本满足旅客流线要求。设计还对客服信息系统进行智能化升级改造，并对站台面、雨棚进行整治改造，以实现北京北站高质量开通、运营。增设WiFi智能车站大脑中英文出站换乘导航播报、车站票务自动化办理系统、电子票乘车验票刷脸进站系统、运动设备及专项设施、站内标识导向、站台与列车旅客安全防护、能耗管理系统、车站运营智能感知系统、人脸识别和自动实名制核验系统，以及京张高铁客站设备管理、客站智能视频监控分析、智能京张高铁客运站应急指挥等系统。

（4）景观文化设计、融入人文关怀、绿色温馨

车站站区新建围墙延续西直门既有站房遗址的灰色基调，以真石漆仿做磨砖对缝的砌筑工艺，点缀铜仿旧金属质感高铁标识（Logo），质感和色彩形成鲜明的对比、映衬，疏密有致，表达"点石成金""歌今颂古"的意境和寓意。既有站房北山墙中心增设"北京北站"仿木匾额，描金勾勒，书法精湛，纹饰华丽，寓意"精品"；匾额两侧的间墙贴挂仿石浮雕，图案丰富，精雕细镂、寓意含蓄；整体布设集书法、篆刻、浮雕艺术精品为一体，与站房建筑交相呼应，匾额文化得以弘扬，既有站房建筑艺术品质大幅度提升。传承北京地区独有的都城、皇家史文特征同时，表达出老京张铁路与京张高铁的荣耀精神。既有站房候车区小且分层布置，交通面积多，采用因地制宜、充分利用有限空间、挖掘可用区域、动静分区结合等手法，在首层候车厅安排四区一室设置配套设施，融入人文关怀，体现绿色温馨。

2）设计特色与创新

京张高铁引入北京北站，对北京北站进行了适应性改造。受周边环境和改扩建条件限制，在北站维持站房主体、车场、广场位置和规模基本不变的前提下，以"智能、精品"为核心理念，开展了创新性的设计，主要包括对多种交通方式进行有机融合、旅客流线合理衔接，优化提升了综合交通枢纽功能；全面应用智能高铁技术，对站内信息、标识核心系统进行智能化更新升级，进一步提升了北京北站智能化的旅客服务功能；注重保护百年老站房和天桥等文物，进行文化设计，实现了新老文化的交融；对站场的改建运用模拟仿真技术进行检算，保证了车站及咽喉能力，运用固化道床技术提升车站绿色环保效能。

（1）交通方式有机融合、优化综合交通枢纽功能

北京北站坐落于北京西直门立交桥西北西直门地铁换乘中心、西环广场大型综合性建筑群内。主站房设置在车站南端尽头，与西直门交通枢纽中其他交通主要在车站南端进行换乘，旅客可通过站前广场地面与公交系统实现换乘，在地下与地铁实现换乘。

北京北站站房地下一层与3条地铁线换乘环形广场紧密相连。改造设计以已形成的交通枢纽为格局，以增强高铁始发站客流集散功能"适应性"为目的，结合首都总体规划、融合城市交通，经对高铁交通的需求预测、对多种交通换乘关系的分析，挖掘站内外、地上下的布局，优化拓展换乘空间，优化交通组织和流线，对北京北车场、既有站房、无柱雨棚、标识导向、综合管线等实施改造更新，使车站"平进下出""下进下出"的流线顺畅、清晰；加强与地铁2号线、4号线、13号线立体换乘的畅通、便捷性，提高换乘效率，使高铁成为北京市中心交通枢纽重要组成部分。提升了北京北站内在品质，达到北京铁路枢纽重要客站标准，实现从普速站到高铁站的阶梯式转型；同时融入首都中心城区交通体系，与城市轨道交通并驾齐驱，使得北京西直门区域交通有序衔接、高效运行。

（2）强化和完善智能体系

全面应用当今国内高铁核心技术和攻关成果，对站内信息、标识、引导系统、设备进行高铁技术标准的智能更新。采用检测加固等技术手段，挖潜扩展既有设施，合理重组、布局，使技术设备翻新、运营系统完善，提高既有站高铁作业效率和适应性，满足"快进快出""舒适便捷"的刚性需求；使北京北站由普速车站提升到高铁车站、注入了高铁始发站的智能化交通机能。

（3）注重文化设计，实现新老文化交汇

北京北站地处首都，位置得天独厚，南靠西直门立交桥，北邻清华园，车场内存有清光绪三十一年（1905）年平绥铁路西直门车站旧址，为北京市一级历史文物保护遗址，其主体建筑为詹天佑设计监造的船形站室。北京北站改造以维持既有站房、天桥等设施为前提，注重保护百年老站房和天桥等文物。通过归纳总结北京北站所孕育的、独有的古老传承与现代城市文明地域文化特征，在空间布局改造、建筑装饰形式、材料色彩上加以体现和充分反映。新

建的站区围墙，点缀铜仿旧金属质感 Logo，延续老西直门站房的灰色基调，表达"点石成金"寓意；北山墙新设金色牌匾及浮雕，彰显老京张铁路与京张高铁时空延续与文化交会的深刻渊源。

（4）模拟仿真技术应用，保证车站及咽喉能力

列车技术作业过程仿真是车站设计阶段具体方案评价和优化的重要手段，准确的仿真结果能够为设计方案提供精确的数据支持，明确到发线、咽喉区、出入段线的使用情况，从而为相应的利用率分析提供依据，以此发现车站设计的薄弱环节。

北京北站为京张高铁的主要客运站，设6台11线，办理京张高铁动车组列车（含延庆方向）的始发终到作业，奥运期、远期开行的列车较多。由于地处西直门地区，车站两侧被各种建筑物包围，不具备大改条件，车站规模维持既有，仅对咽喉区进行了改造。京张高铁北京北站的设计运用 OpenTrack 软件进行仿真，根据列车的作业过程，在输入相应的条件下模拟所有列车在站内的运行过程，并输出仿真的各项统计数据。根据仿真的过程，发现车站设计方案存在的问题，为优化站场布置提供了技术支撑。设计单位针对北京北站有无平行进路两个布置方案分别进行仿真计算。北京北站平面示意图见图5-8。

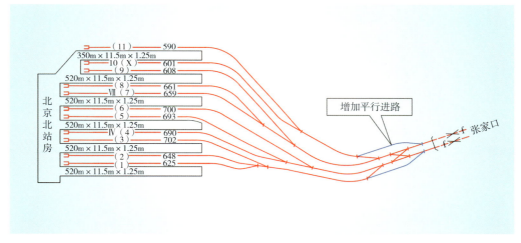

图 5-8　北京北站平面示意图

①无平行进路方案检算。

仿真方案按照4min追踪间隔设计，实现1h接发清河方向立折车10对，可作为运行图单元实现循环铺图（9：00—19：00间循环，其余时段为动车组出入段阶段），仿真结果如图5-9所示。

本仿真方案高峰1h共接发10对列车，咽喉能力是车站通过能力的瓶颈，受咽喉能力限制，1条到发线（9道）未使用。按照循环铺图计算（10h），加上早晚出入段的接发车能力（可办理5对立折车），在满足29组动车底出入段的情况下，全天可实现清河方向始发终到列车134对，方案几乎无调整余地。

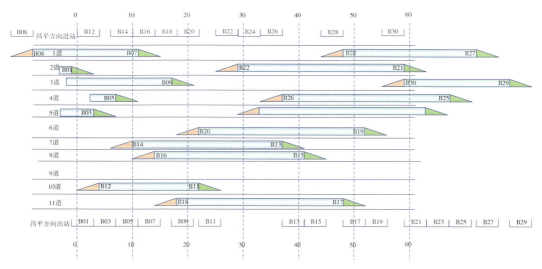

图 5-9 无平行进路方案仿真结果图

②有平行进路方案检算。

仿真方案同样按照 4min 追踪间隔设计，实现 1h 接发清河方向 12 对立折车，可作为运行图单元实现循环铺图（9：00—19：00 间循环，其余时段为动车组出入段阶段），仿真结果如图 5-10 所示。

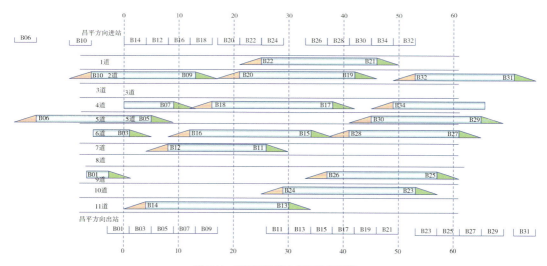

图 5-10 有平行进路方案仿真结果图

本次仿真方案高峰 1h 共接发 12 对列车，咽喉能力是车站通过能力的瓶颈，受咽喉能力限制，到发线 3 道、8 道未使用。按照循环铺图计算（10h），加上早晚出入段的接发车能力（可办理 12 对立折车），在满足 29 组动车底出入段的情况下，全天可实现清河方向始发终到列车161 对。

③检算结论。

无平行进路方案可实现高峰期接发车能力为 10 对 /h，全天最大通过能力为 134 对，基本满足远期客流量需求,但咽喉能力已经用满,列车运行基本无调整余地;有平行进路方案可实现高峰期接发车能力为 12 对 /h,全天最大通过能力为 161 对,比无平行进路方案高峰期接发车能力增加 20%,全天最大通过能力增加 20%。由于受咽喉能力限制,高峰期无平行进路方案有 1 条到发线未使用,有平行进路方案有 2 条到发线未使用,到发线能力均存在富余,有平行进路方案较无平行进路方案到发线利用率小,占用到发线时间少。

根据以上仿真分析,为保证车站接发车灵活性,预留市郊铁路接入条件,增强高铁应对突发通过性需求的能力,最终采用有平行进路布置方案。

(5)固化道床技术应用,提升车站绿色环保效能

北京北站既有正线道铺设 60kg/m 钢轨,其余 10 股道(到发线)均铺设 50kg/m,25m 定尺钢轨,混凝土宽枕,石灰岩道砟,厚度 35cm。北京五环内清华园隧道均采用无砟轨道型式,北京北站站台北端至清华园隧道出口 U 形槽南端约为 600m。考虑到有砟轨道长时间运营后易出现变形、脏污、板结等问题,需要定期进行养护维修捣固、清筛,而大型机械养护维修对周边环境带来的噪声及粉尘等污染较为严重,会对北京市区的环境质量产生不利影响,故在北京北站咽喉区至清华园隧道进口段采用聚氨酯固化道床技术,从而减少对环境的影响。

聚氨酯固化道床是在已经达到稳定的新铺碎石道床内浇注聚氨酯材料,形成弹性整体道床结构,是兼顾了有砟轨道和无砟轨道优点的一种新型轨道结构,具有以下优点:①具有良好的弹性、整体性和稳定性;②可避免道砟间的错位移动,持久保持道床弹性;③可减缓道床的累积变形,养护维修工作量少;④具有良好的协调变形能力;⑤具有良好的减振、降噪功能;⑥可维修性好,且使用寿命是普通碎石道床的 2～3 倍。

3)工程建设实效

京张高铁引入北京北站,对北京北站进行了适应性改造。受周边环境和改扩建条件限制,在维持既有站房主体、车场、广场位置和规模基本不变的前提下,以"智能、精品"为核心,贯彻"畅通融合、绿色温馨、经济艺术、智能便捷"的设计理念,开展创新设计,进一步提升了北京北站综合交通枢纽功能、智能化服务水平和文化品质,起到了很好的效果(图 5-11～图 5-18)。

图 5-11 北京北站鸟瞰图

图 5-12　北京北站改造后北立面

图 5-13　改造后地下层候车室

a)

b)

图 5-14　改造后一层候车室

图 5-15　改造后进站闸机

图 5-16　改造后自助值机

图 5-17　改造后围墙

图 5-18　改造后无柱雨棚及标识

5.1.3 清华园隧道设计

为缓解北京北站压力，优化铁路枢纽功能格局，解决旅客便捷出行与城中心车站带来的交通压力的矛盾，京张高铁始发站采用"双客站"的建设方案。即北京北站作为主客站保留，在五环外增加清河站第二客站，两个客站之间的区间线路采用地下敷设的方式，设置了清华园隧道，避免了铁路对城市的分割和对周边环境的影响，使铁路与城市进行了有效的融合。

1）设计方案

清华园隧道位于北京市海淀区，隧道全长6020m，设计时速120km，为单洞双线隧道。隧道于学院南路南侧入地，沿老京张铁路向北敷设，于五环路南侧出地面，隧道内呈"V"形坡，最大坡度30‰。隧道自南向北依次穿越学院南路、北三环、知春路、北四环、成府路、清华东路、双清路共7条主要市政道路和88条重要市政管线。同时，清华园隧道还分别近距离上穿地铁12号、15号线，下穿地铁10号线，其中穿越15号线净距仅为0.8 m。全隧道近距离并行地铁13号线，最小净距3.2m，周边环境非常复杂。盾构管片内径11.1m，外径12.2m，管片厚55cm，盾构刀盘开挖直径12.64m。清华园隧道平纵断面示意见图5-19。

图5-19 清华园隧道平纵断面示意图

隧道设置3座施工竖井，1号井位于学院南路南侧，为盾构接收井；2号井位于既有铁路清华园车站内，呈哑铃状，南端设置2-A盾构始发井，北端设置2-B盾构接收井，中间设置明挖段，满足盾构整体始发需要；3号工作井位于清华东路南侧，为出口端盾构始发井。清华园隧道采用2台直径12.64m的泥水平衡盾构机掘进施工，一台由3号井始发，2-B井接收，另一台由 2-A 井始发，1 号井接收，均由北向南掘进。

隧址区地层主要为第四系全新统人工堆积层（Q_4^{ml}）杂填土和第四系全新统冲洪积层（Q_4^{al+pl}），自上至下依次为粉质黏土、粉土、粉砂、中砂、卵石土。隧道穿越地质主要是粉质黏土、粉土、圆砾及卵石土地层。其中全断面卵石地层约 2400m，断面顶部、底部含粉质黏土、粉土地层长约 1200m（粉质黏土及粉土占比 30%～35%）；其余为粉质黏土、粉土地层。粉质黏土、粉土地层中超过 75um 粒径占比在 15% 左右；20～50μm 粒径颗粒占比约 50%，20μm 粒径以下颗粒占比约 35%。卵石土地层中，2～6cm 卵石含量占比为 60%，最大卵石粒径超过 13cm。清华园隧道盾构区段穿越底层示意见图 5-20。

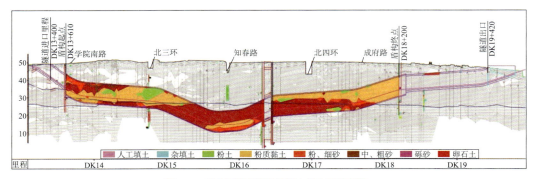

图 5-20　清华园隧道盾构区段穿越底层示意图

2）设计特色与创新

清华园隧道为全线控制性工程之一，需攻克多项技术难点，主要包括：盾构隧道长距离穿越卵石土地层和粉质黏土、粉砂、中粗砂、卵石土复合地层，卵石土对刀具磨损非常严重，复合地层对刀具作用力不均匀，更换刀具的频率大；泥浆中黏性颗粒分离困难，对施工进度和环境影响大；隧道位于城市核心区，周边建（构）筑物密集，隧道穿越多条地铁、市政道路及大量管线，全隧 6.02km 近距离并行地铁 13 号线，与 13 号线桥桩净距最近处仅 3.2m，下穿地铁 10 号线区间隧道及车站结构净距 5.4m，上穿 15 号线结构净距仅 0.8m，隧道周边环境极其复杂，隧道施工风险极高；2 号井深度达 37.5m，长度达 142m，属于超大超深基坑，地下水主要为层间潜水水位埋深约为 23.5m，地下水位高，其西侧紧邻地铁 13 号线，基坑变形控制和坑底渗流稳定控制困难，风险高；由于受周边环境影响，1 号盾构接收井和 3 号盾构始发井，覆土厚度 6～7m，属于浅覆土始发和接收，2 号井 2-A 始发井和 2-B 接收井，覆土厚度 20～21.5m，地下水位高，属于盾构超深始发和接收，难度大，风险高；隧道位于北京海淀繁华城区，一旦发生火灾伤亡事故社会危害极大，如何实现城市长大隧道安全快速疏散，也是本隧道防灾救援设计的难点。

针对清华园隧道的特点和难点，设计单位联合施工单位、科研院所申请立项了国铁集团科技开发重大课题"京张高铁城市密集区复杂地质高风险大直径盾构隧道修建关键技术研究（2017G007-B）"，开展了资料调研和整理、理论分析、数值模拟试验、现场监测和现场试验等研究工作，开发了大直径盾构施工可视化平台，研制了轨下结构的拼装机器人，形成了盾构隧道全预制拼装技术体系，取得了一系列创新成果。

（1）大直径盾构超浅埋、超深埋始发接收技术

盾构3号始发井埋深仅6.8m，1号接收井埋深仅5.8m，属于超浅埋始发、接收，极易造成地层隆起、地表窜浆等事故；盾构2号始发、接收井深达37.5m，拱顶埋深19.3m，深度大、水压高，极易造成基坑失稳、基坑底喷涌、始发接收涌泥涌水等事故。针对盾构隧道超浅埋和超深埋盾构始发和接收存在的问题，研究提出超浅埋盾构始发洞门端头土体加固技术、始发基座及反力架施工技术、负环管片拼装及洞门密封破除技术，解决了清华园隧道盾构机始发和接收过程中的技术难题，见图5-21。

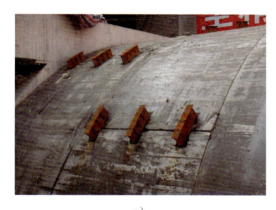 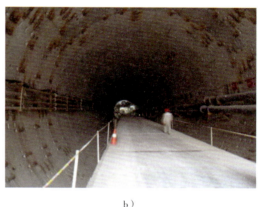

a)　　　　　　　　　　　　　　　b)

图 5-21　盾构始发负环管片加固图

（2）大直径盾构隧道周边建构筑物变形控制和安全保障技术

清华园隧道全隧近距离并行地铁13号线，穿越北三环、知春路、北四环等7条主要市政道路和88条重要市政管线，还穿越地铁10号、12号和15号线3条地铁线，是穿越重要建构筑物最多的国铁单洞双线大直径盾构高风险隧道之一，控制盾构施工对地层的扰动和邻近建构筑物的影响是本工程的关键。基于周边建构筑物重要性、接近程度、设施状况等因素，采用数值仿真量化，确定了隧道施工影响下的风险源及其风险等级；建立了既有建（构）筑物的损伤评估体系，进行了数值量化，确定了隧道施工影响下重要风险源的变形控制指标及其三阶段控制标准；设置了不同加固措施的试验段，对比分析了各种加固措施的变形控制效果；基于安全状态识别，通过地层变形过程预测、实时监测及大数据融合分析方法，利用可视化智能建造监控平台，实现了自动化的工前指导和工后评估，为盾构施工参数的合理选择及施工全过程的安全可控提供了保障。隧道开挖掌子面处地表沉降曲面见图5-22。

（3）大直径盾构施工全过程可视化技术

清华园隧道周边环境复杂，建构筑物密集，地下管网密布，环境风险高；盾构明挖交替施工，机械、人员众多，工序繁杂，工作面狭窄，施工安全风险高。盾构掘进过程中如何识别

预测地下隐患、监控施工现场、准确发现危险事件、及时预警管控、及时调整盾构参数，减小环境的影响、规避施工风险，是本工程的难点。清华园隧道周边的复杂环境示意见图5-23。

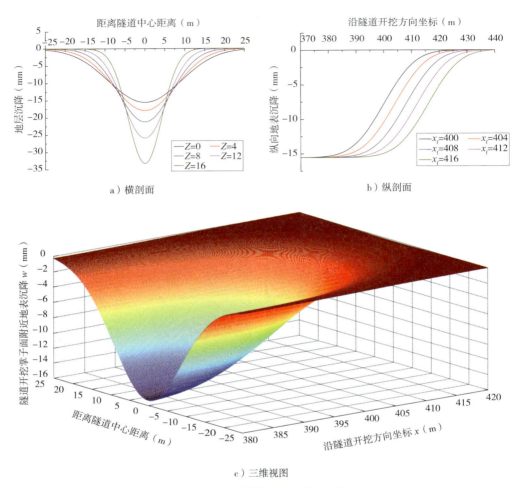

图5-22 隧道开挖掌子面处地表沉降曲面

图5-23 清华园隧道周边的复杂环境示意图

搭建了基于三维BIM模型和虚拟现实（VR）技术的可视化、信息化智慧施工管理监控平台，实现对掘进、调运、拼装、注浆等施工环节的全过程管理和监控。将沿线地质情况、周边建构筑物、盾构机、盾构管片进行数字化建模，将盾构掘进过程进行数字化模拟；建立了基于Peck理论及神经网络理论的地层沉降预测模型，实现了盾构隧道施工引起地层沉降及周边风险源沉降的可靠预测及预测结果的可视化显示；创建了清华园隧道周边风险源的风险分级、变形控制标准，施工数据监测及沉降预测模型,实现了施工阶段邻近建(构)筑物危险性的实时预测预报。通过采取以上措施建立了清华园隧道大直径盾构隧道可视化智能建造监控平台,见图5-24。

图5-24 清华园隧道大直径盾构隧道可视化智能建造监控平台

(4)清华园隧道轨下结构和附属管槽全预制拼装技术

清华园隧道位于城市核心区,周边交通繁忙,环境要求高,常规的现浇施工工效低,施工质量不易控制,对周边居民的干扰大,因此设计上采用了盾构隧道全预制拼装技术,将轨下结构和附属管槽均进行预制化拼装建造,在国内首次实现了盾构轨下结构全预制拼装。盾构隧道轨下结构均采用全预制机械化拼装技术,并专门研发了机械化拼装机器人,实现了轨下结构建造工厂化、机械化、专业化和智能化,大幅度提高了施工工效和工程质量,改善了作业环境,降低了施工污染,减少了管片植筋损害。清华园隧道轨下预制结构及机械化拼装设备见图5-25。

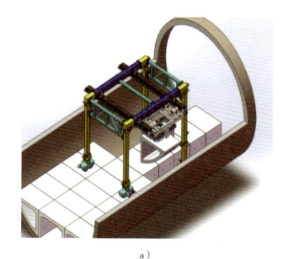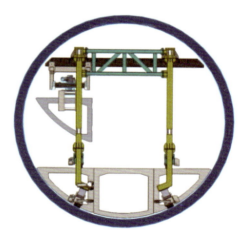

a) b)

图5-25 清华园隧道轨下预制结构及机械化拼装设备示意图

(5)清华园隧道大直径泥水盾构泥浆环保处理技术

清华园隧道地处北京市海淀核心区,场地狭窄,环保要求严格,穿越地层卵石土层、黏土层混杂,土层黏粒含量高,废浆量大,分离处理困难。清华园隧道从泥浆改性、压滤等关键环节进行攻关研究,研发了一种无污染、无异味、快速絮凝的非离子型聚丙烯酰胺絮凝剂和一种高分子聚氨酯丝滤带材料，结合具有泥水处理、压滤、离心相结合功能的 ZXS Ⅱ -2500/20 泥浆综合处理设备，实现了全过程自动控制、自动切换、环保高效、循环利用的泥浆处理技术。清华园隧道泥水分离设备见图 5-26。

a)　　　　　　　　　　　　　　　　　　　b)

图 5-26　清华园隧道泥水分离设备

（6）城市密集区高速铁路明挖、盾构组合隧道防灾救援技术

清华园隧道位于城市密集区，周边办公楼、居民楼、学校、医院等各种建构筑物密布，一旦发生火灾社会影响极大，因此，设置完备的防灾救援系统，确保乘客和周边邻近建构筑物的安全，是本工程的重点之一。针对清华园隧道的特点，设计提出了城市密集区高速铁路明挖、盾构组合隧道防灾救援技术，提出了利用盾构段轨下空间和明挖段侧向空间作为逃生通道，利用盾构始发接收井进行逃生路径转换并作为紧急出口和通风井，构建了分段组合通风系统，制定了不同位置、不同工况下的灾害通风、疏散及救援策略。

3）工程建设实效

清华园大直径单洞双线盾构隧道，在全国范围首次采用管片衬砌、轨下结构及附属沟槽的全预制设计，实现了设计、施工、设备的全面创新。该技术具有施工灵活性高、效率高、工序循环时间短、可避免现场浇注施工多次物资倒运等诸多优点，且适应性强，效果好，改善了作业环境，保证了施工质量，大幅度加快了施工速度。隧道内拼装完成后的轨下结构实景图见图 5-27。

图 5-27　隧道内拼装完成后的轨下结构实景图

5.1.4　清河站设计

为缓解北京北站压力，优化铁路枢纽功能格局，实现旅客便捷出行，解决城中心车站的交通压力，京张高铁始发站采用"双客站"设计思路。即北京北站作为主客站保留，在五环外既有清河站地址建设清河站作为第二客站，两个客站之间的铁路采用地下隧道的方式。规划方案与城市规划紧密结合，见图 4-5。

老清河站始建于 1905 年，是老京张铁路上一座中间站，位于北京五环外海淀区清河街道，主要办理客、货列车到发及调车作业，如图 5-28 所示。

图 5-28　既有清河站实景图

随着地铁 13 号线的建设以及中关村科技园区上地产业基地的发展，清河车站周边建筑物林立，学校、住宅及商业众多。车站西侧紧邻地铁 13 号线及京新高速公路，距离地铁 13 号线防护栅栏最近仅 13m；东侧分布有金泰富地、IMOMA 等建筑，且紧邻规划道路用地；北端咽喉东侧有智学苑高档小区（多栋 23 层楼房）；南端有京新高速公路上地斜拉桥上跨咽喉区。清河站周边构筑物分布如图 5-29 所示。

图 5-29　清河站周边构筑物分布图

1）设计方案

（1）综合交通规划

清河站为利用原址的新建工程，西侧紧邻地铁 13 号线、京新高速公路，东侧办公及住宅密集，用地局促，周边现状路网交通压力大。设计改建既有地铁 13 号线与高铁清河站并站。线路下方为城市通廊、国铁出站厅及地铁进站大厅，使得地铁 13 号线与地铁昌平南延线、19 号线支线实现同站换乘，有效节约了空间，同时大幅度减少了 3 条地铁间、地铁与国铁间的换乘距离，提高了交通效率。

清河站主入口设于站房西侧地面层，将场地西侧京新高速公路桥下空间下挖处理，设计为站前广场及公交车场与出租车场。利用地下一层城市通廊空间，连接东西广场，实现了东西两侧居民的自由通行，织补了城市空间。南北两侧设有高架落客平台，与G7京新高速公路及周边城市道路相连。整个站区集约设置，有效利用狭长空间。中部为主站房，站房西南侧设有综合附属楼A，西北侧设有综合附属用房B。站房东侧沿街设有铁路总变配电所（I号所）、行包库、信号楼等生产生活用房（图5-30）。

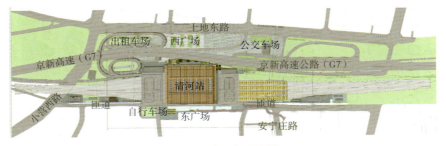

图5-30 清河站总平面图

（2）站场设计

清河站采用正线外包部分到发线站型，车站规模改造为4台8线（含2条正线），正线临靠站台设置，到发线有效长650m，设4座550m×11.5m×1.25m岛式站台，设12m宽旅客地道1座及5.2m宽行包通道1座。北京北动车运用所走行线由车站北咽喉引出，位于京张高铁两正线之间。既有西侧高架的地铁13号线"落地"改为与国铁车场并场布置；地铁昌平南延线与19号支线从清河站下方通过并设站（地下结构与京张高铁同步建成），3条地铁在清河站内换乘。清河站平面示意见图5-31。

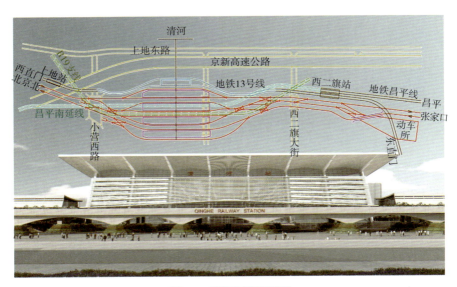

图5-31 清河站平面示意图

（3）站房设计

清河站为线正上式车站站型，站房最高点为40.6m。地下2层，地上2层，局部夹层，总建筑面积为14.6万 m²。旅客流线模式采用"上进下出"，进出站旅客通过楼扶梯实现换乘。

站房主体由下而上分别为地下二层（-17.93m）、地下一层（-9.50m）、一层（±0.00m）、二层（9.00m）、二层夹层（14.4m）。地下二层为地铁昌平南延线、19号支线的站台层，地下一层为城市通廊、铁路出站大厅、地铁进出站厅及换乘通道、售票厅、行包库、行包通道、地下车库和城市慢行通道，一层为铁路进站大厅、大铁站台、生产生活用房、信号楼和13号线站台等，二层为高架候车厅，夹层为候车厅商业平台（图5-32～图5-37）。站房基础形式为桩筏，地下室为钢筋混凝土框架结构，站房地上主体采用钢框架结构；屋盖为主次钢桁架形式，承轨层为承轨现浇桥梁结构。

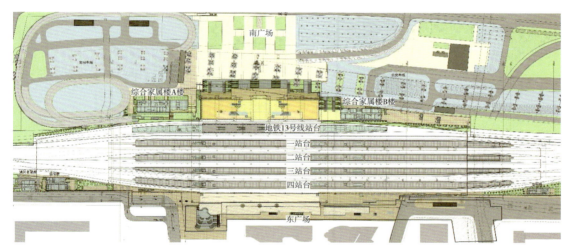

图5-32 清河站一层平面图

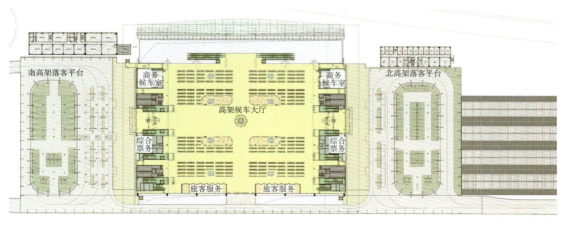

图5-33 清河站二层平面图

图 5-34 清河站地下一层平面图

图 5-35 清河站立面图

图 5-36 清河站剖面图

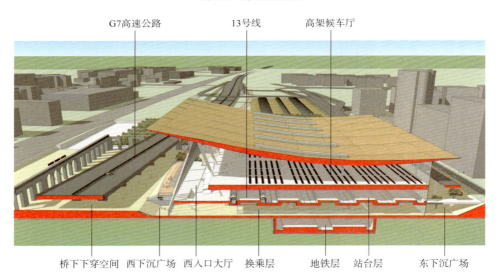

图 5-37 清河站剖透视图

2）设计特色与创新

（1）综合交通枢纽设计

清河站西侧紧邻地铁 13 号线及京新高速公路，东侧周边为密集的高层建筑及办公楼，规划的地铁昌平南延线、19号支线在清河站区域内通过。在控制点众多、空间紧促的条件下，建设集国铁始发终到站、3条地铁方便换乘，并能与周边道路互联互通功能为一体的综合交通枢纽非常困难。铁路结合北京枢纽内客站分布，调整客车开行方案后，将清河站车场规模压缩至4台8线，为地铁13号线改为与铁路车场同层并行布置创造条件；同时考虑充分利用区域内的空间，实现地铁昌平南延线、19号支线在车站线路下顺向通过；合理进行车站平面布置，满足市郊铁路S5线引入清河站，并能在地下一层与地铁、国铁"零换乘"（图5-38）。

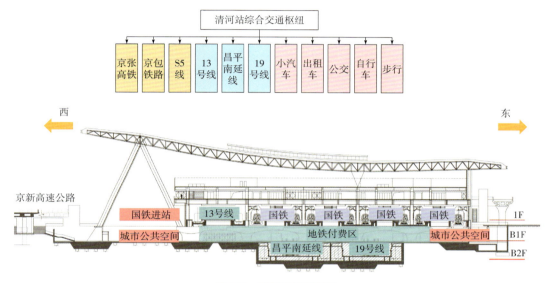

图5-38 清河站剖面示意图

本站是全国首例地铁与高铁同层并场设站，也是国内首例3条地铁与国铁顺向布置的综合交通枢纽。本站在满足车场使用功能的前提下，为综合交通提供建设空间，创造良好的进出站流线和乘车条件。

（2）土地集约化利用

清河站总建筑面积14.6万 m^2，包括国铁、地铁、市政三部分工程，为综合交通枢纽。清河站西侧紧邻运营中的地铁13号线以及京新高速公路，东侧紧邻城市现状办公及住宅，用地条件极为局促，且现状用地被运营中的线路及铁路站场打断，形成了割裂的城市局面。将13号线清河段的高架线路落地与铁路站场同场设计，这样不仅有效节约了空间，而且大大减少了3条地铁间、地铁与国铁间的换乘距离，提高了交通效率。其次，有效利用周边空间，节约了土地。将西侧京新高速公路桥下空间下挖处理，设计为站前广场、公交车场及出租车场。利用东侧有限的道路空间，使清河站与东部城区完美结合，达到了畅通融合的目的。在有限的建设用地上，合理布置国铁、地铁的各项功能空间，在国铁、地铁流线简洁、畅通、不交叉的前提下，在地下一层实现了国铁换乘地铁，地铁换乘国铁的"零换乘"关系。并且在地下一层实现了东西两侧居民的自由通行，"织补"了城市空间。

（3）多目标方案研究软件辅助设计

总体来说，站房工程非常复杂，特别是在周边环境复杂的情况下，需要考虑和协调的专业较多，需要根据复杂的条件进行不同条件的模拟，将大量的数据进行演算，以得到比较合适的评价参数，达到比较优的方案选择。清河站方案研究需要综合考虑既有高速公路、既有城市轨道交通和既有建筑等狭窄用地条件下，对跨线式站房进行多方面影响因素分析，在方案设计之初的构思阶段便暴露了传统方案工作流程中在本项目多项限制因素条件下的局限性。因此，针对清河站（跨线式铁路站房）设计方案研究，在Bentley软件公司开发了基于多目标遗传算法的体块生成软件（图5-39）。

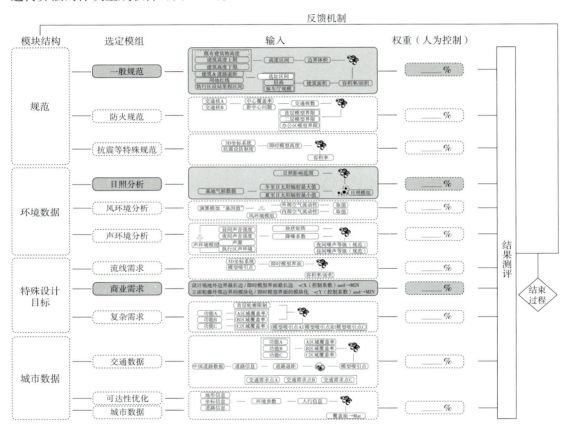

图 5-39 软件工作框架搭建

本软件使用多目标遗传算法和动态模块化框架，有助于建立与铁路设计领域相关的设计经验，并且结果的数字化特征可以避免传统设计方法依赖经验获取设计概念的方式。特别是在铁路高架站房设计过程的早期阶段，动态模块化的多目标遗传算法（MOGA）框架，在有限的时间内为设计者提供获取数据和满足设计要求的快速反馈，达到了很好的设计效果。

（4）基于受控条件下车站能力仿真设计

清河站车站空间紧促、受控点多、车站规模受限。设计对清河站到发线及咽喉区是否适应冬奥会高峰期列车开行方案进行了仿真模拟（图5-40、图5-41）。通过仿真，确定清河站到发线规模及咽喉区布置形式，在满足冬奥会及远期客运需求前提下，缩短了咽喉区长度，减少了拆迁。

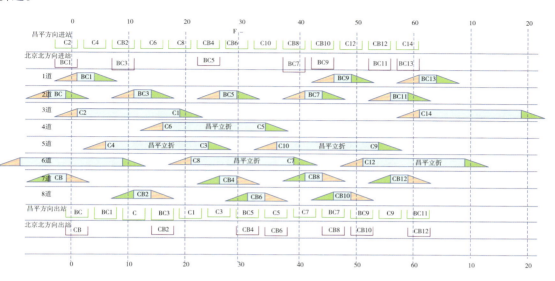

图 5-40　清河站奥运期高峰小时能力检算图

图 5-41　清河站高峰时段（2h，有普客）仿真方案（远期）

（5）紧邻地铁 13 号线的基坑支护设计及桥桩保护措施

清河站枢纽工程用地范围狭长，地下二层，基坑深度 8.5～17.5m，基坑平面开挖面积约 8 万 m²，基坑西侧紧邻地铁 13 号线，西侧基坑影响 13 号线长度近 800m，基坑距离 13 号线路基段最近处仅 5.6m，距离高架段最近处仅 7m，且基坑开挖范围存在砂层及滞水层，基坑施工对运营的地铁 13 号线影响较大，需要采取合理基坑支护及 13 号线桥桩保护措施，以保证 13 号线的正常运营安全。

为此设计进行了详细的分析研究，通过建立基坑支护结构＋土体结构＋13 号线结构的三维模型的方法，对13号线结构的安全进行评估，提出满足地铁运营安全的基坑支护结构的变形标准，改进支护结构的设计方案，通过基坑实施阶段的变形监测结果，验证了数值分析方法的理论可靠性。

（6）清河站土建装修一体化

清河站在公共区室内装修及外立面中处处秉承着重结构、轻装修、简装饰的理念。清水混凝土是名副其实的绿色混凝土：混凝土结构不需要装饰，舍去了涂料、饰面等化工产品；清水混凝土结构一次成型，不剔凿修补、不抹灰，减少了大量建筑垃圾，有利于保护环境；清水装饰混凝土避免了抹灰开裂、空鼓甚至脱落的质量隐患，减轻了结构施工的漏浆、楼板裂缝等质量通病。清河站地下一层公共区内所有桥梁柱均利用清水混凝土一次浇筑成形，不做任何外装饰，直接采用现浇混凝土的自然表面作为饰面，因此不同于普通混凝土，表面平整光滑、色泽均匀、棱角分明、无碰损和污染，只是在表面涂一层或两层透明的保护剂，显得十分天然、庄重，体现出建筑最原始的美感（图5-42）。

（7）智能遮阳百叶防眩光技术

针对清河站大面积的西立面玻璃幕墙，西向设计了大屋檐出挑，以及智控翼帘型百叶建筑遮阳系统，弥补了玻璃幕墙不利于遮挡热辐射的缺陷。百叶横向间距500mm，进深450mm。抗风横梁及竖向抗风杆件设置在幕墙外侧，利用百叶系统进行遮挡，使清河站室内为完整的玻璃面。同时利用横纵抗风结构进行百叶连接，室外一侧进行很好遮挡，同时避免百叶连接件造成的冷桥。清河站智能百叶见图5-43。

图5-42　清河站地下一层清水混凝土实景照片

图5-43　清河站智能百叶

智能百叶遮阳系统包含叶片、固定系统配件、驱动杆系统、马达组件、智能控制系统。此智能百叶遮阳系统具有手动、自动两种工作状态。自动运行模式下，每组电机根据当前工况，进行计算调整百叶位置。总控单元检测风、光、雨传感器的异常信号，即可控制百叶旋转到相应设定的角度，达到提高室内舒适度的目的；既降低了人们的劳动强度，又延长了百叶的使用寿命。

清河站采用屋面挑檐、可调节外遮阳相结合的方式避免眩光，天窗采用站房吊顶金属圆管系统将直射光变为散射光，从而有效避免天窗眩光。室内采光良好，经过采光模拟计算总体满足采光要求的比例达到了100%。高架候车厅冬夏季运行时,根据室内二氧化碳浓度,调节组合式空调器的新风阀与回风阀开度。地下车库采用诱导通风系统,平时通风和消防排烟系统合并。平时根据一氧化碳浓度控制风机启、停台数。

(8) 结构全生命周期智能健康监测与预测系统

设计建立了清河站站房工程健康监测系统,对使用中的结构性能进行监测,保证清河站结构的安全性、耐久性和使用性,对提高结构的运营效率,保障公众财产安全具有极其重要的意义。

监测系统具有"可视化"的人机交互界面,其面向对象主要为系统管理维护人员。中心数据库具备完善的数据管理功能(如存储、打印、显示等)。实现本项目场地之内、外的远程监控,系统所得数据及分析结果能及时传输到总监控中心及其他有关部门(如业主、健康监测单位、设计单位、经业主授权的其他部门)的计算机。报警系统具备邮件报警或短信报警的功能,与相关责任人的手机进行绑定,及时将报警信息通知相关责任人。针对关键构件的应力应变、结构变形采用统一的采集系统,各种不同类型的数据实时同步采集;同步采集难度较大时,在不降低健康监测有效性的前提下,可采用准同步采集。与BIM系统集成在清河项目BIM系统平台上,接入结构状态监测系统,接入方式根据整体BIM工作计划要求,采用数据接口或监测平台连接。

3) 工程建设实效

清河站考虑充分利用区域内的空间,实现了地铁13号线、地铁昌平南延线、19号支线、市郊铁路S5线的同站换乘。本站是国内首例高铁车站与地铁改线设站同层并场设置的高铁车站,也是国内首例3条地铁与国铁顺向布置的综合交通枢纽,实现了高铁、城际铁路、市郊铁路和地铁的便捷换乘,将清河站打造成为集国铁、市郊铁路、城市轨道交通、公交、小汽车、出租等市政配套于一体的综合交通枢纽(图5-44)。

图5-44 清河站鸟瞰效果图

图 5-45　清河站西立面图（主广场侧）

改建后的高铁清河站，以简洁现代的建筑形式呼应北京的古都风貌，体现了海淀区"海纳百川"的人文环境与高科技领航的时代特点，给清河站周边地区带来了崭新的活力，成为首都北部的城市新大门（图 5-45～图 5-51）。

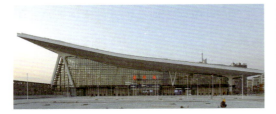

图 5-46　清河站南立面

图 5-47　清河站进站广厅一

图 5-48　清河站进站广厅二

图 5-49　清河站站台雨棚

图 5-50　清河站高架候车厅

图 5-51　清河站站台

5.1.5　新八达岭隧道设计

1）设计方案

新八达岭隧道位于北京市昌平区南口镇至延庆区区段，全长 12km；连续穿越居庸关、水关、八达岭长城等重要风景名胜区，3 次穿越长城，超浅埋穿越百年京张铁路和石佛寺村，是全线最长、环保要求最严格、工期最紧张的隧道。在滚天沟停车场下方新八达岭隧道内设置的八达岭长城站，长470m，车站两端与区间隧道设过渡段，过渡段总长326m。新八达岭隧道多处下穿长城及其他建（构）筑物，详见表5-1及图5-52。

隧道下穿重要建（构）筑物一览表　　　　　　　　　表5-1

里程区段	下穿建（构）筑物名称	洞顶覆土厚度（m）	围岩情况
DK63+600～DK63+750	侧向下穿水关长城	210～218	Ⅱ级围岩，弱风化花岗岩层
DK64+100～DK63+350	石佛寺村	12～40	Ⅴ级围岩，强风化花岗岩层
DK66+400～K66+440	京张铁路青龙桥车站站线	4～6.8	Ⅴ级围岩，强风化花岗岩层
DK67+025	八达岭长城	124	Ⅱ级围岩，弱风化花岗岩层
DK67+370	八达岭长城	168	Ⅱ级围岩，弱风化花岗岩层

隧址区地层岩性主要为第四系松散层（Q_4），白垩系下统流纹质熔结角砾凝灰岩（K_1d），长城系高于庄组燧石条带、白云岩和白云质灰岩（Chg），燕山晚期（γ_5）侵入岩，如花岗岩、细粒花岗岩、伟晶花岗岩、斑状二长花岗岩、石英二长岩，以及流纹斑岩脉、花岗斑岩脉、闪长玢岩脉、辉绿岩脉、辉长岩脉、霏细岩脉，以上侵入岩因其发育于八达岭，统称为八达岭花岗杂岩。地下水主要为基岩裂隙水，水位埋深根据地形起伏以及季节变化幅度较大，勘察期间水位埋深11.20～76.60m。隧道正常涌水量1.9万m^3/d，最大涌水量5.65万m^3/d。

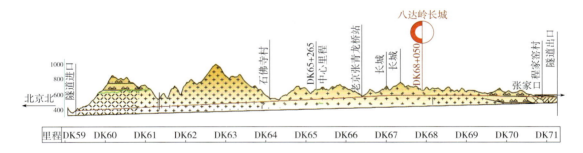

图5-52　新八达岭隧道（L=12000m）纵断面示意图

2）设计特色与创新

新八达岭隧道位于八达岭—十三陵风景名胜区，环保要求严格。一次近距离并行长城、两次下穿长城、一次下穿百年京张铁路，文物保护要求高。受环保、文保及其他外部环境影响，有效施工时间短，工期异常紧张。隧址区位于燕山晚期的侵入岩、花岗杂岩，花岗岩风化差异较大、节理发育，局部存在形成碎裂状节理密集带，掉块现象很频繁，围岩变化频繁，施工风险大。多掌子面施工通风难度大。针对新八达岭隧道环保要求高、围岩变化频繁、均匀性差、断层、风化深槽段拱顶及掌子面不稳定、易塌方涌砂等特点，设计加强了超前地质预报措施，施工中根据超前地质预报结果，实时变更调整措施，并开展了多方面的技术研究，取得了一系列创新成果。

（1）隧道浅埋下穿铁路路基沉降控制技术

老京张铁路属于国家级文物，隧道于 DK66+400～K66+440 约 40m 范围下穿老京张铁路青龙桥站的站线，最小洞顶覆土厚度为 4m，V级全风化花岗岩地层。

设计采取了超前大管棚支护，非爆破、三台阶临时仰拱法施工工法，初期支护钢架间距加密，对既有铁路扣轨加固，地表注浆加固（股道间注浆），加强监测等控制技术。施工中最大的沉降量 10.97mm/d，累计沉降 42.7mm，满足规范要求，保证了百年京张铁路及站台完好无损（图 5-53、图 5-54）。

图 5-53　下穿老京张铁路实景图

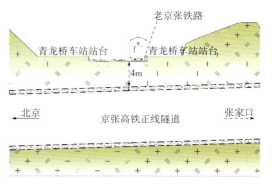

图 5-54　下穿老京张铁路剖面图

（2）下穿八达岭长城及老京张铁路微震微损伤爆破控制技术

新八达岭隧道 2 次穿越八达岭长城，设计采用电子雷管精准控制爆破，减小开挖进尺和爆破药量，将爆破振速控制在 0.2cm/s 以内。爆破施工过程中全程实时监测穿越处长城结构、老京张铁路青龙桥车站站线及车站结构的振动速度，在隧道内结合围岩变形监测安装爆破监测仪，一方面将围岩变形控制在标准范围之内，另一方面监测隧道内爆破情况，实现隧道内和地面的同步监测，以确保长城结构及老京张铁路的安全。在 DK67+025 及 DK67+370 对应长城结构基础处设置振动速度长期监测点，在 DK66+420 对应老京张铁路线路基础处设置振动速度长期监测点，监测过程中设置 0.16cm/s 的警报阈值，一旦振动速度高于 0.16cm/s，则进一步控制爆破用药量，确保完好无损地通过国家级文物和世界文化遗产。精准微损伤控制爆破效果见图 5-55。

图 5-55　精准微损伤控制爆破效果

（3）长大隧道安全快速施工技术

新八达岭隧道 2 号斜井，设计了并行双洞立体多分支斜井布局方案，实现多工作面协同作业，有效满足了环保和工期要求。根据现场施工进度，在进口和 1 号斜井区间新增了一处 0 号斜井，并对 2 号斜井施工组织进一步优化，共实施 2 条主通道、8 条分通道，保证了现场紧张而繁忙的施工需求，实施效果良好，确保了建设工期。

新八达岭隧道2号斜井立体多分支平面布置如图5-56所示。

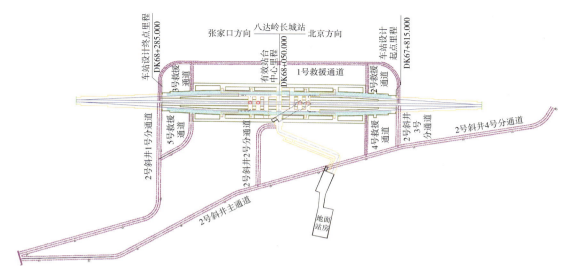

图5-56　新八达岭隧道2号斜井立体多分支平面布置示意图

为了解决八达岭地下车站的洞室群的施工通风问题，设计采用"压入式通风"方式，在八达岭长城站2号斜井洞口及各竖井处设置轴流风机，往斜井及各掌子面送风。在交叉口和巷道内设置射流风机引流，加速浊流风的排出，防止巷道内清浊循环影响通风效果。当正线隧道施工中竖井位置时，先通过反井钻将竖井打通，通过竖井进行通风换气，起到了很好的效果（图5-57）。

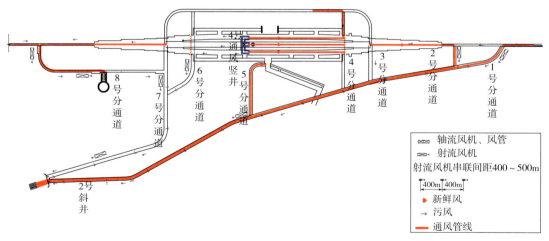

图5-57　八达岭地下车站多通道组合通风平面示意图

3）工程建设实效

新八达岭隧道进口、出口采用城关式洞门，实现了中国元素和长城文化与现代高铁的有机结合，体现了高铁隧道与区域环境和文化共生共荣的设计理念（图5-58～图5-60）。新八达岭隧道内的站隧过渡段，单洞开挖跨度达32.7m，是目前国内单拱跨度最大的暗挖铁路隧道。

京张高铁总体设计与技术创新

图 5-58　新八达岭隧道进口实景图

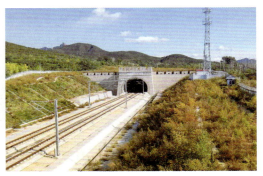

图 5-59　新八达岭隧道出口实景图

图 5-60　新八达岭隧道四线单拱大跨实景图

5.1.6　八达岭长城站设计

八达岭长城站布设于北京市境内八达岭景区滚天沟停车场内。八达岭长城是明长城中保存最好的一段，也是最具代表性的一段，既是世界文化遗产又是国家级重点风景名胜区，为国家 5A 级景区，世界旅游胜地。为了有效分流八达岭景区部分公路交通的客流，降低交通压力和公路尾气排放，为景区提供一种更加绿色、环保、节能的轨道交通出行方式，在八达岭景区规划的滚天沟文化广场地下设置了八达岭长城站。

1）设计方案

八达岭长城站为地下站站型（站场工程位于地下），最高聚集人数 1500 人，总建筑面积约为 67800m²，其中地面站房建筑面积 9000m²，地下站房建筑面积 58800m²。车站轨面埋深 102m，旅客提升高度 62m，是目前国内埋深、提升高度最大的高速铁路地下站（图 5-61、图 5-62）。

（1）站场设计

八达岭长城站为地下站，车站采用 2 台夹 4 线站型，设到发线 4 条（含正线 2 条），到发线有效长度 650m，设 450m×9.2m（局部）×1.25m 侧式站台 2 座。八达岭长城站示意见图 5-63。

八达岭长城站平面图　　　　八达岭长城站A-A剖面图

图5-61　八达岭长城站示意图

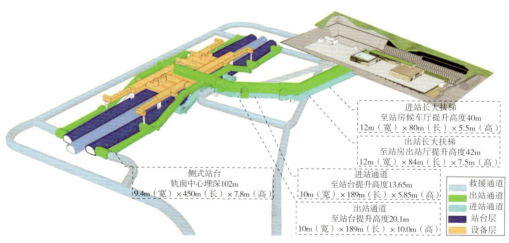

图5-62　八达岭长城站三维模型图

（2）地面站房设计

地面站房建筑面积9000m², 结构形式为框架、局部钢结构。地面站房首层设有进站厅、出站厅、售票室，二层设客运办公室，地下一层设有旅客候车厅、设备间、公安办公室；地下站分别为站台层、进站层、出站层（图5-64～图5-69）。

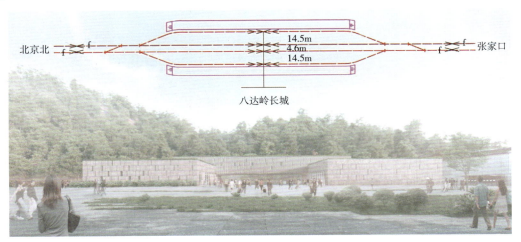

图 5-63　八达岭长城站示意图

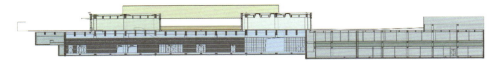

图 5-64　八达岭长城站地面站房剖面图

图 5-65　八达岭长城站地面站房首层平面图

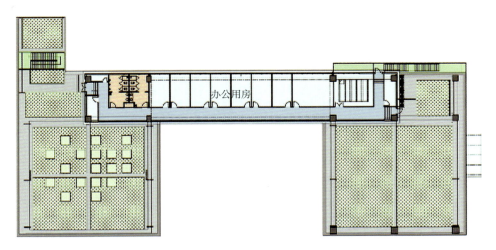

图 5-66　八达岭长城站地面站房二层平面图

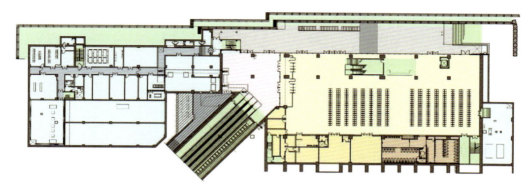

图 5-67 八达岭长城站地面站房地下一层平面图

图 5-68 八达岭长城站地面站房立面图（1）

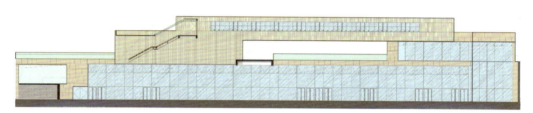

图 5-69 八达岭长城站地面站房立面图（2）

（3）地下站设计

车站地下工程部分总建筑面积约为 58800m^2。车站地下部分为 3 层，地下站自下而上分别为站台层、进站层及出站层；站台层为 3 个分离平行的洞室，中间为正线，两侧分别为左、右到发线。车场按 2 台 4 线布置，到发线有效长度 650m；站台长度 450m（其中，站台中部约 200m 范围为直线段，两端约 125m 范围为曲线段），站台高 1.25m，两个侧式站台均与候车厅连通，满足旅客快速乘车和疏散需求。站台宽度采用客流动态模拟方式检算后，确定为 6.2m 宽（安全门布置需要 1.2m 宽度）。两端正线之间分别设置 1 组渡线。隧道按 3 联拱布置，2 条到发线之间设置隧道结构柱。

站台两端布置少量设备用房，中部为乘车区。站台宽 6.2m，站台设置安全门，安全门退站台边 1.2m。站台层公共区装修后净高为 4.5m。侧式站台均设置两个 10m 宽的进站口，两个 10m 宽的出站口，以及两个 6.5m 宽的疏散的出口及两个 5m 宽的紧急事故救援出入口。

车站站台进站口设置 6.5m 宽（1 部 2m 宽楼梯和 2 部 1m 宽扶梯）的楼扶梯通道与进站通道层相接；站台出站口设置 6.5m 宽（1 部 2m 宽楼梯和 2 部 1m 宽扶梯）的楼扶梯通道与出站通道层相接。站台层至地面站房地面层全程高度为 61.77m。

地下站设计见图 5-70～图 5-72。

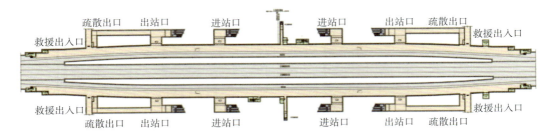

图 5-70 八达岭长城站站台层平面布置示意图

图 5-71 八达岭长城站进出站通道双层布置示意图

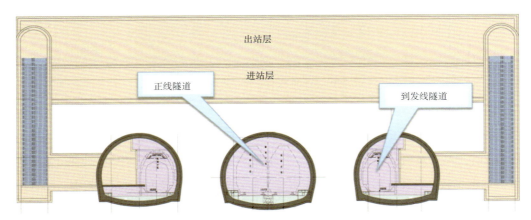

图 5-72 八达岭长城站站台层三洞分离布置示意图

2）设计特色与创新

（1）采用"消隐"设计手法，使车站融入景区环境之中

八达岭长城站位于世界文化遗产保护区内，如何既实现车站功能、方便游客便捷出行，同时避免对景区环境造成影响，与自然人文景观相融合是设计思考的重点和难点。

八达岭长城站采用了"消隐"的设计手法，取得了很好的效果。为了减少大体量车站对景区造成的影响，控制地面站房的体量，避开景区敏感地带，最大限度地减少站房建筑对世界文化遗址的景观影响，车站采用"地下站台+地面站房"的设计方式，即将候车、站台、轨道、设备用房等大部分功能设置于地下，地面仅设进出站厅，满足旅客出行需求。将站台层设于地下 100m，通过斜向通道与地面站房连接。

地面站房采用消隐式设计，融入周边自然环境，避免了对八达岭风景名胜区的景观影响。地面站房形体设计采用"化整为零"的设计方法，将进站厅、出站厅、站房办公区三个功能体块有机组合，通过底层架空、虚化立面的方式弱化站房的建筑体量。站房外立面首层采用厚重的黄色花岗岩石材砌筑，二层采用轻盈的竖向米黄色陶瓷内衬米黄色仿石涂料，在冬日的暖阳下，八达岭长城站与长城淳朴雄厚、苍茫寥廓的人文风貌融为一体，浑然天成。

另外，站房屋顶采用绿化屋面做法，将周边山体的绿化引入到站房上方，与山体相融共生。在站房与山体相接处，一是设置错落有致的台地，通过不同高程与山体相连，消除山体出现的陡坡现象，同时通过绿化挡墙美化构筑物的体量，与山体自然过渡，使得建筑成为山体的一部分。二是通过设置下沉广场，给地下一层候车厅引入更多的自然阳光和自然景观，节能降耗的同时增加候车厅的舒适度。在景观绿化方面，通过大面积屋顶绿植及挡墙绿化，将站房与长城风景区周边的自然地貌融为一体，达到修复、保护山体生态的目的，烘托"形隐于山、沉静稳重"的建筑效果和氛围，弱化建筑对历史文化遗址和自然景观的影响。

（2）大型地下车站群洞建筑设计创新

车站总体采用了三层三纵的群洞结构（图5-73），相互间完全独立，避免了灾害、气动效应、噪声等对相邻线路和洞室的影响，为防灾救援疏散提供了分区条件，同时有效利用岩墙承载，缩小洞室跨度，降低施工风险和工程投资。进出站采用了叠层结构设计，实现了进出站客流完全分离，避免人流交叉带来的拥堵和迟滞，同时实现了站台进出站口均衡布置。

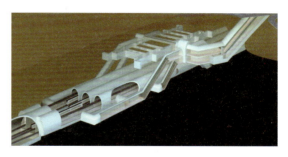

图5-73　三层三纵的群洞结构总体布局示意图

车站采用一次提升长大电扶梯、斜行电梯（图5-74）等先进设备有效提高了旅客进出站效率和安全度，体现了对旅客的人文关怀，为残障人士提供了平等的乘车环境。

a)　　　　　　　　　　　b)

图5-74　长大电扶梯和斜行电梯

（3）地下车站舒适环境营造技术

由于地下车站埋深大，空间封闭局促，声场、光线、气流、温度均与人们日常生活所在空间有较大差异，因此地下站的环境营造对乘客的舒适度和安全度影响尤为重要，需要进行特殊设计为旅客提供舒适的乘车环境。车站设计过程中采用复杂地下空间声环境仿真模拟、隧道洞壁吸声降噪技术和群洞布局的隔噪效果等控制地下站声学环境，将站台区噪声强度控制在80dB(A)以内，500Hz频率声音混响时间控制在1.5s以内，语言清晰度指数RASTI控制在0.45以上。

研究了地下车站光环境对旅客舒适度的影响，设计了合适照明系统，将车站光照度控制在150lx以上，让地下车站乘客感受到舒适和安全。采用群洞建筑布局隔离站台层中洞过站列车的活塞风，利用防灾救援通道、进出站通道、隧道进出口、通风竖井等泄压，将车站最大风速控制在合理范围内，单车越行时通道内最高风速4.6m/s，会车时最高风速7.6m/s，多车正常运行时最不利工况的进出站通道最高风速为8.3m/s。采用半高安全门模式，利用隧道内冬暖夏凉的特性及列车活塞风的作用，将区间隧道内极端最高温度控制在35℃以内，站台温度控制在25℃左右。对比分析了不同装修风格的艺术效果，为旅客提供了一种舒适美观的乘车体验（图5-75、图5-76）。

图5-75　隧道洞壁采用砂岩吸声板

图5-76　地下车站素雅简洁的艺术效果

（4）大型深埋地下车站防灾救援技术

车站设置了立体环形的疏散救援廊道，提供了紧急情况下快速、无死角救援的条件；施工期间作为施工斜井，提供了全方位多通道的施工作业面，实现了安全快速施工。车站通过信息化的监控平台，实时监测、采集、汇总监测信息，全面掌握灾害状态，提供及时准确的三维可视化灾害报警和预警功能。

环形快速救援系统、防灾救援智能指挥系统分别如图5-77、图5-78所示。

（5）地下大空间自稳定结构设计技术

设计提出了超大跨隧道围岩自承载理论、超大跨隧道围岩承载拱构件化设计方法、超大跨隧道预应力锚网支岩壳自承载支护措施、超大跨隧道"品"字形开挖工法工艺、超大跨隧道结构安全智能监测系统,形成了"理论、方法、措施、工艺、监测、反馈"六位一体的综合修建技术,确保了超大跨隧道的施工安全(图5-79、图5-80)。

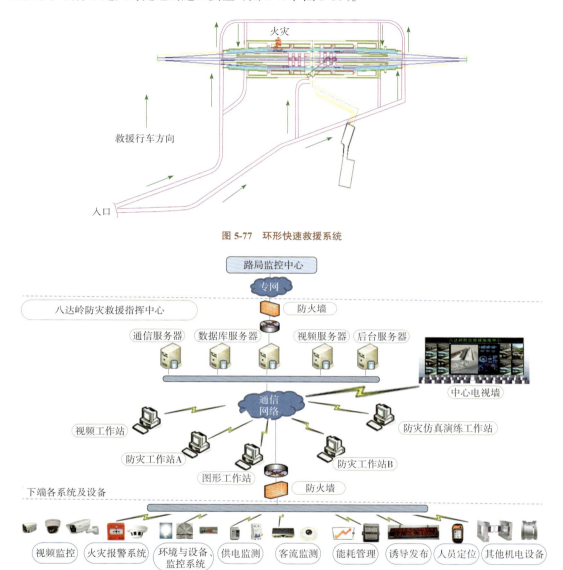

图 5-77　环形快速救援系统

图 5-78　防灾救援智能指挥系统

为了解决八达岭长城站超大跨隧道开挖的稳定性问题,设计研究提出了品字形开挖工法,该工法具有以下5个优点:①通过导洞超前,提前探明地质条件;②对拱顶围岩(关键围岩)采用锚索锚杆提前支护;③预留核心土,提供安全保障和补强平台;④分部分步开挖,减小一次开挖跨度,减小一次开挖方量,便捷安全;⑤工法简洁,工序转换少,实现了大跨隧道的安全快速施工。

八达岭长城站是一个复杂的洞室群车站,群洞效应对围岩和支护结构受力和变形的影响非常大,支护结构设计和施工如何考虑群洞效应是本工程的关键技术问题。设计研究提出了隧道围岩应力流守恒原理及洞室群隧道支护结构设计方法，解决了复杂洞室群岩墙和岩板的受力计算和稳定性控制问题（图 5-81）。

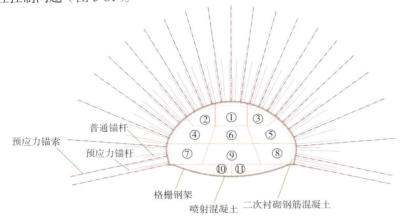

图 5-79 超大跨隧道锚索锚杆布置

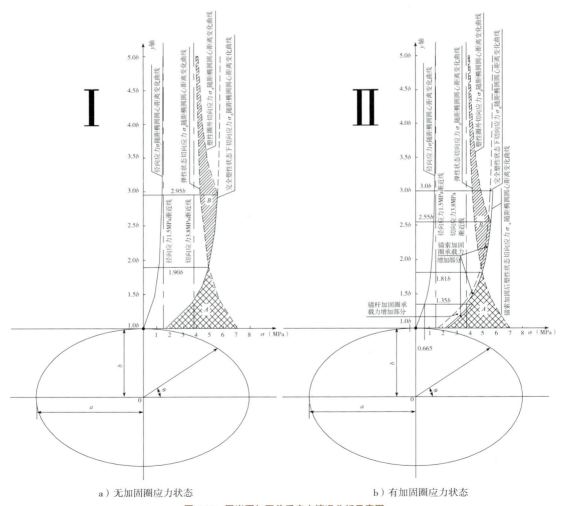

a）无加固圈应力状态　　　　　　b）有加固圈应力状态

图 5-80 围岩圈加固前后应力情况分析示意图

注：a 为椭圆长轴的一半；b 为椭圆短轴的一半

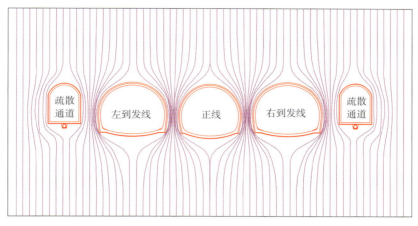

图 5-81　洞室群竖向应力流示意图

（6）长寿命地下岩体工程构造技术

八达岭长城站位于地下恒温恒湿环境，围岩为耐久性优良的花岗岩，具备建设超长耐久性工程的客观基础条件，因此，提出了八达岭长城站主体工程关键部位设计使用年限 300 年的耐久性设计目标。八达岭长城站是铁路行业第一次进行长寿命混凝土工程的探索和实践，从结构设计、材料选择和配合比、浇筑和养护措施、监测反馈分析等方面着手，初步形成了长耐久性混凝土衬砌结构技术体系（图 5-82～图 5-84）。

（7）微震微损伤精准爆破技术

为满足八达岭长城站洞室群施工对开挖爆破的控制要求，设计提出了微震微损伤精准爆破技术，利用电子雷管的起爆时差，使爆破药量分散逐个起爆，减小单次爆破的炸药量，从而降低爆破振动，减小围岩和支护结构损伤，精准控制爆破边界（图 5-85、图 5-86）。

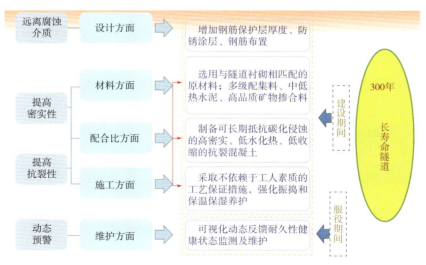

图 5-82　长寿命隧道设计思路

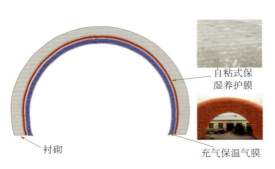

图 5-83 隧道衬砌保温保湿养护

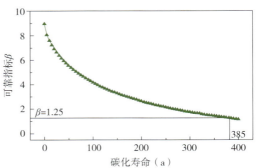

图 5-84 混凝土寿命预测

图 5-85 电子雷管精准控制爆破

图 5-86 精准微损伤爆破效果

（8）板式无砟轨道（CRTS）Ⅰ型双块式减振无砟轨道技术

为了满足新八达岭隧道穿越水关长城、青龙桥车站和八达岭长城文物等环境振动敏感地段的要求，降低列车振动源强度、减轻列车运行振动对居民和环境的影响，设计采取了CRTS Ⅰ型双块式减振无砟轨道技术，降低了运营期振动影响，满足了环境保护要求。CRTS Ⅰ型双块减振无砟轨道，由钢轨、扣件、SK-2双块式轨枕、道床板、底座等组成，隧道地段轨道结构高度为765mm。在运营期还需进行跟踪监测，及时修磨轨面，并对轨道变形进行维护，保持钢轨表面的平整光滑，以保证其良好的运行状态，减少附加振动（图5-87、图5-88）。

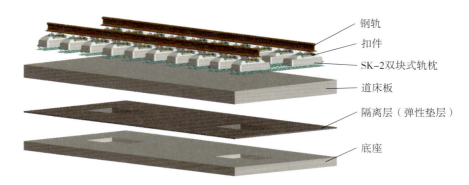

图 5-87 CRTS Ⅰ型双块式减振无砟轨道

　　a）　　　　　　　　　　　　　　　b）

图 5-88　隧道内铺设 CRTS Ⅰ 型双块式减振无砟轨道

（9）基于 BIM 的信息化管理技术

设计建立了八达岭长城站整体 BIM 模型（图 5-89），搭建了多专业协作的统一平台，使建筑、结构、暖通、给排水等各专业基于同一个模型进行工作，实现了真正意义上的三维集成协同设计，也为勘察、设计、施工、运营管理平台的可视化、智能化提供了基础（图 5-90）。

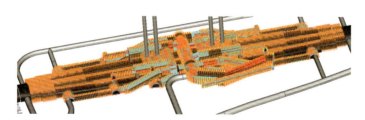

图 5-89　八达岭长城站整体 BIM 模型

图 5-90　基于 BIM 的智能化施工组织管理系统

（10）风景名胜区隧道绿色环保建造技术

车站位于世界著名的风景名胜区，对施工过程的环境保护提出了更高的要求，包括污水、粉尘、噪声、振动、弃渣等处理要求，均比常规隧道更严格。在设计上，八达岭长城站设置了清污分离的排水体系，将隧道围岩渗入的清水还给自然，将清洁车站产生的污水排入市政污水管网进行处理，保证景区水环境清洁，最大限度实现节水环保。同时隧道衬砌混凝土的粗集料采用了隧道开挖产生的弃渣，节省了砂石用料，同时减少了弃渣场的占地。在施工上采用了高标准的污水处理系统，利用曝气生物滤池过滤系统保证了氨氮的高效去除和总氮的消减；采用了干式除尘净化技术，改善现场施工作业环境，减少了粉尘的排放（图5-91、图5-92）。

图5-91　除尘净化设备XA3000　　　　　图5-92　施工污水处理站

（11）隧道结构智能健康监测系统

车站设置了隧道结构智能健康监测系统，对锚杆、锚索、喷射混凝土、钢架、二次衬砌及围岩进行应力和变形监测，并开发了围岩及结构健康安全监测软件平台，对地下车站、隧道围岩及结构的各类传感器数据进行远程采集，并以各类图形化展示和显示，对各类传感器数据进行分析、评估，实现实时监测、实时评价。当监测到地下车站、隧道结构发生异常时，及时发出预警（图5-93、图5-94）。

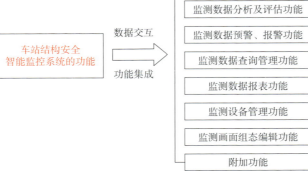 

图5-93　监测软件平台的功能　　　　　图5-94　锚索预应力监测

（12）掌子面地质信息智能图像预报技术

车站采用了地质信息智能图像预报技术，对数码照片进行图像处理，获得掌子面地质信息，结合现场地质测量、埋深和地下水状态等相关信息，形成最终的地质素描，并快速进行围岩分级，为隧道施工提供参考（图5-95）。

图 5-95　沿里程方向隧道地质切片 3D 实景再现

（13）车站道岔状态监测

高速道岔是高速铁路基础设施中十分重要、影响行车安全的关键设施，要求具有高速度、高安全性、高平稳性、高可靠性，能长期保持良好的工作状态，能确保高速列车安全、平稳、不间断地运行。

道岔是线路中的薄弱环节，与基本轨相比，在列车及温度荷载的作用下，道岔更容易发生损伤变形及性能劣化；并且相比于基本轨带有弹条扣件及扣件系统，道岔一旦断裂后即会脱落，更容易引发行车事故。同时，由于没有类似基本轨带有的轨道电路等监测手段，很难及时发现道岔的断裂事件。因此，道岔的监测与维护一直是线路维修中的重点及难点。

八达岭长城站为地下站，对线路轨道、道岔结构稳定性要求高，工务养护维修难度大；延庆支线经八达岭西线路所2组42号道岔联通京张高铁正线，延庆支线方向客车侧向通过速度高，行车量较大，42号道岔维修难度大，结构稳定性要求高。在八达岭长城站6号、8号正线道岔，八达岭西线路所1号、3号正线道岔安装道岔检测系统。

高速铁路道岔监测系统由通信网络、监测终端、监测中心、监测主机、监测分机及各类传感器组成；按铁路局、工务段、车站三级结构进行管理，减少大量的人力、物力及财力。安装高速铁路道岔监测系统后，可对道岔区域钢轨裂纹进行监测，能够有效区分钢轨不同类型开裂信号以及车辆通过时引入的各类噪声，具备裂纹分类报警、设备自检、故障自诊断、日志记录等功能。

（14）八达岭长城站清污排水系统分离设计创新

八达岭长城站设置了清污分离的排水体系，将隧道围岩渗入的清水还给自然，车站清洁产生的污水排入市政污水管网进行处理，保证景区水环境清洁，最大限度实现节水环保。

车站中的清水由进出站通道层、设备层经边沟、中心沟利用3%的纵坡汇聚后引入最下方的站台层，再经站台层的边沟、中心沟利用1%的纵坡汇聚后接入区间侧沟，最后排出至结构外。车站中的生活污水，因设计的布置，仅在进出站通道层和设备层设置了卫生间。经过比选，采用真空抽排系统来解决污水排放问题。车站中的废水经排水沟收集利用边坡汇集至废水泵房集水坑内，再通过泵机排出结构外。清污分离的排水系统如图5-96所示。

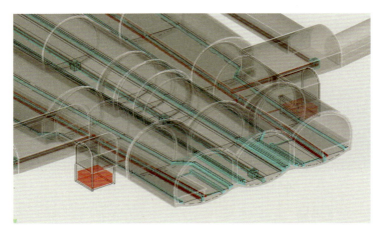

图 5-96 清污分离的排水系统

（15）八达岭长城站消防系统设计技术

①设计难点。

首先，本项目为地下铁路车站，《铁路工程设计防火规范》（TB 10063—2016）1.0.2条明确规定："本规范不适用于铁路工程中的地下车站"，《地铁设计规范》（GB 50157—2013）总则1.0.2条明确规定："本规范适用于最高运行速度不超过100km/h、采用常规电机驱动列车的钢轮钢轨地铁新建工程的设计"，由此可见，目前国内没有完全适用于八达岭长城站的设计和建设标准（八达岭长城站速度目标值为250km/h）。如何进行地下站的消防系统设计就成为设计中的难点。

其次，八达岭长城站站台层利用了列车运行的活塞风，对进出站通道、轨行区及站台区域进行通风换气，不设置空调系统，由此引起在极端天气下，八达岭站台层会出现温度低于4℃的情况，如何进行地下站台层水消防系统防冻设计就成为设计中的难点。

另外，八达岭长城站室内装修采用人字形文化灯具，车站内不设置吊顶，车站主要部位设置文化墙，离壁墙设置砂岩板装饰。为了达到美观的效果，水消防管线均要求考虑隐蔽设计，尤其对管线复杂、喷头布置点位较多的自动喷水灭火系统。因此，结合地下站装修，如何进行地下站管线布置就成为设计中的难点。

②设计方案。

鉴于缺乏专门针对高铁地下站水消防系统的规范，本项目借鉴和参考相关技术标准，防火设计原则遵守现行《建筑设计防火规范》（GB 50016—2014）、《消防给水及消火栓系统技术规范》（GB 50074—2014）、《自动喷水灭火系统设计规范》（GB 50084—2017），同时参考《地铁设计规范》(GB 50157—2013)、《城市轨道交通技术规范》(GB 50490—2009)及《铁路工程设计防火规范》(TB 10063—2016)等的相关要求,对于规范未涵盖的部分,通过性能化防火设计手段进行论证,分析提出车站水消防系统设计方案。

消火栓系统:站台层消火栓系统管线考虑通过设置在站台层板下的电伴热进行保温,进出站通道层消火栓系统管线考虑设置在通道层砂岩板离壁墙上端,以便于检修。

自动喷水灭火系统:站台层采用预作用喷淋系统,保证在日常情况下管网内无水,发生火灾时,由火灾自动报警系统开启预作用报警阀的电磁阀,配水管道开始排气充水,使系统在闭式喷头动作前转换成湿式系统,以保证站台层喷淋系统不受低温影响。除站台层外,其余位置采用湿式喷淋系统。

为了满足喷淋系统在作用面积的喷水强度,以及装饰装修的要求,喷淋喷头在灯具上方每隔 3600mm 布置一个喷头(和灯具保持同一模数),在灯具两侧和中间各设置一处喷头。由于最边缘处喷头距离边墙距离约为 3.9m,超出规范喷头布置最大距离(3.6m)的要求,也超出规范喷头距离边墙最大距离(1.7m)的要求,需要在灯具最外侧喷头与站台墙之间加设一排喷头。喷头设置于人字形灯具侧面,靠近结构顶板设置,与灯具底部喷头形成双层喷淋布局。上下两层喷头采用交错布置方式。侧墙喷头采用扩大覆盖面积洒水喷头,达到喷淋点加密的作用;并保证原有空间效果,解决管线外露问题(图 5-97~图 5-99)。

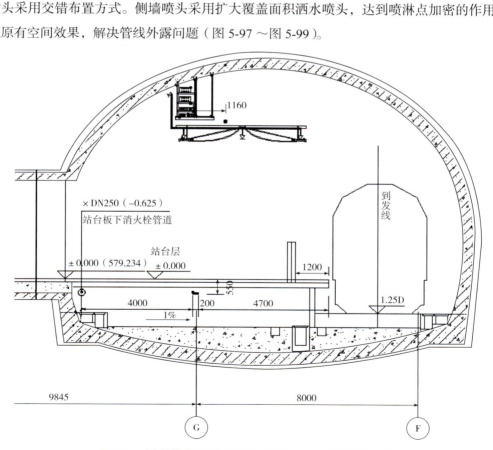

图 5-97 消火栓管道设置在板下(尺寸单位:mm;高程单位:m)

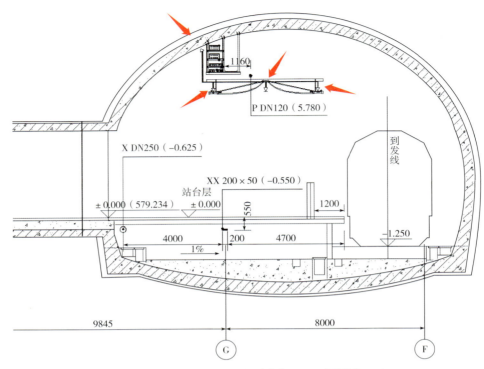

图 5-98 站台层喷淋布置方式（尺寸单位：mm；高程单位：m）

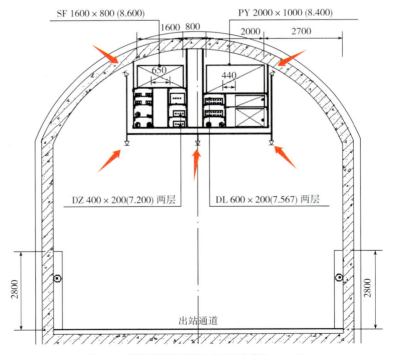

图 5-99 通道层喷淋布置方式（尺寸单位：mm）

3）工程建设实效

八达岭长城站采用"消隐"的设计理念，将车站主体工程设于地下，地面仅设置出入口及售票处，候车厅及生产房屋均设置于地下，地面站房高度仅9m，占地仅80m×30m，避开景区敏感地带，最大限度地减少了站房建筑对世界文化遗址的景观影响。出入口尽量靠近游客服务中心，不设置停车场等交通接驳设施。通过虚化立面、局部架空，控制建筑体量，烘托"形隐于山、沉静稳重"建筑效果和氛围，将站房与长城风景区周边的自然地貌融为一体。表现交通建筑的现代特征和标志性，弱化了建筑对历史文化遗址和自然景观的影响，表达出对中华传统文明、百年京张的崇敬，以及京张高铁新时代建设者的自信。

结合京张高铁八达岭长城站建设，对滚天沟区域进行综合治理，改造为集文化展示、交通集散、休憩游览于一体的文化广场。通过大面积绿植及台地设计，达到修复、保护山体生态的目的，取得了很好的效果（图5-100～图5-105）。

图5-100　八达岭长城站鸟瞰图

图5-101　八达岭长城站外景

图 5-102　八达岭长城站出站内景

图 5-103　八达岭长城站候车厅

图 5-104　八达岭长城站地下站台

图 5-105　八达岭长城站地下出站通道

5.1.7　官厅水库特大桥设计

官厅水库为京张高铁的必经之地，在线路跨越官厅水库区段，选择与京藏高速公路共通道、跨越水域面积最小的方案，最大限度减少对水库水体的影响。桥位下游（西侧）约 70m 为京藏高速公路官厅水库特大桥。该桥梁全长 1846m，主桥长 1230m，引桥长 616m，桥宽 27.0m，分幅布置。主桥上部结构为预应力混凝土连续箱形梁，跨度布置为 65m+10×110m+65m，引桥为 30m 连续 T 梁。桥位上游（东侧）约 1.7km 处为老京张铁路妫水河特大桥和怀来县沙东快速路跨官厅水库特大桥。既有妫水河特大桥主桥为 5×128m 下承式栓焊钢桁梁，沙东快速路主桥为 1×720m 大跨度悬索桥。

桥址区地质构造属于桑干河、洋河、妫水河冲积的怀来盆地，地势较平坦，属于平原微丘区，从官厅水库南岸向北京方向多为葡萄类经济作物，官厅水库北岸向张家口方向多为耕地，地表植被发育。水库水面宽约 800m，含沙量大，流速随季节变化较大，由北向南方向径流，距水库大坝约 16.7km。

1）设计方案

官厅水库特大桥，全长 9077.89m。水库区段铁路桥位与既有公路桥基本平行，既有公路桥主桥为 65m+10×110m+65m 预应力混凝土连续梁，本桥孔跨与既有公路桥对孔布置。

主桥采用 8×110m 简支曲弦钢桁梁，钢桁梁支点跨度 108m，单跨梁长 109.7m，桁高

11～19m，桁宽13.8m，节间长10.8m。桥面系采用正交异性钢桥面板，钢桥面板上铺设20cm厚混凝土板。其上铺设CRTS I 型双块式无砟轨道，道床板和底座均采用C40钢筋混凝土现场浇筑，等长、等宽分块设计，两块道床板间设100mm宽的道床缝。底座通过桥面预埋钢筋方式与桥梁连接成整体。对应每块道床板范围，底座设两个限位凹槽，凹槽侧面设弹性缓冲垫层。桥面采用两列排水设计。

为协调梁体横向变形，保证无砟轨道所要求的钢轨横向位移差不大于1mm，在主桥两侧临跨位置各设置1孔32m简支钢-混凝土结合梁进行过渡。结合梁主桥侧设置横向活动支座2套、横向限位装置1套，横向限位装置中心距离桥梁中心线的距离为5.6m。

主桥主墩采用双柱式矩形截面桥墩，每个墩柱横桥向4.0m，顺桥向5.0m，墩顶处设置系梁。主桥边墩采用双柱+单柱式矩形截面桥墩，主桥侧墩横桥向4.0m，顺桥向4.0m；引桥侧墩横桥向6.3m，顺桥向2.0m。

主墩桩基采用15根ϕ2.5m桩基方案，桩长76～90m。边墩桩基采用12根ϕ2.5m桩基方案，桩长60～77m。

2）设计特色与创新

官厅水库特大桥位于京张高铁设计速度目标值350km/h区段，高速度目标值对桥梁结构提出了极高要求。为减小桥梁温度跨度，避免设置轨道温度调节器，官厅水库特大桥主桥设计采用了8孔110m简支曲弦钢桁梁，顶推施工，并采用了多项创新设计，满足高速铁路行车要求。官厅水库属于北京市重要的备用水源地，属于一级水源保护区，环保要求高，为尽量减少京张高铁的修建对官厅水库环境的影响，官厅水库特大桥的修建采用了一系列的创新环保措施，保证了官厅水库水源保护区的水质安全。

（1）时速350km多孔大跨度简支钢桁梁结构设计创新

本桥的建成是世界上首例适用于350km/h无砟轨道高速铁路的多孔大跨度钢桁梁桥，也是目前国内建成通车的350km/h无砟轨道高速铁路最大规模钢桥。官厅水库特大桥主桥采用多孔简支变高曲弦桁式结构，有效减少桥梁温度跨度，避免了轨道温度调节器的设置，大大减少了养护维修工作量。

（2）无航运条件的铁路钢桁梁全焊平联与全焊横联技术

受高强度螺栓的特点制约，目前的铁路钢桁梁均存在一定的高强度螺栓延迟断裂概率。为减少高强度螺栓延迟断裂对高铁运营造成危害，设计人员联合桥梁厂，通过大量计算和变形模拟，克服了焊接残余变形影响，首次在无航运条件的内陆地区钢桁梁上应用了全焊平联与全焊横联技术，解决了钢桁梁桥高强度螺栓断裂影响高速列车行车安全的技术难题。

（3）高速铁路应急抢修与快速恢复技术创新

我国高铁常用跨度梁使用量巨大，虽然设计中已对地震、洪水等各种灾害对桥梁结构的影响进行了一定的考虑，但当超出设计范围的更大灾害发生时，高速铁路桥梁的损坏和无法使用仍然是不可避免的，因此高速铁路应急抢修与快速恢复技术的研究意义重大。

结合设置于京张高铁官厅水库特大桥主桥两侧的 32m 简支结合梁，开展了高速铁路常用跨度简支箱梁灾后应急抢修与快速恢复技术研究，提出了高速铁路常用跨度抢修钢梁的截面形式、分段方式、连接措施及施工方法，为我国大规模高速铁路常用跨度简支箱梁提供了一种简单易用的灾后应急抢修与快速恢复技术。

32m 双线简支钢 - 混凝土结合梁，梁长 32.6m。主梁采用双箱单室等高度梁，截面中心线位置梁高 3.11m，两箱梁中心距 3.85m。梁体沿纵向每隔 1.05～3.7m 设置一道隔板，将两箱梁连成空间结构以增加桥梁的整体刚度。钢梁顶板为正交异性钢板，沿顺桥向设置 U 肋及板肋，钢梁底板位于受拉区，不设置纵肋。钢梁腹板斜置，与混凝土简支箱梁腹板外缘完全顺接。

桥面总宽 12.6m，其中混凝土桥面板宽 9.9m，按整体预制、局部现浇设计，通过 $\phi 22 \times 150$mm 剪力钉与钢梁连接。抢修梁存放及运输时，采用单箱单室的形式，分块存放及运输，混凝土预制板与钢梁组成一体，并在混凝土板上预留与无砟轨道板的连接接头。

主体箱梁架设完成后即可实现低速通车要求，后续逐步安装翼缘板，完善附属设施。连接全部采用高强度螺栓拼接，以便快速施工。

本抢修组合箱梁支座布置与原标准梁布置完全一致，若桥墩无损坏，无需再做调整。抢修梁安装完成后最终可满足运行时速 350km 行车需要，无需再更换为常用跨度混凝土简支箱梁，大大缩短了恢复正常行车速度抢修时间，也避免了对线路造成二次干扰。

（4）钢桁梁上弦检查车结构形式创新

设计采用了适应于最大爬坡能力为 46°的曲弦钢桁梁的上弦无轨式可拆卸检查车。

检查车采用履带式，由下车机构、上车机构、供电系统、控制系统和视频检查系统等组成，采用铝合金结构，可满足 -15℃低温及大风多沙的工作环境，满足官厅水库特大桥主桥 8×110m 曲弦钢桁梁各项工务检查要求。

履带式检查车具备自主装拆及回库存放功能，不仅解决了检查车非作业期间可能存在的对桥梁本身和铁路线路产生的安全隐患问题，而且解决了检查车自身难于维护的问题。

（5）跨越一级水源保护区环保措施设计创新

官厅水库属于一级水源保护区，为减少京张高铁的修建对官厅水库环境的影响，官厅水库特大桥的修建采用了一系列的环保措施，主要措施有：

①主桥下部结构采用搭设钢栈桥和施工平台施工，桩基和承台施工时采用钢围堰防护，避免施工机械与水库水体接触，桩基施工的钻渣和泥浆均集中放置在施工平台的规定位置，再外运至保护区以外的区域集中放置。待工程完工后，施工栈桥、平台及钢围堰均拆除，避免留在水库中对水体造成影响。

②官厅水库曲弦钢桁梁采用在北岸拼装，再从北岸向南岸顶推就位的施工方案（图 5-106），整个施工过程涉水工程少，对水库影响最小。

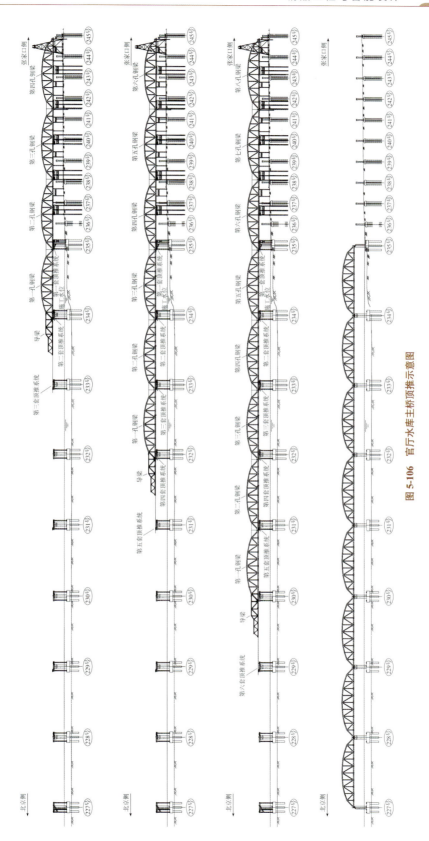

图 5-106 官厅水库主桥顶推示意图

③设置桥上雨污水收集系统,避免桥上雨污水对水库水体的影响。考虑流经桥梁表面夹带污染的初期雨水或其他污水排入水库对水体可能造成污染,主桥设置桥面初期雨水收集系统,可将桥面雨水收集后排入两岸的沉淀/蒸发池,避免直排入库区。为避免常规PVC排水系统给日后运营维护带来的巨大工作量,雨水收集系统设计成由不锈钢复合钢板制成的新型开放式结构,有效避免常规排水管堵塞、冻胀、破裂、老化等一系列问题,大幅降低漏水概率且易于清理维护。此外还设置了水库水体实时监测系统,实时监测水库水体水质。

④积极探索水源保护区超耐候钢桥防腐涂装技术,最大限度地缩减桥梁寿命期内重新涂装次数,以减少涂装过程产生的污染。常规铁路桥梁钢结构涂装体系使用寿命为20年,钢结构在100年的生命周期中需涂装5~6次。本桥设计中对官厅水库特大桥拱形钢桁梁的防腐涂装体系提出了更高的要求,预计将使钢结构涂装体系的使用寿命提高到50~60年,这样在结构全生命周期中仅需涂装2次,大幅降低了钢梁涂装对水库水体造成的影响。同时,在设计中即充分考虑到今后涂装所采取的方法及封闭措施,并在主体结构上预留了辅助构件,最大程度降低了运营过程中钢结构涂装对库区水体的影响。

图 5-107 官厅水库特大桥主桥实景图

3)工程建设实效

官厅水库特大桥的设计充分体现了"轻质、大跨、环保"的现代铁路建设理念,该桥由8个造型优美的曲弦桁梁组成一道长虹,跨越宽阔平静的官厅湖面,富有韵律,造型优美,与湖面交相辉映,犹如一道彩虹跨越过平静湖面,成为官厅水库上一道亮丽的风景(图 5-107)。

5.1.8 张家口站设计

1909年9月老京张铁路建成通车,在张家口境内设张家口站(于2014年7月1日停办客运),之后逐渐向西建设,建成平绥铁路(京包铁路的一段)。1956年对平绥铁路裁弯取直,在既有市区南侧(距离既有张家口站10km以南)设张家口南站(2019年3月2日改名为张家口站),于1958年投入使用,办理京包铁路上的主要客货运业务。老京张铁路建成通车后,交通的便捷促进了经济的发展,使得城市版图逐步扩大,形成了清水河两侧桥西区和桥东区的经济集聚区。随着城市功能的不断完善,张家口俨然成为当时国内颇具现代气息的城市,充分体现了铁路建设对城市发展的带动作用。既有张家口站(原张家口南站)如图 5-108所示。

京张高铁张家口站,利用老京张铁路的张家口南站改建而成,是京张高铁的终点站。张家口高铁车站北邻城市老城区,南侧规划有新的经济技术开发区,建成后的张家口站将成为城市南北发展的重要节点,同时也是联系京张高铁、张呼高铁及京包铁路的重要节点站和纽带。

1)设计方案

(1)站区规划

站区规划核心理念为"一轴、三心、两区"。一轴:以火车站南、北广场的连通为南北向轴线,为城市发展轴线。三心:以张家口站作为片区核心驱动,高铁枢纽为交通核

图 5-108 既有张家口站

心,南、北广场为城市绿心。两区:西侧商贸文体会议中心及综合旅游服务区构成交通商旅服务区,东侧商贸酒店及创意办公构成交通商务办公服务区。

以上规划架构丰富了火车站区域功能,营造多元化的城市空间,达到"站城融合一体"的效果,并满足张家口未来的发展需要,也能让站区枢纽快速融入城市生活,成为后奥运时期张家口最有活力的地区。

建筑及功能设置方面,站房北侧紧邻城市老城区,场地条件有限,主要设置人行广场及车场。站房南侧用地均为新征,限制少,面积大,故采用综合开发模式,设置多种交通换乘方式,并具有商业功能。

地下平面布局为综合开发重点,以贯穿车站区域南北的城市通廊为轴线,设置枢纽地下换乘厅、出租车接站、社会车辆接客区及停车场、地下配套商业等多种功能。该轴线也是换乘北侧两处的城市轨道交通线路,以及换乘公交、长途的核心通道。

张家口站站区规划如图 5-109 所示。张家口站平面示意如图 5-110 所示。

图 5-109 张家口站站区规划图

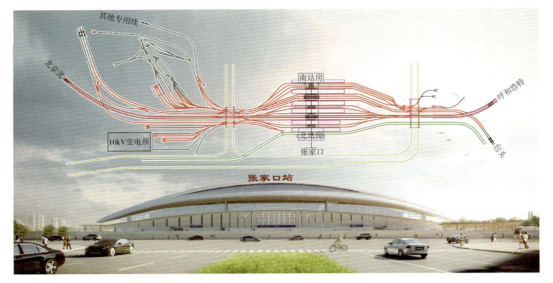

图 5-110　张家口站平面示意图

（2）站场设施

车站中心里程为 DK192+355.5。车场规模 6 台 16 线，设 450m×10m×1.25m 侧式站台 1 座、450m×11.5m×1.25m 中间站台 2 座、550m×11.5m×1.25m 中间站台 2 座、550m×12.5m×0.3m 基本站台 1 座（兼作军用站台）；站场北侧并入城市轨道交通，增加 160m×13m×1.05m 岛式站台一座。高架站房下站台区域设无柱钢雨棚，其余站台区域设清水混凝土站台有柱雨棚。

（3）站房设计

车站远期高峰小时发送量为 2800 人，连同铁路配套工程及市政工程，本站总建筑面积为 9.56 万 m^2。

平面设计：地下一层中部设置南北贯通的城市通廊，向北延伸至站前西大街北侧；西侧设置旅客出站通道；东侧设置出租车蓄车场与社会车停车场；西北角设置地铁站厅及换乘大厅。

首层北侧中部设置入口大厅，西部设置地铁换乘厅，东部设置售票厅；西南角与东南角设置两层办公与设备用房；南侧西部设置车站客运、行车、管理及设备机房。地铁站台设置在国铁站台北侧，并预留与高架候车厅的垂直交通条件。

二层中部设置高架候车厅，候车厅东西两侧设置旅客卫生间、旅客服务、商务候车室等用房；南侧中部设置入口大厅，西部设置售票厅，东西局部设置办公用房；站房南侧设置高架落客平台，平台南接市政高架桥（图 5-111、图 5-112）。

2）设计特色与创新

（1）继往开来"引领发展"的城市节点

张家口市为南北向带状城市，东西向京包铁路成为限制城市南向发展的阻碍。京张高铁及张家口站的建设为城市发展带来契机，成为城市发展的助力引擎。张家口站（图 5-113）采用高架站型，设南北站房，其中北站房紧邻城市老城区，场地条件受限，主要设置人行广场及车场。站房南侧为平坦开阔的建设用地，采用综合开发模式，设置多种交通换乘方式，并具有商业功能。车站站场下方采用架空模式，设置沟通城市南北的人行通道和车行交通，加强新老城区之间的联系。

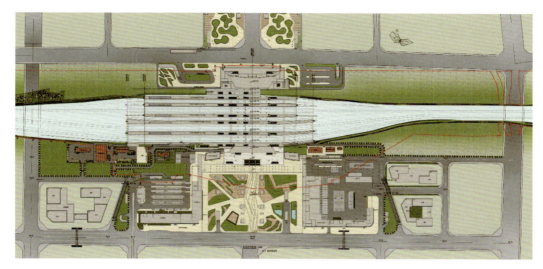

图 5-111　张家口站总平面图

图 5-112　张家口站总布置效果图

（2）建筑造型与严寒大风工况完美结合

张家口站屋盖形式是地域气候与文化意象相结合的产物。张家口位于阴山山脉余脉，地势西北高、东南低，冬季的盛行风为西北风，是来自西伯利亚的干冷空气，从冬季抗风抗寒的功能性出发，屋盖采用北低南高的双曲面形式，不仅利于建筑节能，更增加了大跨度钢结构的安全性及大面积金属屋面的抗风能力。张家口处于塞外地区，是蒙汉文化融合的纽带，白色的双曲面屋盖形象更为建筑带来了强烈的"蓝天白云""蒙古包"等地域文化气息，实现建筑意象、功能与结构安全的高度统一。

主站房屋纵向剖面如图 5-114 所示。

图 5-113　张家口站鸟瞰透视图

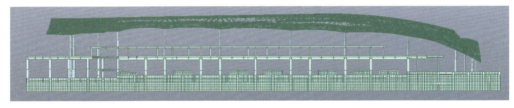

图 5-114　主站房屋盖纵向剖面

（3）新型灯具的应用

高架候车厅的灯具设置不同于传统车站"满天星"式点光源布局，而是选用了间距 30m 左右的线型光源。光源设置与柱网与主桁架布局吻合，一柱一线，完整勾勒出内装立意"苍穹"的轮廓；灯具面材未使用亚克力板，而是选用片状不锈钢格栅，有效提高了光通量，在大间距设置线光源的情况下满足了室内照度要求，同时也达到了节能环保的效果。

高架候车厅实景照片如图 5-115 所示。

a）

b）

图 5-115　高架候车厅实景照片

精品工程与智能设计 CHAPTER 5

（4）清水混凝土在站台雨棚的应用

清水混凝土结构不需要装饰，舍去了涂料、饰面等化工产品；结构一次成型，不剔凿修补、不抹灰，减少了大量建筑垃圾，有利于保护环境。张家口站站台雨棚采用清水混凝土结构，通过结构造型设计，将所有机电管线暗藏或暗埋在混凝土结构中，体现出质朴、原始的美感。

张家口站清水混凝土站台雨棚如图 5-116 所示。

（5）建桥合一结构形式

张家口站地下室位于铁路车场正下方。为减少正线列车高速通过时振动及荷载对主体结构的不利影响，本工程地下室结构工程采用"建桥合一"的形式，正线区域内地下室采用桥结构，到发线区域及其他地下室采用框架结构，桥结构与框架结构共用筏板基础，有效提高了结构的整体性。为满足高架候车厅建筑功能需要，候车厅区域采用超长结构（＞240m），区域内未设结构缝，采用设置后浇带及楼板增加预应力筋的方式解决超长结构的温度应力问题。

图 5-116　张家口站清水混凝土站台雨棚

（6）基于环境与设备监控系统（BAS）的能源管理系统的优化控制功能

基于 BAS 能源管理系统为高铁站房运营提供数据支持及解决方案。该系统是一个全新的应用集成系统，是一个综合性的针对现代化站房智能建筑设备的运维管理和应用平台。能源管理系统通过数据分析对照，制定更优能源管控策略，指导 BAS 实时优化原有不合理的控制策略。借助本系统，管理人员能够及时、方便、直观地了解站房中机电能耗情况，掌握能源使用中的问题，找出耗能点，更加合理地分配和调度管理能源，同时作为节能减排、管理能源的重要手段。本系统能够对电气设备的运行及状态的安全性、合理性进行实时监控及科学化管理，通过精细化控制，实现显著的节能效果，达到可观的节能收益。

3）工程建设实效

张家口站位于规划主城区中心及中心城区与组团衔接的节点位置，车站南侧规划为洋河新区，同时也将成为洋河新区对外联系的窗口。工程建设效果见图 5-117 ～图 5-123。

5.1.9　延庆站设计

既有延庆站位于延庆城区南侧、八达岭高速公路联络线西侧，为康延支线的终点站。车站站房位于正线右侧，尽端式站型，车站既有到发线 4 条（含正线 1 条），有基本站台和中间站台各 1 座，站台之间有 8m 宽旅客天桥 1 处，车场既有设施简陋。老延庆站站台、站前广场图 5-124 所示。

图 5-117　张家口站鸟瞰全景照片

图 5-118　张家口站北广场全景照片

a）

b）

图 5-119　张家口站高架候车厅实景照片

图 5-120　张家口站进站楼扶梯实景照片

图 5-121　张家口站清水混凝土站台雨棚实景照片

图 5-122　张家口站出站通道实景照片

图 5-123　张家口站城市通廊实景照片

精品工程与智能设计 **CHAPTER 5**

图 5-124　改造前的延庆站站台和站前广场

京张高铁延庆支线延庆站，是 2022 年冬奥会重要赛场站点之一。为满足服务冬奥会的要求，结合北京市将建设延庆站综合交通服务中心（换乘中心）的建设项目，对延庆站进行品质提升改造，在既有车场北侧新建北站房，并对站场设施和既有南站房进行适应性改造。

1）设计方案

（1）站场设计

京张高铁延庆支线利用康延支线增二线引入延庆站，车站维持 4 条到发线规模不变，车站咽喉进行改造，既有站台接长至 450m，满足 16 辆列车接发作业。随着车站北侧修建延庆站北站房（含综合交通服务中心），在北侧新增 450m×8.0m×1.25m 基本站台 1 座（局部宽 6m），并设 9m 宽端部站台。站台间设 10m 宽旅客进出站地下通道一座。站台区域设清水混凝土站台有柱雨棚，与站台通长。延庆站平面示意图如图 5-125 所示。

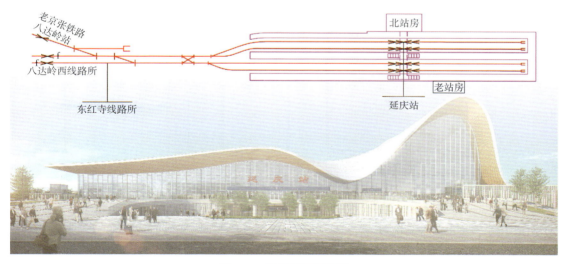

图 5-125　延庆站平面示意图

（2）站房设计

新延庆站站房建筑面积约 15000m²、既有南站房建筑面积约 3000m²，均采用线侧平式站

■139

型，旅客流线均为"平进平出"，站台雨棚 14537m²。车站最高聚集人数 1500 人。延庆站主要承担 2022 年冬奥会期间部分观众和注册人员的赛事交通及服务需求，冬奥会后将为延庆区、北京市民提供市郊通勤、旅游出行更加舒适、现代、便利的交通环境和空间。

站房平面：地上 5 层，地下 1 层。结构主体采用钢筋混凝土结构，屋面为钢桁架结构（图 5-126、图 5-127）。

图 5-126　一层平面图

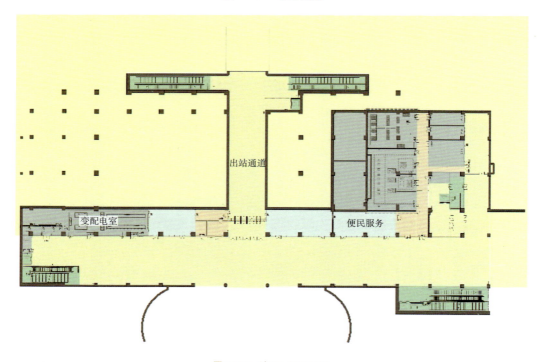

图 5-127　地下一层平面图

（3）站区规划

延庆站前广场规划为综合交通枢纽，包括公交场站、出租车场站、小汽车停车场等（图5-128）。

图5-128 延庆站总平面图

2）设计特色与创新

（1）高山流水的立面造型

立面造型汲取了延庆山水的传统文化特质，利用曲面金属屋面和天窗打造出高山滑雪道的形象，寓意"高山流水"，以山水之城的姿态来迎接八方来客。该造型与综合交通枢纽的功能需求相吻合，将城市文化和冬奥精神体现得淋漓尽致（图5-129）。

a)　　　　　　　　　　　　　　　　b)

图5-129 延庆车站站房实景图

（2）站城融合下的城市换乘厅空间打造

利用综合枢纽的地形高差，打造15m宽的地下换乘通廊，北接人行站前广场和自行车停放区，南接三站台，西接公交车场及小汽车停车场，东接出租车停车场及停车换乘（P+R）停车

图 5-130　城市换乘厅空间

场。畅通无阻的换乘厅实现站房与室外交通枢纽的无缝衔接，真正达到了站城融合（图 5-130），并在换乘厅墙面点缀"海坨冰雪"和"妫河丽景"的文化浮雕，生动演绎冬夏的绝美风光。

（3）多种交通方式的集合

延庆站投入使用之后，旅客吞吐量每天可达 1.8 万人，是集高铁、公交、出租车、小汽车、P+R、自行车等多种交通方式于一体的京北重镇"交通枢纽"。通过各种流线的组织，实现人车分流，满足快捷便利的使用要求。

3）工程建设实效

新延庆站建筑立意提取"高山流水"的地域文化特质，展现延庆山水圣地迎接八方来客的宽广情怀。方案以错落有致的体量和绵延舒展的弧形曲面，勾画出一幅悠扬、柔美的山水长卷；整体造型似起伏山峦、似波光流水、似华美乐章，给人以自然、高远、简约、美妙的遐想和意境（图 5-131、图 5-132）。

图 5-131　延庆站改造后的鸟瞰图

图 5-132　延庆站改造后的北站房

5.1.10　太子城站设计

太子城站是崇礼铁路上的中间站，位于 2022 年冬奥会崇礼赛场核心区及崇礼旅游核心区。冬奥会结束后太子城站也是崇礼区旅游及运动的重要站点，对崇礼区的经济发展有着积极的促进作用。太子城站位于奥运核心区，能够满足冬奥会期间北京与张家口之间的快速通行的需要，太子城站的站址选择及车站设备等配备均满足冬奥会的高规格标准，也是冬奥会历史上首个直达比赛核心区的高铁站。太子城站正对冬奥会颁奖广场，将成为颁奖广场的背景，冬奥会在张家口地区产生的所有奖牌都将以太子城站作为背景，充分体现了太子城站与奥林匹克精神的融合。

1）设计方案

（1）站场设施

崇礼铁路赛时客流远大于平时客流，设计中根据其客流特殊性，确定 4 线双岛式站台规模，正线临靠站台，2022 年冬奥会期间兼作客车到发线，冬奥会后客流减少可通过正线，采用此站型及规模,既实现了对股道的最大化利用,又能通过缩小站场规模,让车站与周边环境更好融合,适应冰雪小镇的发展规划。考虑冬奥会期间VIP、运动员专车、大件行李器械进出站等需求,在站房侧面增加基本站台1座及通站台道路,最终确定其"四线两岛一侧式"的车站规模。

车站采用线侧下式站房,设到发线4条(含正线2条),到发线有效长650m,设450m×12.0m×1.25m岛式站台2座及450m×8.0m×1.25m基本站台1座。综合工区横列布置于站对侧,车站尾部预留正线延伸条件。太子城站车场布置如图5-133所示。

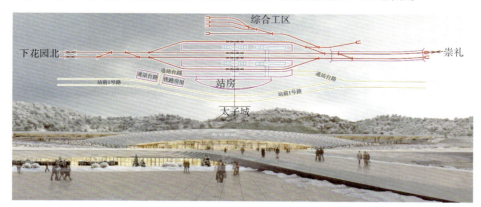

图5-133　太子城站车场布置图

(2) 站房设计

太子城站远期高峰小时发送量为800人,奥运期高峰小时发送量为6000人,站房建筑面积按12000m²控制(含奥运期间临时候车室6000m²)。

站型为线侧下式车站,地面站房结构形式为框架结构+钢结构,地上一层,地下一层,长222m,宽27.5m,高16.8m,2022年冬奥会期间流线地下一层为普通旅客的进站层,一层为媒体及注册人员的进站层,一层夹层直接连接站台为贵宾及运动员的进站层。冬奥会结束后平面流线可进行转化,一层作为主要的进站层,地下一层作为出站层。

(3) 站区规划与交通衔接

太子城高铁站,东侧为站前规划1号路,项目位置正对太子城国际冰雪小镇奥运颁奖广场,交通较为便利,位置极为优越。车站在地上通过横跨1号路的人行天桥与颁奖广场相连通,在地下通过客运枢纽的地下通廊与冰雪小镇的地下空间直接连通,立体式的连接大幅增加了人们通行的便利性。枢纽东西两侧分别设置铁路自营停车场和枢纽室外停车场,枢纽沿1号路设置小型车和大巴车上落客区,在枢纽内部设置公交首末站、游客集散中心、出租车上落客区、汽车租赁、社会车地下停车场及室外停车场(图5-134~图5-136)。

为落实国家及河北省旅游相关政策及战略部署,大力开发崇礼旅游景区,打造"大好河山·张家口"品牌,同时缓解景区交通压力,提升游客出行体验,保证出行品质的需要,地方规划了串联沿线PST(太子滑雪小镇)、云顶世界、万龙滑雪场等主要旅游景点的旅游轨道交通线,承担沿线景区的旅游客流运输。

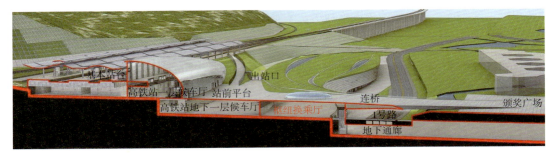

图 5-134　太子城站与周边交通设施关系图

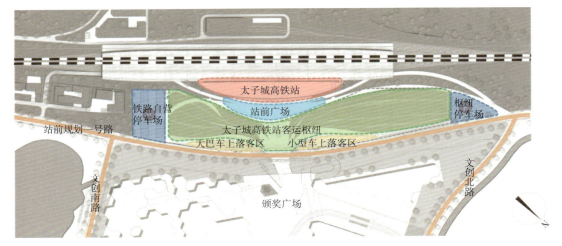

图 5-135　太子城站总平面图

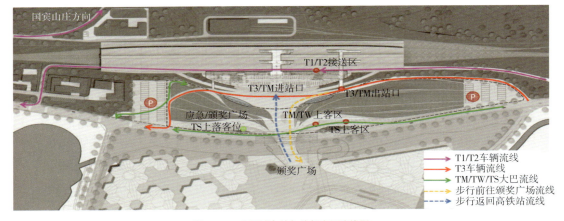

图 5-136　太子城车站与外部交通流线图

2）设计特色与创新

（1）融合奥运主题、站城一体化设计

京张高铁和崇礼铁路作为 2022 年冬奥会的重要交通保障设施，服务于冬奥会期间旅客及运动员的出行。清河站作为京张高铁的第二站，冬奥会的始发站，站房设计需满足冬奥会期间运动员、大家庭等出行需求。延庆站作为冬奥会延庆赛区的高效便捷通道，是冬奥重要交通配套设施。太子城是2022年冬奥会的主赛场，太子城站则被国际奥委会称为首座建在奥运会赛场内的高铁站，是满足奥运会功能、流线等需求的最直接的车站，是站城一体化、与奥运会主题相融的典型代表。设计要点集中体现在功能、流线一体化，实现平时与冬奥会期间的功能转化；文脉融合，展现地域和冬奥会特色。

①功能一体化，实现平时与冬奥会期间的功能转化。

因冬奥会期间的客流量和客流特征与非奥运期间差别较大，太子城站平时与冬奥会期间的功能也随之进行了调整。如何在满足不同时期旅客的出行需求同时，避免对车站的规模、功能分区的设计等进行大的调整，在"节俭办奥"的理念下，实现车站功能、冬奥会需求、建设投资等各方的平衡，实现平时与冬奥会期间功能的互相转化，体现功能一体化的主要理念。

平时与冬奥会期间功能转化的主要内容在于，平时站房地下一层为出站厅、设备用房及出站旅客服务区，一层为候车区及售票区，夹层为进站旅客服务区；冬奥会期间客流分为普通观众、注册人群及运动员、贵宾人员等。受瞬时客流增多的影响，将地下一层调整为临时候车厅，为普通观众候车区，一层为注册人员候车厅，夹层作为运动员及贵宾人员候车厅。按照奥运需求，将不同人群分为不同的候车区域，互不干扰，同时在控制规模的同时，很好满足不同时段旅客对车站的功能需求。

②流线一体化，实现平时与冬奥会期间的流线转化。

除功能转换外，冬奥会期间客流类型区分较为明显，不同人群的流线相对独立，与平时客流差别很大。太子城站在设计阶段即考虑了不同时期旅客流线转化的可能性，结合车站不同时期的功能转化和市政枢纽的功能及流线设计，将冬奥会期间普通观众、注册人群、运动员及贵宾人员的进出站流线分别独立设置，满足冬奥会期间各种人群的交通运输、安检等需求；平时客流则结合车站及市政枢纽的交通接驳，满足铁路出行人群的交通需求。

③文脉融合，展现地域特色和奥运特色。

太子城站作为新建车站，设计之初即结合了周边区域环境，提出"尊重自然、融入自然"的设计理念，场地周边为山地环境，太子城站外形元素取自周边的"山"字形，双曲屋面直接落地，与山地环境相呼应；同时车站的屋面即外立面，采用银白色，呼应了高铁列车的流线型；车站内部奥运文化和冰雪文化元素浓厚，奥运五彩灯、体现滑雪运动的铝板切割工艺装饰、雪花灯装饰等，将地域冰雪文化与奥运特色文化进行了完美结合。

（2）太子城站严寒地区节能设计

①自然通风节能。

建筑造型上充分考虑节能设计，建筑北侧采用整体弧线设计，冬季更好抵挡北侧的寒风，玻璃幕墙做到最小，占立面的20%（图5-137）。

②冬季节能。

主站房北侧采用大面积实面墙体以抵御冬季严寒；增加风幕及门斗，起到冬季缓冲作用以降低能耗；南侧为开窗面，可将更多的阳光引入候车厅内；换乘中心采光玻璃屋顶将温暖的阳光引入地下室，从而降低照明的电能耗（图5-138）。

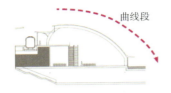

图5-137　自然通风节能示意图

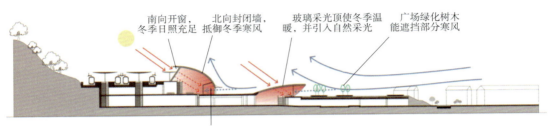

图5-138　冬季节能分析图

③夏季节能。

夏季南侧玻璃天窗开启形成垂拔效应，把室内的热空气带走，节约了空调的能耗，广场两侧绿化树木为广场遮阴以降低广场的温度（图5-139）。

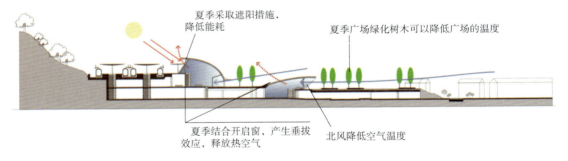

图5-139　夏季节能分析图

④空调系统节能。

采用超低温二氧化碳热泵机组，能效比相对于节能标准提高30%。根据部分负荷运行特点，本站房设4台超低温分体式二氧化碳空气源热泵机组，通过台数和变频结合的方式适应部分负荷工况，变频冷水机组全年运行能效比高达5.6。站台层及高架层候车厅全空气空调机组过渡季新风比不小于70%，以充分利用自然冷源消除室内余热、余湿。候车厅、售票厅人均新风量为$10m^3/(h \cdot p)$、VIP候车厅人均新风量为$20m^3/(h \cdot p)$、办公人均新风量为$30m^3/(h \cdot p)$。候车厅和售票厅冬夏季运行时，根据室内CO_2浓度，调节组合式空调器的新风阀与回风阀的开度。

(3) 太子城金属屋面防眩光设计

太子城站站房采用双曲落地与自然相融合的建筑造型,太子城的屋面即为立面,建筑造型采用钛锌板金属屋面进行装饰。钛锌板原板是一种易氧化的金属材料,长时间暴露于空气之中会和空气中的湿气和雨水氧化生成氢氧化锌,氢氧化锌与空气中的二氧化碳反应而形成一层密质的、附着且不可溶的碳酸锌层(钝化层)。碳酸锌钝化过程是锌在整个生命周期中的组成部分。当钝化层形成一段时间后,锌表面会因不同的钝化状况而产生色差,差别的程度因当地条件而定,如雨水的pH值、大气污染等级、表面冲刷和其他因素等。此外,如果雨水直接冲刷在金属上而没有受到适当的缓和,如氧化铁、密封胶和玻璃等因素都会影响锌的外观,虽然可使整个金属面层形成致密的保护层,大幅提高了其耐久性,但其颜色不可控。因此,在设计中采用了预氧技术,在实验室中对装饰钛锌板根据需要的色泽加入不同的合金材料,进行可控的预氧化处理,锌钝化完成后,就会形成自然的氧化膜,延长装饰板寿命的同时达到其美观性,具有锌钝化层色泽。太子城站金属屋面见图5-140。

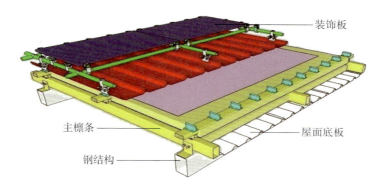

图 5-140 太子城站金属屋面结构

针对定型后的双曲面钛锌板屋面结构,试验分析其反光系数;建立屋面反光特征分析模型,研究影响反光特性的关键因素;基于不同角度和强度的光照,形成完善的钛锌板屋面反光能力测量体系;综合考虑多种因素,结合预氧化处理等技术手段,分析反光特性的提升方案(图5-141)。

图 5-141 太子城站金属屋面

（4）清水混凝土绿色应用技术

太子城站在地下一层公共区内所有桥梁柱均利用清水混凝土一次浇筑成形，不做任何外装饰，直接采用现浇混凝土的自然表面效果作为饰面，只在表面涂一层或两层透明的保护剂，就显得天然、庄重，体现出建筑的原始美感。根据美观需要，仅在柱面进行篆刻工艺雕刻（图5-142）。

图5-142　太子城站清水混凝土柱

3）工程建设实效

太子城站作为崇礼铁路的终到站，冬奥赛区的迎宾门，站前即为太子城国际冰雪小镇。站房设计以山水相连、相约冬奥会、冰雪小镇、激情冰雪为理念。以"自然、融合、绿色"为主题，建筑体型与周边环境有机融合，尊重自然，尊崇山水；双曲屋面的设计优美舒展，与山、水、雪同融、呼应，展示出太子城站奥运文化、冰雪文化和中国高铁文化的美好。车站背山面水，外形以优美的自然山形"曲线"为元素，同时车站以白为主色调，对应2022年冬奥会激情冰雪的主题。鸟瞰车站就像镶嵌于山中的一块美玉，又犹如山抱水绕、晶莹剔透的一颗明珠（图5-143～图5-148）。

图5-143　太子城站鸟瞰效果图

图 5-144　太子城站室外实景

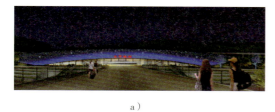

a）

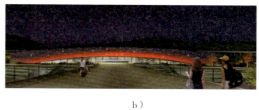

b）

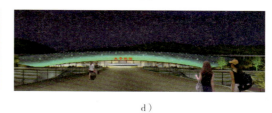

c）　　　　　　　　　　　　　　　　　　　d）

图 5-145　太子城站室外夜景

图 5-146　太子城站过道实景图

图 5-147　太子城站综合服务中心实景图

a）

b）

图 5-148　太子城站一层候车大厅实景图

5.1.11 北京北动车所设计

1）动车组运用维修设施概况

根据"检修集中、运用分散"的原则设置动车组运用检修设施。动车组运用检修设施按三级设置：动车段、运用所、存车场。动车段配属动车组，承担动车组的 1～5 级各级修程、临修作业以及运用整备和存放任务。动车运用所承担所在客运站始发、终到动车组的运用整备、一级修、存放和临修作业，以及配属动车组的二级修程。

京张高铁建设范围内仅北京枢纽内设有动车运用检修设施，北京枢纽内规划设计动车运用检修设施共计 7 处，分别为北京动车段、北京朝阳动车运用所、北京北动车运用所、北京西动车运用所、北京动车运用所、丰台动车运用所、大厂动车运用所。其规模及承担任务见表 5-2。

北京枢纽设计及规划动车组设备概况表　　　表 5-2

段　　所	设 计 规 模		备　　注
	存车线（条）	检查库线（条）	
北京动车段	78	12	承担京津、京沪、部分京广方向检查存车。华北、华东区域动车组检修
北京动车运用所	7	3	承担至唐山、秦皇岛及以远方向检查、存车
北京朝阳动车运用所	44	10	承担京沈及以远方向检查、存车
北京西动车运用所	10	3	承担京广、京九、京石方向检查、存车
北京北动车运用所	20	5	承担京张及以远方向检查、存车
丰台动车运用所	27	6	承担京九客运专线方向检查、存车。丰台站改工程在建
大厂动车运用所	20	6	承担京唐、京秦方向检查、存车
枢纽合计	200	45	

2）北京北动车所址选择

为满足京张高铁北京北及清河站始发终到动车组的存放及动车组的一级、二级检修、客运整备等工作的需要，京张高铁需在北京市区内设动车运用所一座。设计阶段研究了动车所金五星选址方案和动车所三角地选址方案。动车所选址方案示意图见图 5-149。

动车所金五星选址方案：在北京北站东北侧的金五星百货批发商城处设动车运用所，动车走行线由北京北站引出后跨过学院南路引入动车运用所。该场地为原北京北动车运用所、客车技术整备所规划预留位置，勘察设计阶段该地块已建设有金五星百货批发城、明光寺农副产品综合批发市场等，房屋密集，拆迁建筑物总计 14.5 万 m^2，拆迁费用高，实施难度大。

动车所三角地选址方案：充分利用老京张铁路、东北环线、环清线围合的三角地区设置动车运用所。三角地内主要有树木、蔬菜大棚、坟场，征拆量较小。结合清河站采用正线外包站型，从清河客站京张正线间引出动车出入段线 1 条至动车所（图 5-150、图 5-151）。

精品工程与智能设计　CHAPTER 5

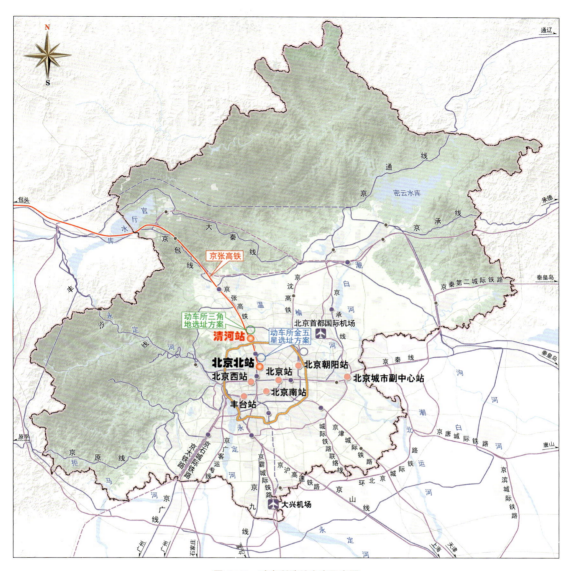

图 5-149　动车所选址方案示意图

考虑动车所金五星选址方案房屋密集，拆迁量大，拆迁费用高，实施难度大；而东北环三角地动车所方案拆迁工程量小、土地利用率高、对城市规划影响小，所以采用动车所三角地选址方案。

3）北京北动车运用所设计

北京北动车运用所设计规模为：4线长检查库一座（库长468m，宽33m+9m边跨），2线短检查库一座（库长246m，宽18m），临修及不落轮镟库一座（库长66m，宽24m），洗车库1座及轮对踏面诊断装置1套；动车组存车线20条，出入段线1条，同时可利用京张左线入段；动车走行线2条，人工补洗线兼牵出线2条，洗车线1条；设置空压机间、杂品库及乘务员待班室等房屋。

151

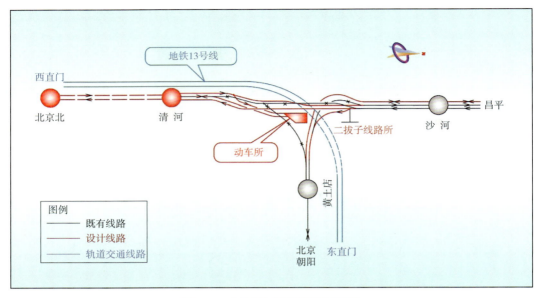

图 5-150　北京北动车运用所站段关系图

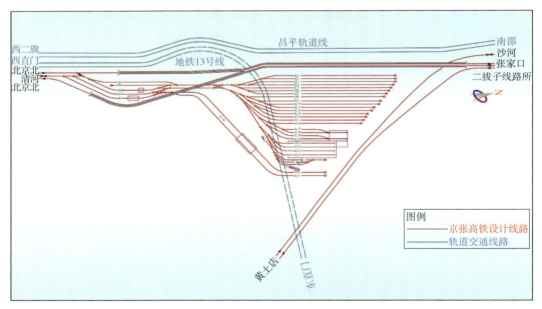

图 5-151　北京北动车运用所示意图

在施工图设计中动车组设备按照《中国铁路总公司关于明确动车组运用检修设施及设备配置标准的通知》(铁总运〔2015〕185号)要求配备,在工程实施过程中配合北京局集团有限公司,对近年来比较成熟的动车组检修运用的智能化新技术进行了深入调研,对动车组智能检修设备进行了一些探索性研究。

(1) 一级修综合检测系统

该设备可在检查库内对动车组进行测试,对动车组走行部、制动、通风等关键部位进行检测,检测效率高,降低人工漏检漏修风险。在现行的检修工艺中,主要依靠人工进行一级修作业，具有工作时间长、人工作业强度大等缺点。采用自动化的一级修综合检测系统可以有效降低人工作业难度，缩短作业时间，降低配件成本，提高线路利用效率。

一级修综合检测系统现场如图 5-152 所示。

（2）智能扭矩监控系统

智能扭矩监控系统能够对空心轴探伤等关

图 5-152　一级修综合检测系统现场图

键装配作业"人、机、料、法、环"进行全流程管控，使作业过程及质检不再单纯依赖人工，降低人为失误带来的风险，实现信息化管控，该系统包括以下功能：①实时监控螺栓紧固情况，避免人为失误导致螺栓扭力漏打、重打、错打；②实时判定作业结果，对质量问题即时声光报警提示，确保作业质量；③实时自动记录作业数据，包括人员信息、时间信息、工具信息、作业结果数据等均可进行存档、追溯、分析；④可统一配置作业标准，经审核后生效，工艺参数由程序自动控制，保证了作业过程的规范。

智能扭矩监控系统是对组装作业过程中的螺栓的扭矩大小是否合格进行监控，这种监控是全方位的，对人员、时间、车、作业位置、作业顺序、螺栓大小、扭矩大小、套筒大小、螺栓的旋转角度都可以监控，每根螺栓的扭矩值一旦不符合设定要求，立即通过声光电震动等手段进行报警。这样一套系统可以确保组装作业中的每根螺栓的装配都是按照作业指导书进行的组装，有据可查，可以避免大部件脱落后无法追溯源头的窘境。

通过配备以上设备，可以实现动车组一级修的检修智能化，提高动车运用所自动化水平，进而提高动车组周转效率和动车检修设施利用率，以达到降低检修成本、增加线路运营效益的效果，是动车组运用检修的发展方向。

5.2　智能设计

5.2.1　概述

智能高速铁路是落实国家大数据、人工智能、交通强国等战略与铁路运输深度融合的重要举措，是增强高速铁路服务质量、提升高速铁路运输安全、提高经营效率效益的重要手段，是引领中国及世界高速铁路发展的重要方向。智能高速铁路是广泛应用云计算、大数据、物联网、移动互联、人工智能、北斗导航、BIM、5G 等新一代信息技术，综合高效利用资源，实现高速铁路移动装备、固定基础设施及内外部环境间信息的全面感知、泛在互联、融合处理、主动学习和科学决策，实现全生命周期一体化管理的新一代高速铁路系统。从智能高铁的概念可以看出，智能高铁不是某项技术、某种工艺、某个专业甚至某个领域的拓展和突破，而是对铁路建设的认知和理念的变化，是从建造、装备到运营维护全生命周期系统性的技术创新、集成和系统间匹配协调的划时代变革。

为实现智能铁路的建设目标，京张高铁进行了 67 项智能化专题科研项目，首次采用了全线、全专业、全生命周期的 BIM 技术，实现了全面的技术创新，并在列车自动驾驶、智能调度指挥、故障智能诊断、建筑信息模型、北斗卫星导航系统、生物特征识别等方面实现了重大突破。京张智能高铁是我国智能铁路最新成果的首次集成化应用，可以说京张高铁开启了中国智能铁路新时代，为构建铁路工程项目智能管理平台、智能铁路技术标准体系及初步形成智能铁路应用格局奠定了基础。本节重点对京张高铁通信系统、信息系统、信号系统、牵引供电系统、电力系统的智能技术应用情况进行介绍。

5.2.2 通信系统智能设计

1）概述

智能铁路将采用云计算、物联网、大数据、人工智能、BIM 等先进技术，通过信息的全面感知、安全传输、融合处理和科学决策，打造智能车站、智能列车、智能线路，实现旅客智能出行、铁路智能运输。作为承载所有信息传送的通信网，需将智能铁路感知采集到的各类信息实时传送、泛在互联、全面支撑智能运输、智能运营等铁路场景。

通信网由承载网、业务网、支撑网和通信线路 4 大部分组成，其中承载网和支撑网选择的技术方案与传统高铁保持一致，考虑到京张高铁站、车、线路上各项信息化服务及监控系统将全面提升，作为承载所有信息传送的通信传输系统，在总体带宽及接入需求上都有很大提高。京张高铁构建了骨干层、汇聚层、接入层的三层组网结构，骨干层采用了光传送网（OTN）技术组网，打造了高可靠、大带宽、广覆盖的信息传送平台。业务网方面将传统综合视频监控系统升级为一体化综合视频监控系统，采用了云节点和云存储等新技术；同时增加了北斗卫星导航系统示范应用、八达岭长城站智能防灾疏散救援工程。

2）智能技术应用

（1）一体化综合视频监控系统

京张高铁建设了一体化综合视频监控系统，采用云计算、云存储、智能分析等技术，将综合视频和专业视频统一在一个平台上，实现软硬件资源的整合和图像数据的统一管理，节约了工程投资，提升了铁路视频监控的智能化水平。

①建设目标和原则。

综合视频监控系统是一级管理、三级控制的架构，与铁路运输管理紧密结合，覆盖了各管理层级，系统的扩容与延伸方便灵活，视频图像资源共享性强；专业视频监控与综合视频监控系统相比基本功能和目标一致，主要实现各应用场景的监控，仅是监控场景和用户发生了变化，系统架构多为一层且规模较小，软硬件资源独立设置，视频图像不能充分共享。一体化综合视频监控系统的建设目标是将专业视频监控与综合视频监控系统进行整合，建设一个统一的一体化综合视频监控平台，可实现铁路图像资源的相对集中存储和管理，充分利用软硬件资源和视频图像资源，降低维护成本。

②关键技术。

一体化综合视频监控系统关键技术包括摄像机技术、编解码技术、云视频技术、云存储技术等。综合视频监控系统在前端摄像机选择上，采用1080P高清摄像机。为了保证新建铁路可靠接入铁路综合视频监控系统，摄像机推荐采用H.264协议，并预留升级为H.265的条件。一体化综合视频平台采用云视频技术，采用软件定义思想来进行逻辑架构设计，通过云计算技术实现虚拟化及资源集中管理。云存储是存储技术的发展方向，实时视频流接入应用服务器，通过应用服务器进入云存储资源池，由云存储设备对存储资源池空间按负载均衡分配；当存储空间不足、需扩容存储容量时，云存储扩容不影响既有存储业务；当一块硬盘故障、一台云存储设备故障时，均可以将视频流存储到本地其他硬盘或其他云存储设备上。

③技术方案。

视频采集点：一体化综合视频监控系统整合前端摄像机范围具体包含：a.《高速铁路设计规范》（TB 10621—2014）中综合视频监控系统规定的前端摄像机。b.按照《关于发布设计时速200公里及以上铁路区间线路视频监控设置有关补充标准的通知》（铁总建设〔2016〕18号）的要求，能够覆盖路基段线路、路基与桥梁的结合部及6km以上的桥梁区段区间的摄像机。c.按照《接触网设备视频监控装置暂行技术条件》（工电函〔2017〕24号）文件要求，在接触网分相、牵引变电所上网点、隔离开关处设置视频采集点。d.高铁站房设置的站房公共区视频摄像机、票务视频摄像机、安检视频摄像机，以及动车所视频摄像机。考虑到公安执法视频涉及公安业务的保密性，暂不纳入一体化综合视频监控平台。

摄像机接入方式：各机房内视频前端采集设备通过以太网线接口或光接口直接接入机房内设置的视频交换机；室外前端采集设备通过以太网线接口及光缆就近接入区间视频汇集点。

视频节点：国铁集团内设置核心节点，各路局调度所设置有区域节点，新建线路采用扩容方式接入。北京北站设置Ⅰ类视频节点，其他客运车站设置Ⅱ类视频节点，所有摄像头就近接入相邻车站视频接入节点。视频图像存储采用分散云存储方式，即在每个视频节点布置一朵云或者若干视频节点布置一朵云。普通视频按3天进行存储、重点目标按15天进行存储、告警图像和信息按30天进行存储。

视频汇集点：在沿线各区间基站、牵引变电所（亭）、信号中继站等处设置一体化综合视频监控系统汇集点，设置视频交换机并配置千兆以太网线路带宽。

承载网：一体化综合视频监控系统采用高清1080P摄像机，按照每路高清视频码流6Mb/s（H.264）计算，区间接入层MSTP STM-4二纤复用段传输系统能支持的最大视频路数为$2 \times 155/6 \approx 50$（路），显然不能满足一体化综合视频监控平台的建设需求。因此需按独立建设综合视频接入数据网考虑，即在区间基站、信号中继站、电气化所（亭）等视频汇聚节点设置千兆综合视频业务交换机，通过 GE 光口＋裸光纤的方式独立组网，各接入节点二层交换机利用区间光缆与相邻车站汇聚节点组建 1～2 个 1000M 环网，视频接入节点与视频区域节点间的骨干层网络，利用车站数据网实现。一体化综合视频承载网结构如图 5-153 所示。

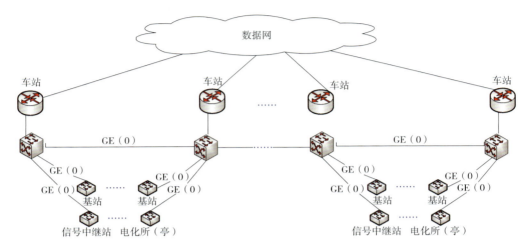

图 5-153　一体化综合视频承载网结构图

网络安全：一体化综合视频监控系统在与外部系统接口处应能对进出网络的信息内容进行过滤，实现对内容的访问控制，保证跨越边界的访问和数据流通过边界防护设备提供的受控接口进行通信。一体化综合视频监控系统的Ⅰ/Ⅱ类视频接入节点与旅客服务系统（以下简称"旅服系统"）互联，实现视频资源的跨网络边界的调用；旅服系统配置有防火墙设备实现对网络边界安全防护。高速铁路供电安全检测监测系统（6C 系统）等在Ⅰ类视频节点与综合视频监控系统互联，设置防火墙设备和入侵检测设备，实现与上述系统的网络边界安全防护，并对网络行为进行分析，实现对网络攻击特别是未知的新型网络攻击的检测和分析。

（2）八达岭长城站防灾疏散救援设计

①设计思路。

八达岭隧道及地下车站防灾救援疏散土建工程已很完善，完全能满足应急情况的需要；机电设备系统设置基本完备。因用于防灾救援的各系统独立设计，信息共享和协同控制能力差，强化设计旨在为提升八达岭隧道及地下车站的防灾疏散救援能力和效率，对现有防灾救援设施进行补强，通过新设防灾综合监控平台系统有效进行运营安全监控，信息联动，制定信息化的防灾联动预案，全面提高防灾救援疏散智能化水平，具体内容如下。

消防控制室功能强化设计：在消防控制室原设计基础上，设置一套"基于三维可视化的防灾综合监控及仿真演练平台"（以下简称"防灾综合监控平台"）。把各类防灾信息进行了综合、集中、三维可视化展示，实现车站消防控制室的日常智能化综合监控功能；提升车站消防控制室灾害救援、疏散与联动控制响应的效率，可有效应对复杂结构的地下车站防灾问题。

环形救援廊道增强设计：环形廊道内补充设置广播系统、视频监控系统、诱导标识系统、以提升防灾救援疏散时的系统能力;无线信号纳入公网覆盖工程统筹解决。

北京局集团有限公司应急指挥中心系统扩容:北京局集团有限公司既有应急指挥中心系统实现了局内各专业应急信息融合显示功能,可以保证各级领导在不影响正常行车指挥前提下,了解现场情况、科学处理突发事件。防灾综合监控平台监测及视频数据复示至北京局集团有限公司应急指挥中心系统,实现应急指挥中心共享数据。

防灾救援联动控制预案设计:建立八达岭长城站救援联动控制预案,能够在灾害发生时科学指导防灾、减灾、疏散处置;实现站内防灾救援预案推演、疏散救援协调控制,提供站外救援车辆及人员指挥调度信息服务,并将科学的联动控制预案植入防灾综合监控平台系统。

三维可视化防灾仿真培训、演练示范:防灾综合监控平台提供车站三维可视化防灾仿真培训、演练示范功能,可针对性地进行防灾仿真培训、应急事件演练,把复杂地下结构图形化、三维化,利用虚拟现实(VR)等技术,进行可视化的三维(3D)仿真培训演练。为了充分利用既有资源,该功能同时部署在车站消防控制室和北京局集团有限公司应急指挥中心。

②系统构成。

为八达岭长城站消防控制室新设防灾综合监控平台,系统后台服务器等设备安装在防灾综合监控机房,前端显示级工作站设备安装在消防控制室内,系统构成如图 5-154 所示。

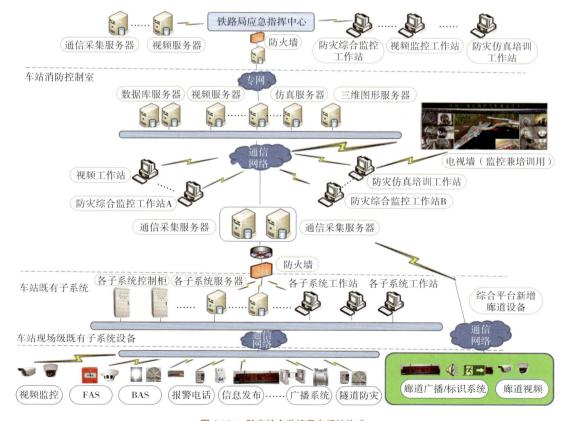

图 5-154 防灾综合监控平台系统构成

防灾综合监控机房设备：设置 2 台通信服务器、2 台数据库服务器、1 台视频管理服务器、1 台三维图形管理服务器、1 台 IP 广播设备，以及 2 台防灾综合监控工作站、1 台视频工作站、1 台仿真培训工作站。

北京局集团有限公司应急指挥中心设备：在北京局集团有限公司应急指挥中心设置防灾综合监控复示终端工作站 1 台、视频监控终端工作站 1 台、仿真培训终端工作站 1 台，并设置通信采集服务器和视频管理服务器各 1 台。防灾综合监控平台系统作为一个专业业务系统接入北京局集团有限公司应急指挥中心，配置 2 台 KVM（键盘、视频或鼠标）发送器和 1 台接入层交换机。

③防灾联动控制预案设计。

八达岭长城站预案按照正常运营和紧急事故两种情况下控制的不同，主要分为正常运营预案、维修养护预案、一般事故预案和重大事故预案四大类。正常运营预案包括在日常运营中的节能控制，包括白天和夜间、高峰时段和非高峰时段。维修养护预案是正常运营的车站日常维护和维修，包括对土建结构的巡检和机电设备的维修和维护。一般事故预案包括列车晚点、区间堵塞、车站乘客过度拥挤、道岔故障、列车故障、沿线系统设备故障等条件下的处置。重大事故预案通常包括车站内发生的火灾、地震、出轨、相撞、爆炸、恐怖袭击、不明气体等涉及人员紧急疏散等突发事故的处置。

相对于正常运营来讲，任何一种突发事件的发生与发展都有复杂的背景和内在联系，因此，对各类突发事件，即一般事故和重大事故的处理和预案编制都应考虑到各系统、各要素之间的内在规律、机理、群发和伴生特性，以及突发事件在时间和空间上的变化规律等方面的内在联系。通过制定防灾联动控制预案，并植入综合监控平台，可以在应急状态下实现人流智能指挥、引导，设备智能运营管控，提升防灾疏散救援能力。

④防灾仿真培训演练设计。

防灾综合监控平台系统采用三维可视化仿真培训软件系统和三维虚拟仿真技术相结合，将场景虚拟出来，通过数据采集、数据转换、数据接入等方式在三维场景中进行定位、呈现，并可实现互相转换和生成。用户可在虚拟场景中查看到应急事故的发生点、事故状况、事故等级、事故详情等，并可一键获取该事故地点周围的最佳救援单位，实时展现当前的应急处置情况、车辆运输情况、应急部署情况等。

应急演练仿真系统主要包括预案训练模式和突发事件训练模式两种模式。预案训练模式是指受训者按照预案规定的内容，各司其职，完整按照预案执行救援的全过程；突发事件训练模式就是在训练的过程中，由系统操作人员进行干预操作，如突然设置一次"火灾"，突然增加客流量，等等。突发事件训练模式主要训练参训者的反应和指挥能力。

⑤主要设计创新。

京张高铁八达岭长城站防灾疏散救援强化设计的主要设计创新点包括：a. 在铁路工程中

提出灾害提前预警、人流安全疏散、重大灾害及时救援的地下车站防灾疏散救援技术，形成防灾预案，并植入软件平台，达到联动控制、统一指挥、联合救援。b.构建了三维可视化防灾综合监控信息化平台的演示软件：平台采集各车站系统的所有防灾预警、报警信息，集中展示、统一管理，对防灾类机电设备的数据进行实时监控，形成一个综合集成所有防灾实时数据的大平台。c.基于八达岭长城站和隧道群可能发生的突发事件的逃生、救援、多级处置模式的分析，制定突发事件下的防灾救援联动预案，结合信息化植入防灾综合监控平台，进行流程化的防灾处置，联动预案能够进行组态化的配置和调整，充分保证突发事件的流程化、信息化处置。d.建立了三维仿真培训演练系统，实现对日常与突发事件的各类仿真演练功能模拟，提前做到对防灾情况事前联动预案及处置的培训、演练。

（3）京张北斗卫星导航系统示范应用

①设计思路。

北斗卫星导航系统（以下简称"北斗"）是中国正在实施的自主研发、独立运行的卫星导航系统，是我国重要的空间基础设施，为用户提供全天候、全天时、高精度的定位、导航、授时服务，同时具备短报文通信能力。

自2012年北斗卫星导航系统正式运行以来，国铁集团重视北斗卫星导航技术在铁路的应用推进工作，2016年发布了《关于加强和规范北斗卫星导航技术应用工作的通知》（铁总运〔2016〕40号），明确要求规范、统筹推进铁路北斗卫星导航系统应用。2017年6月发布了《铁路信息化总体规划》（铁总信息〔2017〕152号），明确提出搭建北斗卫星导航技术应用平台的主要建设任务。2018年12月，原中国铁路总公司科技和信息化部对中国铁道科学研究院集团有限公司编制的《铁路北斗应用服务平台总体技术方案》进行了评审，为北斗铁路应用奠定了基础。

京张北斗卫星导航系统示范应用是智能京张的组成部分，是京张高铁运营与安全的基础保障条件之一。依托铁路北斗应用服务平台，为京张高铁提供全天候、全天时、高精度的定位导航、同步授时和短报文通信服务；通过地基增强系统播发差分信息，为各专业应用提供高精度位置服务；通过北斗隧道覆盖增强系统消除隧道盲区，为隧道内的列车和作业人员提供定位服务；通过高精度定位，实现路基沉降、边坡形变、仰坡形变，以及通信铁塔倾斜等铁路基础设施的实时监测，有效预防安全风险隐患；通过北斗短报文通信与天通卫星构建的应急通信网络，在应急情况特别是极端灾害与重大事故导致地面网络不可用时确保有效通信，实现列车与人员装备的应急调度指挥。

②关键技术及创新点。

北斗卫星导航技术在铁路行业广泛应用，为铁路大数据平台提供丰富北斗时间和位置的数据源，可为国铁集团、铁路局、站段提供铁路员工巡检信息、铁路沿线工人实时位置信息、桥梁的形变信息、边坡和滑坡形变信息、路基沉降信息和列车实时定位信息，保障铁路人员生命安全、保障列车运行安全，有效避免滑坡、自然灾害对铁路的影响。

一是，北斗卫星导航系统定位、授时精度能满足导航定位需要，可在服务区免费提供定位、测速、授时服务，并向授权用户提供更安全与更高精度的定位、测速、授时、通信服务，以及系统完好性信息。

二是，北斗卫星导航系统具备双向短报文通信功能，具有用户与用户、用户与地面控制中心之间的双向短报文通信能力，可有效满足通信信息量较小、即时性要求较高的各类应用系统要求。

三是，通过框架网和示范加密参考站的建设，为建立全国范围内实时厘米级定位服务系统提供统一选点、统一规划、统一建设验收的标准。

③技术方案。

a. 北斗地基增强网络。

北斗地基增强系统由若干连续运行基准站（以下简称"基准站"）、数据通信网络、数据处理中心和用户应用服务子系统组成。地基增强系统架构如图5-155所示。

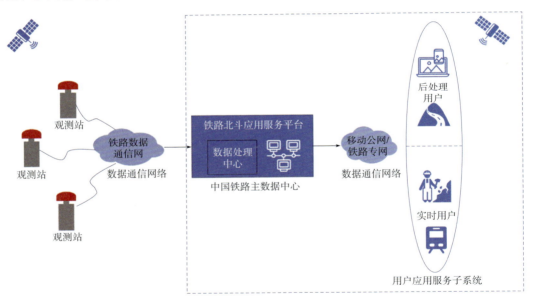

图 5-155　地基增强系统架构

地基增强系统功能框架如图 5-156 所示。

《北斗铁路地基增强系统基准站暂行技术要求》中规定的基准站布设原则为：

（a）基准站将在铁路沿线周边布设，每两个相邻站点之间的距离原则上不超过 60km；

（b）按实际应用需求、周边环境及冗余备份需要，可加密基准站建设。基准站设备组成及连接关系见图 5-157。

基准站室内设备利用通信机械室既有不间断电源（UPS）供电。北斗地基增强系统数据传送采用铁路办公网承载，各基准站采用传输系统提供的通道在北京北信号楼 10G 及 2.5G 设备汇聚后统一接入数据网路由器，并配置办公虚拟专用网络（VPN）。接口采用 FE 接口（本地采用电接口，直放站基准站采用光接口）就近接入通信传输设备，采用 2×FE 接口冗余配置，通道捆绑带宽为 2M。

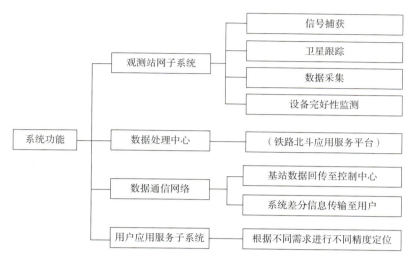

图 5-156 地基增强子系统功能组成框架图

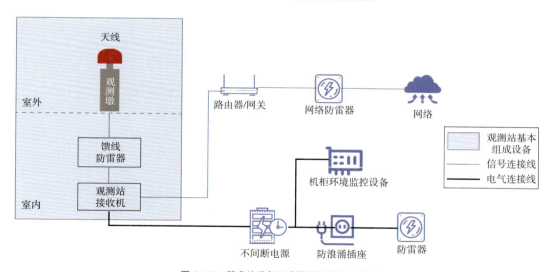

图 5-157 基准站设备组成及连接关系示意图

b. 基于北斗的基础设施监测系统。

基于北斗的基础设施监测系统主要面向路基沉降、边坡滑坡、隧道仰坡滑坡及落石等的形变监测，采用北斗监测站、位移计、裂缝计、激光雷达等技术手段，有效获得监测体的形变趋势信息，既能够保证监测的实时性和连续性，又能够保证高精度和自动化，为线路安全增加保障，并提供及时准确的灾害报警和预警功能，根据灾害严重程度采取相应紧急处理措施，减轻因灾害引发的损失，避免次生灾害，并为抢险救援、日常维护等工作提供数据基础（图 5-158）。

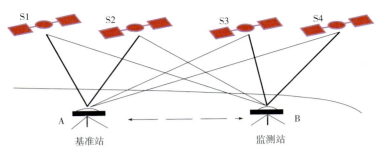

图 5-158　基于北斗的基础设施监测系统原理图

基于北斗的铁路基础设施监测系统由各类现场监测设备、移动传输网络、数据处理模块、运维终端等组成，系统组成如图 5-159 所示。

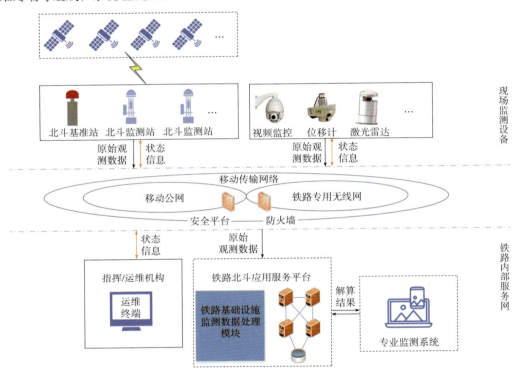

图 5-159　基础设施监测系统组成

c. 北斗铁路隧道覆盖增强系统。

京张高铁北斗隧道覆盖增强系统包括网管系统、管理单元、基准单元、中继单元、避雷系统、配套天线、感应模块和线缆，系统构成如图 5-160 所示。

管理单元、基准单元设置在隧道入口，中继单元按一定间隔布设于隧道侧壁或者避车洞内（图 5-161）。某一个中继单元自身故障情况下，不影响系统其他设备正常工作和提供服务。在传输通路故障时，系统通过网管系统发出故障告警。

d. 施工及维护上道作业人员监控系统。

施工及维护上道作业人员监控采用铁路北斗上道作业人员辅助防护应用系统，以北斗高精度定位技术为依托,借助铁路地理信息平台提供的高精度地图服务,实现对作业人员位置展示、位置监控、作业轨迹回放;利用便携式高精度移动作业终端,实现安全预警、线路异常点、异常事件的时间位置追溯,实现巡线、维护及施工作业人员实时可视化,危险关系可量化、报警方式多样化、问责机制可溯化。同时,该系统通过共享列车定位信息、地面指挥信息、人员监控信息,形成车、地、人三位一体的协同防护机制,保障铁路运营维护系统的安全、稳定运行。

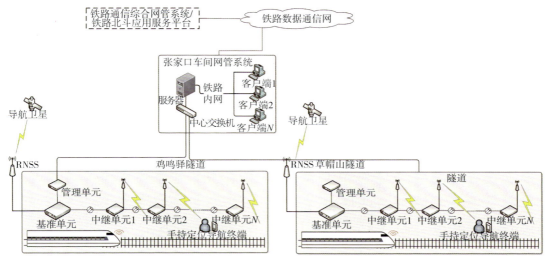

图 5-160　隧道覆盖增强系统构成示意图

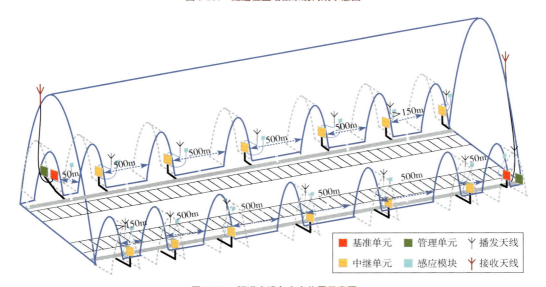

图 5-161　隧道内设备布点位置示意图

京张高铁作业人员监控系统由智能作业终端、施工及维护上道作业人员监控软件及硬件、移动传输网络等组成,系统组成如图 5-162 所示。

作业人员监控系统部署于铁路内网,智能作业终端通过移动互联网与系统进行数据通信和服务访问。北斗平台播发的高精度服务加密数据经由铁路计算机网络安全平台播发至智能作业终端。同时智能作业终端通过移动互联网,将作业预警数据发送至路局站/段级安全网关,通过站/段机房安全网关与站/段系统发生数据交互;站/段系统通过铁路内网实现与局级系统的通信和数据交换,局级系统通过网络/路由交换设备将终端的位置及状态数据传输至北斗平台,实现统一的在网设备管理和运营管理。系统通过内部服务网接入铁路北斗应用服务平台及铁路地理信息平台,访问数据,获取高精度位置服务和高精度地图服务(图 5-163)。

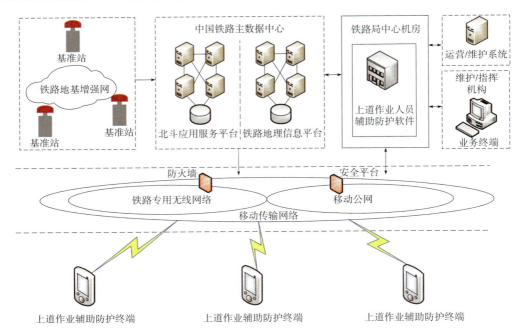

图 5-162 作业人员监控系统组成图

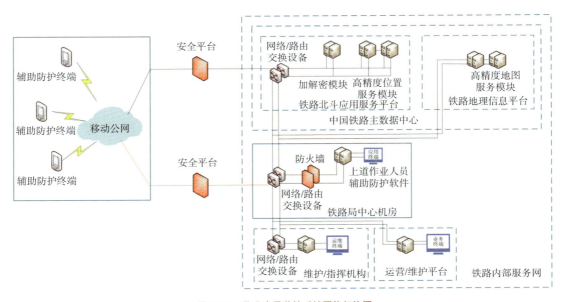

图 5-163 作业人员监控系统网络架构图

e.应急通信系统。

基于北斗卫星和天通卫星的应急通信应用是保证铁路安全运行的重要手段,根据铁路通信的实际情况,在路局既有应急通信系统中,增加天通卫星的应急通信方式。

目前北京局集团有限公司在应急指挥中心部署应急处置大数据智能平台及移动应用程序(App),能够实现各级应急组织和事件现场应急人员之间的快速联动,及时掌握现场情况,建立铁路移动应急平台,提供事件定位、乘客疏散路径、救援路径导航、资源查询、即时消息、语音对讲、视频直播、视频回传、图片上传、应急信息速报等功能,使应急处置人员可以第一时间掌握现场情况。

利用天通卫星应急终端,在不增加现有应急指挥中心建设工作的前提下,通过终端加装路局现有应急平台的移动 App,实现与应急平台的数据交互,提升铁路应急通信系统的安全性、可用性和服务能力,以及应对极端灾害情况下的通信能力。语音通信流程如图 5-164 所示。

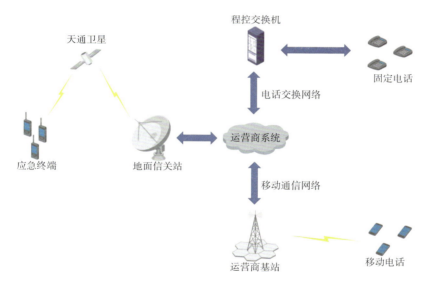

图 5-164　语音通信流程图

基于北斗卫星和天通卫星的应急终端,通过安装北京局集团有限公司应急平台的移动 App,借助移动互联网可实现应急现场与应急指挥中心的数据交互,应急处置人员可以第一时间掌握现场的情况,实现各级应急组织和事件现场应急人员之间的快速联动。应急 App 数据流程如图 5-165 所示。

应急平台移动 App 能够提供事件定位、乘客疏散路径、救援路径导航、资源查询、即时消息、语音对讲、视频直播、视频回传、图片上传、应急信息速报等功能。

在京张高铁全线各综合检修工区配置 14 套应急通信终端,通过移动互联网接入路局应急调度指挥中心,建立基于北斗卫星和天通卫星的应急通信网络。针对移动公网无法使用的极端灾害情况下,提供天通卫星通信的应急通信手段。

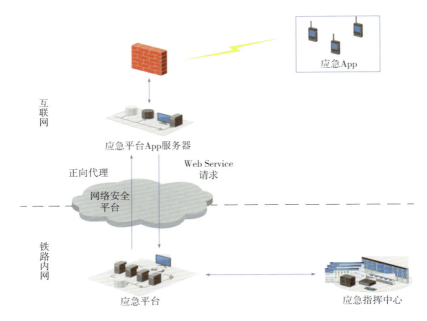

图 5-165 应急 App 数据流程图

5.2.3 信息系统智能设计

1）概述

随着云计算、物联网、大数据、人工智能、北斗卫星导航等新技术的广泛应用，通过综合高效利用资源实现高铁移动装备、固定基础设施及内外部环境信息的全面感知、泛在互联、融合处理、主动学习和科学决策，实现全生命周期一体化管理的新一代智能化信息系统。其中，京张高铁信息系统智能化主要体现在客站旅客服务生产管控系统、站内导航系统、电子客票系统、沿线作业门实时监控系统。

2）智能技术应用

（1）客站旅客服务生产管控系统

①系统架构。

京张高铁客站旅客服务与生产管控系统（以下简称"管控平台"）采用集中部署、三级应用的总体架构，统一部署于安全生产网，总体架构如图 5-166 所示。

中国铁路主数据中心利用既有网络安全防护设备，实现与其他系统间的安全防护。通过统一的数据库实现旅客服务、客运管理、客站设备管理、应急指挥、环境舒适度监测、重点旅客服务、站内导航等业务相关应用的数据集成存储。

铁路局集团公司配置前置服务资源，主要包括业务数据清洗、业务用户访问控制、时间分配，以及网络接入设备，支撑管控平台路径访问控制、车站环境监测及设备状态采集等数据的前置处理以及接口服务等功能。同时接入综合视频系统实时视频流数据用于集成化展示。

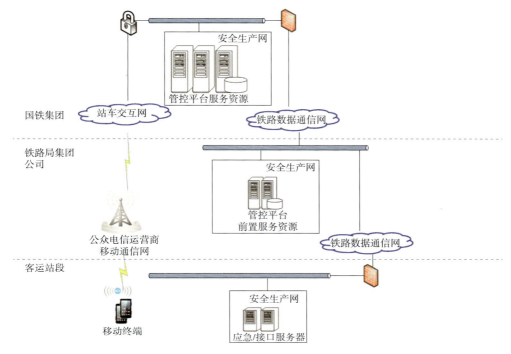

图 5-166 京张管控平台总体架构

车站配置管控平台数据/应用服务器、接口服务器及相关网络接入设备，接入车站部署的外部应用及信息系统数据，并通过大屏幕进行集成展示。

②系统功能。

管控平台对车站客运管理、旅客服务、客运设备、应急指挥等业务进行了深度融合，能够满足智能管控服务、集成数据展示、统一数据管理、智能服务、用户管理和资源调度需要，主要功能包括智能管控服务、集成化展示服务、数据管理与共用服务、数据分析与人工智能（AI）服务、用户登录及权限管理、资源管理及服务、旅客服务、客运管理与指挥、客站设备运用监控、客站应急指挥、智能音视频分析、环境舒适度监控等。京张高铁管控平台基于底层各类数据资源，建设可自主学习的旅客服务和生产协同模型，实时监控站内全生产要素的状态并及时预警自动生成辅助决策指令，实现客运车站的可视、可控和可学习，保障车站所有设备、设施、系统、人员、作业的高效运转。

③系统成效。

针对客运车站各业务系统存在信息孤岛明显、软硬件资源相对独立、无法协同联动等问题，京张高铁管控平台通过功能全面集成、硬件资源统一管理和动态分配、数据资源实时共享和综合分析、生产资源实时管控和协同联动，实现对旅服信息、客站设备、客运管理、应急管理等方面的实时监控。客站设备管修一体化，全面提升了客运日常管理的工作效率、应急管理的系统化水平和旅客的出行体验。

（2）站内导航系统

①系统构成。

车站导航应用采用两级部署方案，即在国铁集团、铁路局集团公司部署服务器。应用的网络拓扑结构图如图5-167所示。

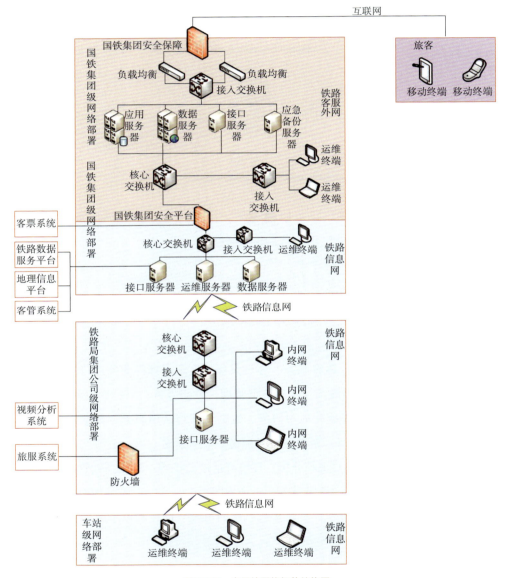

图5-167　应用的网络拓扑结构图

铁路客运车站导航应用平台在国铁集团客服外网部署应用服务器、数据库服务器、接口服务器、存储设备、负载均衡等设备。在铁路信息网（内网）配置数据库服务器、接口服务器设备，外网与内网信息交互安全由铁路安全平台来保障。

铁路客运车站导航应用平台在铁路局集团公司级部署服务器、终端、交换机等设备。铁路局集团公司级设备用于接收视频分析系统、旅服系统等的接口数据，同时为铁路局集团公司运维终端提供导航应用数据的维护服务。

车站不部署服务器，旅客在车站内打开移动终端蓝牙，同时通过 4G、WiFi 等方式接入互联网访问车站导航应用。

②系统功能。

车站导航应用的功能主要分为旅客服务、平台管理、运维分析。铁路车站导航应用功能架构如图 5-168 所示。

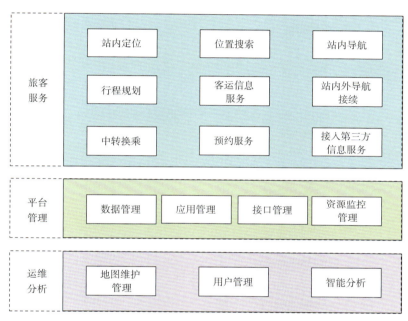

图 5-168　铁路车站导航应用功能架构图

③系统成效。

车站导航应用以铁路信息化总体规划为指导。车站导航作为铁路客运延伸服务系统的重要组成部分。根据车站旅客引导的现状，构建了站内二维、三维地图数据、室内设施位置数据、室内路网数据、室内定位数据、室内路算数据等，作为站内导航的基础数据。利用基于蓝牙的多源融合定位技术和室内在线路径规划导航服务技术，搭建了为铁路旅客的出行提供基于位置信息与铁路客运信息融合的移动端应用，覆盖目前国内主流的移动端平台。系统能够为旅客提供基于站内定位的各类位置服务，引导旅客快速到达车站内的目的位置，满足旅客的多样化、个性化、移动化需求。

（3）电子客票系统

①系统构成。

电子客票的总体架构分为国铁集团级、铁路局集团公司级及车站级。电子客票系统网络构成见图 5-169。

国铁集团级：京张高铁电子客票接入国铁集团第一生产中心、第二生产中心。

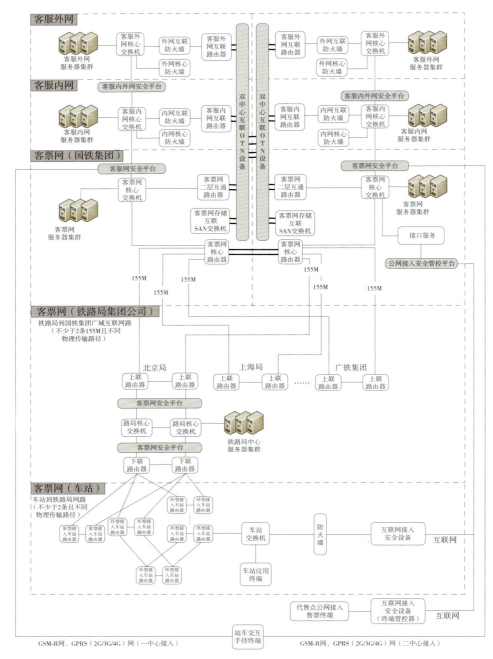

图 5-169 电子客票系统网络构成

铁路局集团公司级：在北京局集团有限公司信息机房部署前置服务器。根据京张、崇礼铁路接入路局中心的需求，对路局中心客票系统进行扩容。在路局中心设置售检票应用服务器 4 台、售检票接口服务器 1 台、存储局域网（SAN）交换机 2 台、客票路由器 155 接口板 2 套、扩容客票路由器 POS 板 4 块、存储设备扩容及中心接口数据调试等。

车站级：在车站级配置接口和边缘计算服务器，并根据电子客票技术条件要求对客票系统的客票终端设备进行配置。

客票终端设备主要有人工售票机、人工实名制核验设备、自动检票机、自助售票机、手持移动检票设备及柱式检票机。其中，人工售票机增配凭条打印设备及凭条打印纸，配置新版销售点终端安全存取模块（PSAM）卡，具备电子客票购票通知单打印功能；自动售票机进行软件升级并支持凭条纸卷为 200m/卷或 400m/卷规格单路供纸或双路供纸模块使用，配置新版 PSAM 卡；人工实名制核验设备增加 PSAM 卡及 PSAM 读卡器；自动检票机配置新版 PSAM 卡。

为解决电子客票在特殊情况下无法通过自动检票机的问题，在进出站口处配置手持移动检票设备及电子客票柱式检票机（图 5-170）。

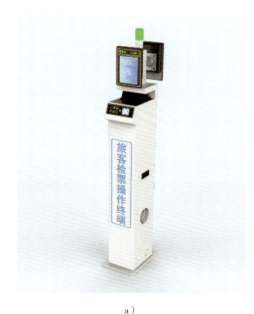
a）

b）

图 5-170 电子客票柱式检票机

根据路局客运部门现场实际需求，结合电子客票的功能，对京张高铁沿线各客运站客票系统进出站检票设备进行设置。

②系统功能。

电子客票业务涉及旅客出行前、出行中、出行后三个环节，涵盖电子客票发售、实名制验证进站、乘车检票、车上查验、出站检票、车票变更及打印报销凭证 7 个主要业务场景。电子客票系统可为旅客提供无纸化、自助化的出行服务，线上线下一体化的服务体验，并通过全流程服务信息的分布式采集和集中式存储，为客运大数据分析和智能化经营管理提供数据支撑。

③系统成效。

实行全面电子客票后，铁路 12306 系统以乘车人为线索，将其购买的车票和服务的信息完整记录和整合，根据服务进度或者旅客的变更实时进行信息更新，并记录下更新的轨迹，通过全行程旅客服务信息整合形成一个完整行程的数据描述。电子客票系统为旅客提供了无纸化的出行方式,免去旅客在出行前必须打印车票的环节,支持旅客线上或线下购票线上变更(改签、退票、变更到站),缩短了旅客的出行和排队等候时间,提升了铁路旅客的出行体验。

(4)沿线作业门实时监控系统

①系统构成。

沿线作业门实时监控系统由线路中心设备、现场设备、业务终端、网络设备及光电缆线路构成。

线路中心设备在张家口综合维修车间,配置有数据应用服务器及配套设备设施;现场设备设置在沿线作业门处,现场设备由作业门、准入控制系统、UHF超高频探测系统及主控箱等组成;在工务段、通信段、电务段及供电段等处设管理终端;在综合维修车间设置业务终端。

②系统功能。

本系统有刷卡开门功能、远程开门功能、机械钥匙开门功能、人数统计功能、维修工器具数量统计功能、自动关闭功能、人体感应功能、视频监视功能、照明功能、门开超时报警功能、交流断电报警功能、语音提示功能,共计12项功能。

③系统成效。

沿线作业门实时监控系统的实施改变了通过机械锁控制作业人员进出线路的方式,给作业门钥匙管理、进出人员追踪、事故分析定责带来了极大的便利。实现了门禁设备与远程控制、视频监控、地图直观显示相结合的功能,使得各通道的状态及进入人员的信息和人数均直观显示在监控中心办公计算机上,从而实现了铁路作业门的实时监控、有效管理。在确保实现铁路作业门的紧急疏散功能前提下,进一步加强了对作业人员入网作业的监控管理,防止出现违规上线施工的情况,同时避免因钥匙丢失造成更大的安全隐患。

5.2.4 信号系统智能设计

1)设计概述

随着高速铁路网络规模的逐渐扩大、运行速度的不断提高,高速铁路信号系统已经从保障高铁安全高效运行,拓展到多层域状态智能感知、系统协同控制、安全态势评估、大数据融合与智能维护、行程智能引导等前沿领域与技术的系统性研究领域。现阶段,高速铁路自动驾驶及智能调度指挥等技术,在支撑高速铁路信号系统智能化的过程中起到了关键作用,实现了列车控制自动化及调度指挥智能化。

2)智能技术应用

(1)高速铁路ATO系统

①系统结构。

高速铁路列车自动控制(ATO)系统是在现有的CTCS-2/CTCS-3级列控系统基础上,车载设置 ATO 模块以及车–地无线通信模块、临时限速服务器、列控中心、调度集中系统等地面设备增加相应功能，同时在股道增加精确定位应答器组，无线闭塞中心、计算机联锁及轨道电路等设备维持不变。增加 ATO 功能后信号系统总体结构示意图如图 5-171 所示。

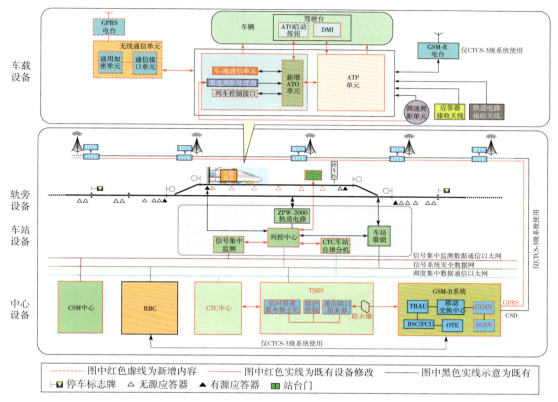

图 5-171　增加 ATO 功能后信号系统总体结构示意图

② 系统功能。

增加 ATO 后，信号系统可以实现五大功能：完全监控模式下的车站自动发车、按照运行计划的区间自动运行、股道自动停车、车门自动开启及防护、车门/站台门联动控制。

③ 系统成效。

京张高铁 CTCS3+ATO 系统在列车自动防护系统（ATP）的监督下自动控制列车运行，实现了股道自动发车、站间列车自动运行、股道自动停车、车门自动开启及防护，以及车门与站台门联动控制等全部 ATO 功能，在确保列车运行安全的前提下减轻了动车组司机的劳动强度，改善了旅客的乘车体验，同时降低了牵引能耗。京张高铁 CTCS-3 级列控系统与 ATO 系统的完美结合，能满足 8 辆、16 辆以及 17 辆编组列车的站内精准停车及安全运营，实现了不同车载设备间以及 CTCS-3 标准线路与 CTCS-2 标准线路间的互联互通。新增功能均在既有信号设备基础上修改，节约了项目投资。京张高铁 CTCS3+ATO 系统保持了我国高铁技术在国际上的先进性。

（2）智能行车调度系统

目前，所有开通运营的高速铁路基本均采用 CTC3.0 系统。CTC3.0 系统增加了车站接发车作业的流程监督、列车进路错办报警、辅助非正常行车作业及施工登销记等功能；调度中心增加计划操作合理性的检测和调度命令规范输入检查等功能；并同步增设仿真测试、查询、综合运维、应急等配套系统。

在规模不断扩大与结构愈加复杂的中国高速铁路路网下，当干扰列车按计划运行的事件发生时，如何能够更好地指挥和协调高速铁路列车，以尽快恢复有序运行、减小延误、缩小受晚点影响的列车范围、提高旅客满意度，已给高速铁路列车调度指挥工作带来新的挑战。为了优化运输资源的合理配置，解决社会日益增长的运营需求与高铁运能分布不均衡之间的矛盾，高铁调度集中系统智能化发展是必然趋势。

①总体方案及系统框架。

智能调度集中系统是对现有调度集中的补充完善，不改变现有调度集中系统架构。

智能调度集中系统以现有调度集中系统为基础，结合"智能铁路"的发展需求，在列车运行自动调整、进路和命令安全卡控、行车信息数据平台、行车调度综合仿真和 ATO 功能应用等方面进一步优化完善，提升智能调度集中系统智能化水平。

智能调度集中系统框架如图 5-172 所示，总体方案如图 5-173 所示。

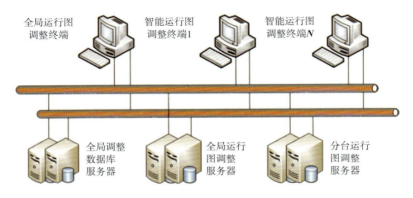

图 5-172　智能调度集中系统框架图

②设计原则。

多目标的列车运行计划实时动态调整：通过运用复杂网络理论对中国高速铁路路网及其基于车流路网的拓扑结构与特征属性分析，提出京张高铁调度区段其所在路网中的位置、车流特征、干扰事件类型、客流特征、国铁集团及各铁路局管理考核办法等，采用不同的调整策略与调整优化目标。调整后的计划符合相关约束条件，具有可用性和便捷性。

车站进路和命令智能卡控：CTC 系统融合相关系统信息，在原有分散自律（调车、列车冲突检查、站细检查等）基础上，扩展自律检查范围，增加进路风险识别模式和预防模式，实现对潜在的危险源进行识别以及对常见危险源的预防功能，以预防各类进路错办事故的发生。通过构建完备的车站进路卡控体系和车站进路安全专家系统，对列车的车次信息、车次属性、运行区段、来车方向、运行方式、禁接股道、接入股道、始发股道、发往方向、接发车顺序等进行处理、分析和判别等工作，智能完成对进路和命令的卡控，最终实现 CTC 系统的综合智能卡控功能，降低人为操作因素的不稳定性，提高铁路行车的安全性。

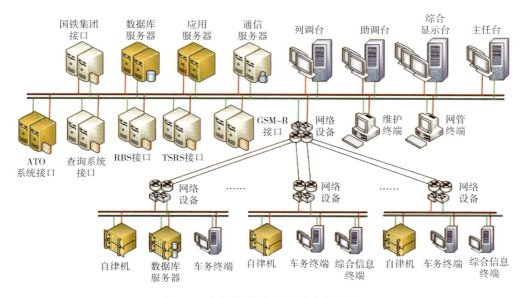

图 5-173　智能调度集中系统总体方案示意图

异构信息融合：通过 CTC 系统与铁路运输信息集成平台的深度结合，充分"感知"多源异构数据信息，实现信息深度融合、数据分析和挖掘，提高 CTC 与客运、供电、灾害监测等系统联动的信息共享和交互实时性，实现客票（旅客人数、座席）、司乘信息的展示，线路停送电的自动化卡控，灾害监测限速信息自动提取等功能；提供综合站场显示界面，增加调度员在日常行车指挥、应急处置时需要的桥隧、疏散点、车站公里标、区间公里标等静态信息；提高铁路安全预警系统的准确性和智能化，提供列车调度员应急处置流程的快速查询功能。

行车调度综合仿真：通过构建综合仿真平台，实现正常操作演练、应急场景模拟演练以及数据验证软件测试等功能。建立一套与实际运营行车环境相一致的调度集中 CTC 综合仿真平台，可供调度员和车站值班员等行车指挥人员进行正常行车条件下的模拟指挥演练培训，同时仿真平台亦可模拟设备故障等突发情况下的环境，可供行车指挥人员按照相关的应急处置流程进行应急处理操作。仿真平台不仅可以实现调度人员和车站值班员培训学习、考核，而且可供电务维护人员进行数据验证以及软件功能测试。

智能 CTC 与 ATO 一体化调度：调度命令和计划的下达和传播通过智能 CTC 系统以及接口服务器来操作实现。系统在既有功能基础上，增加发送对应的运行计划、实时管理在线列车、运行计划自动调整等功能，列车按照该运行计划实现自动驾驶。

③系统成效。

京张高铁调度集中系统相关智能功能技术的研究、试验以及工程示范应用，进一步提高了列车调度指挥能力、列车运行安全保障能力和智能化水平。

5.2.5 牵引供电系统智能设计

1）概述

牵引供电系统共有 16 项智能化内容，智能化对象分别是智能牵引变电所、智能供电调度系统、智能供电运维系统、牵引供电设备故障预测与健康管理（PHM）系统、弓网综合检测装置（1C）、接触网安全状态巡检装置（2C）、接触网运行状态检测装置（3C）、接触网悬挂状态检测装置（4C）、受电弓滑板监测装置（5C）、接触网绝缘子状态在线监测装置（6C）、接触网设备视频监控装置（6C）、接触网张力补偿状态在线监测装置（6C）、接触线振动及定位点抬升量监测装置（6C）、附加线光纤监测系统（6C）、6C 系统综合数据处理中心系统、智能巡检（一杆一档系统）。

2）牵引变电智能技术应用

京张智能供电系统通过智能牵引变电所（亭）实现所内和所间的信息交互和信息共享，并具备自愈重构功能，故障情况下能够实现故障分区隔离，减少停电时间和停电区间，提高了供电系统的安全性和可靠性。智能供电调度系统在传统"四遥功能"基础上，增加供电系统运行状态全景化信息展示、设备智能巡检、源端维护、条件卡控、应急处理等功能，并可实现与其他专业系统的接口；通过辅助监控实现牵引变电所（亭）的可视化全景监控、自动巡检管理、实时报警以及与数据采集与监视控制（SCADA）系统、动力环境等系统的联动功能。

（1）智能牵引变电所（亭）

智能牵引变电所（亭）由智能一次设备（包括牵引变压器、自耦变压器、220kV 断路器、220kV 隔离开关、220kV 互感器、220kV 避雷器、220kV GIS 组合电器、27.5kV GIS 开关柜等）、广域测控系统、辅助监控系统组成。

智能一次设备采用"一次设备本体+传感器+智能组件"的形式，在一次设备集成智能传感器并配置智能组件和状态监测模块，实现对一次设备的智能控制及状态监测。一次设备本体与传感器、智能组件采用一体化设计，优化安装结构，提高一次设备运行的可靠性及安全性。

京张高铁各牵引变电所（亭）综合自动化系统在既有系统基础上，采用广域保护测控系统，一次设备增加合并单元、智能终端、变压器本体智能组件；保护采用就地保护、站域保护、广域保护层次化配置，解决保护速动性、选择性、灵敏性不足的矛盾，保护冗余配置以增加系统的可靠性。同时广域保护测控系统具备开关分层闭锁与安全控制功能，防止开关误操作；具备系统运行优化及重构功能，根据故障位置及供电设备状态等信息判别确定供电系统适合的运行方式，实现故障隔离及运行方式的快速重构与切换；一次设备和二次设备之间通过光缆连接，提升系统防雷性能。

智能辅助监控系统由设置在调度所、供电段的智能辅助监控系统主站以及设置在各所、亭的子站组成。智能辅助监控主站由工作站、数据库服务器、信息安全服务器、转发服务器、磁盘阵列、核心交换机、防火墙等设备构成，具备将全线辅助监控信息转发至供电调度管理系统、运行检修管理系统的能力。站级辅助监控系统在原有安全监控系统的基础上，配置和集成安全防范（含门禁）子系统、环境监控子系统、动力照明控制子系统、火灾自动报警子系统、智能巡检子系统，接入 27.5kV 电缆监测子系统、SF6 气体监测子系统、智能一次设备监测子系统，并具备接入或扩展其他监控子系统的条件，实现各子系统数据的统一采集、统一展示、统一上传，在此基础上实现各子系统的智能联动功能。

（2）智能供电调度系统

智能供电调度系统由智能 SCADA 子系统、辅助监控主站系统、供电调度运行管理系统构成。

智能 SCADA 子系统以计算机设备为核心、以功能为模块、以节点为单元进行配置，配置了数据服务器、应用服务器、调度员工作站、系统维护工作站、专家分析工作站、Web 浏览服务器、复示应用服务器、通信处理设备等网络节点设备及人机接口设备，实时数据，以及文档管理报表打印机、系统维护打印机、画面拷贝机等外围设备，同时提供完善的软件资源。智能 SCADA 子系统通过强大的系统交互功能和对自身软件应用功能的扩展，实现源端维护、智能巡检、条件程控等高级功能。

辅助监控主站系统实现对供电段管辖范围内站级辅助监控系统的远程监控，实现对所内关键处所的视频监视、环境信息监测、安全防范、火灾等报警信息及故障或操作时的智能联动等功能，并通过与 SCADA 子系统的信息共享，实现高度集成的一体化监控平台。实现了对牵引变电所各种辅助生产系统的整合、优化，提升牵引变电所的运行水平和管理水平。

供电调度运行管理系统以铁路局供电调度的核心需求为中心，简化流程，扩展"技防"自动化手段的广度和深度，从而提高供电调度员的工作效率，并保障供电作业的安全合规。从新功能扩展、既有功能优化及易用性优化三大方面对原有运行管理系统进行提升。

（3）智能供电运维系统

智能供电运维系统是以牵引供电系统运行检修所需的各类基础数据、检测监测数据进行分析、数据处理为基础，对智能牵引供电设施等设备的基础数据、检测监测、运行检修作业、设备状态评估与预测等进行全寿命周期管理的系统，实现对牵引供电系统故障预测与健康管理（PHM）、安全评估与预测、应急指挥、运营安全保障及辅助决策等高级功能。

京张高铁实现了"安全运行、系统可控、状态可视、运维可循"的供电运维管理智能化目标，实现全线无人值班值守、设备状态维修、智能调度指挥。

3）接触网及供电检修智能技术应用

（1）牵引供电设备故障预测与健康管理（PHM）系统

京张高铁首次提出并应用智能运维系统，主要以牵引供电设备故障预测与健康管理

（PHM）系统为主，供电管理信息系统、6C系统综合数据处理中心系统、一杆一档系统、SCADA系统为数据源支撑。

牵引供电设备故障预测与健康管理（PHM）系统是以大数据技术为核心，以供电管理信息系统、6C数据中心数据、SCADA系统为支撑，按照国铁集团—铁路局—供电段三级管理架构进行设计和建设的供电设备大数据分析管理平台。运用分布式挖掘和深度学习技术从数据中抽取健康特征，分域分段评估牵引供电系统的服役状态并预测其变化趋势，给出对应的维修策略；通过对典型零部件形态的长期跟踪，实现供电设备零部件的故障预测及剩余寿命估计，最终形成一套从系统到零部件的铁路供电系统闭环健康管理体系。

京张高铁牵引供电设备故障预测与健康管理（PHM）系统设置在供电段内，供电段为信息处理及指挥层，接收管辖区段接触网运行过程全维数据，下发维修计划至相应车间。

牵引供电设备故障预测与健康管理（PHM）系统按照完整性、规范性、扩展性、可靠性、可维护性、安全性等原则进行设计。PHM系统平台由框架提供者和应用提供者两部分组成。框架提供者包括基础设施、平台、处理框架、信息交互/通信和资源管理；应用提供者包括数据收集、预处理、分析处理、可视化和查询。

牵引供电设备故障预测与健康管理（PHM）系统主要功能包括特征抽取、故障诊断及寿命预测、剩余可运行时间预测、健康综合评价、维修决策、可视化呈现，总体架构图见图5-174。

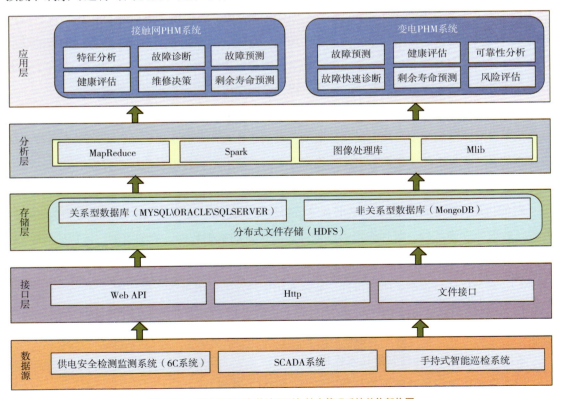

图 5-174 牵引供电设备故障预测与健康管理系统总体架构图

（2）6C 系统综合数据处理中心系统

京张高铁及崇礼铁路 6C 系统综合数据处理中心部署在铁路生产内网，设置北京局集团有限公司和北京供电段两级架构，北京局集团有限公司机关、北京供电段分别搭建 6C 系统综合数据处理中心，有关科室、车间、工区设置终端。6C 系统综合数据处理中心系统架构见图 5-175。

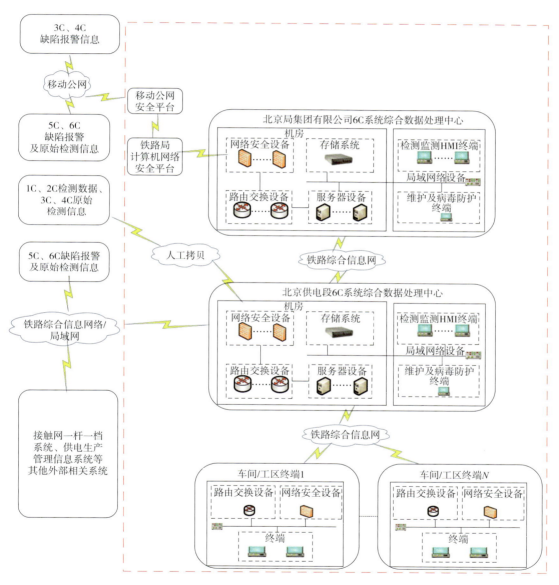

图 5-175 6C 系统综合数据处理中心系统架构图

（3）弓网综合检测装置（1C）

弓网综合检测装置是安装在高速综合检测列车或专用车辆上的固定检测设备，测量方法和检测设备安装既要考虑列车的运行条件，又要适应接触网检修的需要。弓网综合检测装置主要用于检测电气化铁路接触网安装调试后和运行状态中的技术参数，并依据其自身能力进行实时数据记录、显示和处理。检测参数包括弓网接触力、接触网网压、接触线高度、接触线动态拉出值、硬点、弓网离线火花、支柱定位、里程标定位、检测速度和里程等，检测系统配备完善的电源系统、测量信号传输系统、弓网运行视频系统、数据采集系统、检测数据传输系统、检测信息数据库等。

弓网综合检测装置配置于高速综合检测列车，对京张高铁及崇礼铁路接触网安装调试后和运行状态中的技术参数进行检测。京张高铁及崇礼铁路将弓网综合检测列入高速综合检测列车月度检测计划，对京张高铁及崇礼铁路接触网每15天进行1次动态检测。添乘检测人员在运行中观察、记录弓网配合情况和接触网运行状态，监视弓网检测状态，记录缺陷情况。弓网检测数据分析后反馈供电段和车间、工区，建立检测问题缺陷库，车间、工区对缺陷进行测量确认，确保接触网运行技术参数达标和稳定性。

（4）接触网安全状态巡检装置（2C）

接触网安全巡检装置指采用便携式视频采集设备，临时安装于动车组司机室内，对京张高铁及崇礼铁路接触网状态进行连续视频采集，通过视频进行统计分析，判断接触悬挂部件技术状态。

京张高铁、崇礼铁路分别设置一套接触网安全状态巡检装置（2C）装置，配属在供电段，供电段指定专业部门、专业人员管理使用。2C装置临时架设在运营的动车组（或机车）司机室内，取用动车组（或机车）车载220V交流电。对管内接触网设备进行周期性巡视检查，并根据季节性设备变化、周边环境、跳闸及故障信息、天气异常等情况安排的专门巡视检查。

（5）接触网运行状态检测装置（3C）

动车组接触网运行状态检测装置安装在动车组上，实现对接触网的动态检测，检测结果用于指导接触网维修。京张高铁在供电段内设置一套3C地面数据接收、分析终端。动车组3C装置配属供电部门。其中，车载部分安装在动车组上；3C地面接收、分析处理终端安装在供电段内。弓网监控视频的显示终端设置在动车组机械师乘务室，动车组机械师、供电检测人员均可查看，信息共享。供电部门人员可在动车所、终到站、停车站更换车内3C装置存储硬盘获取检测信息。发生弓网故障等特殊情况下，供电部门人员可上车查看、转储有关检测信息。

（6）接触网悬挂状态检测装置（4C）

接触网悬挂状态检测监测装置安装在接触网检测车上，对接触网的零部件实施成像检测，测量接触网的静态几何参数。通过检测数据的识别与分析，形成维修建议，指导消除接触网故障隐患。供电段指定专业部门、专业人员管理使用4C装置，并负责检测数据分析与接触网技术诊断工作。对管辖范围内接触网设备技术状态进行周期性检测，京张高铁、崇礼铁线每季度不少于1次，并根据跳闸、故障、特殊天气气象条件等信息及专项工作安排专门检测。接触网4C检测装置见图5-176。

精品工程与智能设计 **CHAPTER 5**

a)　　　　　　　　　　　　　　　　　　b)

图 5-176　接触网 4C 检测装置

（7）受电弓滑板监测装置（5C）

受电弓滑板监测装置用于局界、动车段走行线、接触网关键处所等地点，监测运营动车组受电弓滑板的技术状态，及时发现受电弓滑板的异常状态，用以指导接触网维修，指导弓网应急处置和接触网运行维修。京张高铁在局界（京局和呼局）、北京北动车所走行线、京张高铁与崇礼铁路间设置 5C 装置（图 5-177）。5C 装置集中服务器设置在北京供电段，24h 不间断监测通过该位置的受电弓滑板状态，对异常状态实时报警。

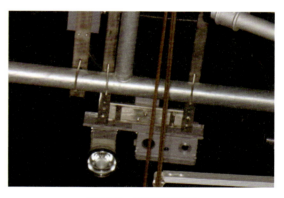

图 5-177　5C 装置实物图

供电段设专人对 5C 装置监测数据进行及时分析，发现异常或遇有报警信息时，立即通知相关单位检查确认。

（8）接触网及供电设备地面监测装置（6C）

①接触网绝缘子状态在线监测装置。

接触网绝缘子状态在线监测装置安装于 27.5kV 绝缘子处，能够在线监测绝缘子的泄漏电流，同步监测温度、湿度等环境参数；在不同气候条件下，根据绝缘子的泄漏电流特征，提供标准值、警示值、限界值，通过有线或无线方式远程传输监测数据并实时报警，提供数据自动分析报告，监测结果用于指导接触网及供电设备的维修。

京张高铁、崇礼铁路绝缘子状态在线监测装置主要安装在供电线悬挂绝缘子、站场内接触网腕臂绝缘子、正馈线悬挂绝缘子等处（图 5-178）。

②接触网设备视频监控装置。

接触网设备视频监控装置安装在接触网分相、供电线上网点、隔离开关以及动车所、站场咽喉区等关键处所，用于监视接触网上网点、电连接、隔离开关等关键设备的实时运行状态及其外部环境。

③接触网张力补偿状态在线监测装置。

接触网张力补偿状态在线监测装置是在接触网的隧道出入口、高架桥、大风区段、长大锚段、枢纽站场咽喉区等特殊地段设置固定式监测装置，实时监测接触网张力补偿装

图 5-178　监控装置实物

置的 a、b 值，具备 a、b 值超限报警功能并精确定位，判断补偿装置卡滞、接触网断线等异常情况，将监测数据通过有线或无线方式实时传输至服务器，对监测数据进行管理，监测结果用于指导接触网的维修。京张高铁主要在车站内设置张力补偿装置状态在线监测装置（图 5-179、图 5-180）。

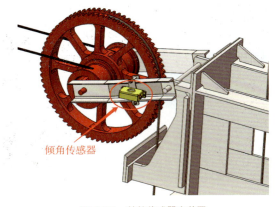

图 5-179　棘轮传感器安装图

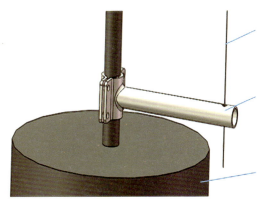

图 5-180　拉线传感器固定

④接触线振动及定位点抬升量监测装置。

接触线振动及定位点抬升量监测装置安装在接触网隧道出入口、大风区段、路基桥梁结合部、高架桥、高速线岔、枢纽站场咽喉区等特殊处所。设置固定式监测装置（如八达岭隧道进出口、官厅水库特大桥、新保安特大桥、东花园隧道进出口等位置）（图 5-181），实时采集安装处所的接触网振动数据波形或视频信息，监测接触网振动，监测定位点抬升量，统计振动频率、幅值，具备超限报警功能。监测数据通过有线或无线方式实时传输至服务器，对监测数据进行管理，与 6C 系统其他装置监测数据进行对比分析，分析结果用于指导接触网的运行维修。

图 5-181　监控装置实物图

⑤附加线光纤监测系统。

通过采用光纤振动传感器辅以分布式温湿度以及应力传感器对接触网的附加线进行状态监测，采用带光纤的附加线实现接触网的风致舞动、雷电振动信号的监测和识别，通过温湿度和应力采集实现接触网的覆冰监测，在变电所内设置一个监测屏，系统完成监测识别后可以预警，并自动关联变电所内的摄像头进行视频确认（图5-182）。

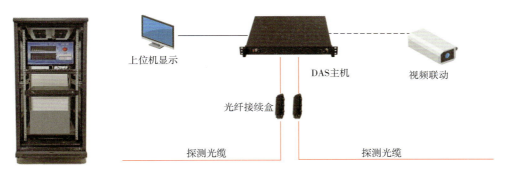

图 5-182　附加线光纤监测系统

崇礼铁路小白杨变电所处保护线采用带光纤的导线，并在小白杨变电所内设置监测主机平台。

⑥智能巡检（一杆一档系统）。

供电段等管理部门部署一杆一档软件平台（图5-183）。软件平台可实现对现场设备档案数据库，同时，软件平台具备设备档案的编辑、查询、统计分析、输入输出和缺陷管理等功能，能够全面反映接触网设备的技术状态变化和维护历史记录。路局、段、工区等供电维护部门人员，可采用浏览器通过内部网络查看接触网设备的资产信息，进行检修任务派发、管理。为现场每一个需维护的接触网设备设置单独的RFID芯片标签，并将其安装在设备上，同时现场巡检人员配置手持终端，在现场检修时手持终端扫描RFID芯片，即能读取标签信息，标签信息与云端一杆一档软件平台数据库相连，查询显示该设备信息，同时可对设备信息进行现场修改、编辑等。手持终端还能接收软件平台派发的维修任务，细化至每个人员的具体工作，实现检修任务的电子化规范化管理。

5.2.6　电力系统智能设计

1）概述

铁路电力供电系统担负着为铁路沿线车站及区间所有用电设备供电的任务，设计标准要求应安全适用、供电可靠、技术先进、经济合理、使用维护方便，应贯彻国家能源政策，采取节能措施，降低电能消耗。在满足设计标准要求的前提下，在智能高铁发展战略指导下充分利用成熟可靠、先进的技术，初步实现了电力供电系统的智能设计。

京张高铁电力供电系统智能设计主要包括智能在线监测运维管理系统、能耗管理系统、官厅水库特大桥景观照明系统、隧道智能照明及防灾救援设备监控系统、车站智能机电设备监控系统等技术的应用，不仅提高了电力智能设计水平，优化了设计，还有力支撑了京张绿色高铁、文化高铁建设目标的实现，引领了高铁电力供电系统智能设计的发展，加速了高铁电力供电系统智能技术应用的进程。

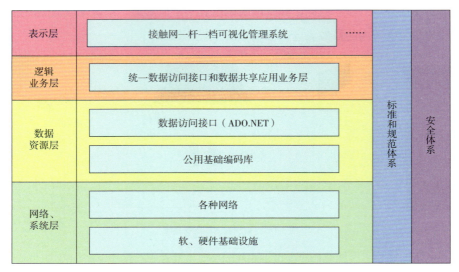

图 5-183　软件体系结构图

2）智能技术应用

（1）智能在线监测运维管理系统

①设计背景。

高速铁路电力供配电系统的供电网络模式已经成熟可靠，随着智能化铁路建设理念的提出，铁路电力供电系统现场无人化管理的模式是必然的发展方向，既有的电力远动 SCADA 系统不能完全满足铁路电力供电系统智能化运维管理的需要。目前，对电缆线路和电力设备的监测手段和技术日新月异，已经成熟，通过大量的现场监测数据为铁路电力供电运营维护管理提供有效的运行维护决策手段，提升了电力供电系统运维管理的智能化和自动化水平。但铁路电力供电运营维护管理系统由于没有统一的信息化建设标准、没有一体化共享的运维管理平台，存在许多智能化的监测设备重复配置、标准不统一且不能共享数据，各智能监测子系统相互孤立形成信息孤岛等问题，进而造成铁路电力供电运维服务的数据综合应用难以展开，无法满足运维管理要求及铁路智能化建设快速发展的需要。

②系统设计。

京张高铁电力系统智能在线监测运维管理系统包含电缆头光纤在线测温监测子系统、电力贯通电缆线路故障定位在线监测子系统。

a.电缆头光纤在线测温监测子系统。

电力设备接续点的温度测量，尤其是电缆头的温度测量，是电力设备巡视的一项重要内容。为保证设备的正常运行，须定期对电力设备进行巡视检查，测量接续点的温度，以及时发现并消除设备隐患，常规做法有接续点粘贴示温贴片、手持红外测温仪等。通过现场观察示温贴片颜色变化及手持红外测温仪了解设备温度情况，再与以往观测数据对比，分析接续点温度变化，判断接续点是否连接紧密，负荷是否异常变化，确定设备运行是否正常。但测温需要工人到设备现场进行，且设备接续点可视，而目前随着新设备的投入和高铁巡视模式的变化，这些方法已不能适应目前的技术和管理要求。电缆头光纤在线测温监测子系统由传感器和处理器两部分构成，在电缆接头处设置荧光光纤温度传感器，并由处理器发出光源，基于荧光测温原理，通过测试光发射余辉衰减的时间，将其转换为可测的光信号。处理器接收到传感器发出的光信号后，将其转换为温度信号，其数据可通过现场通信装置传输至电力系统智能在线监测运维管理系统主站。

b. 贯通电缆线路故障定位在线监测子系统。

高速铁路10kV电力综合负荷贯通线和一级负荷贯通线采用全电缆线路供电，电力贯通电缆线路在运行过程中出现的电缆故障会严重影响铁路电力供电的安全性和可靠性，也严重影响高速铁路的正常运行。为保证各类用电设备的可靠运行，首先要保证电力贯通电缆线路的可靠安全运行，电力贯通电缆发生故障时应能及时准确地找到电缆故障点。目前电力贯通电缆故障点的查找一般采用断电隔离故障区段后查找，故障点查找困难，故障的查找和检修只能利用天窗点进行，时间有限。电力贯通电缆线路位于铁路两侧的电缆槽内，电缆故障查找和检修时需要揭开电缆盖板，需要浪费大量的人力、物力和时间，给电缆故障的查找造成很大困难。贯通电缆线路故障定位系统监测子系统在箱式变电站（以下简称"箱变"）、变电所、配电所等处就地设置监测终端，通过行波测距与小波变换原理相结合，利用电缆内部故障产生的初始行波浪涌到达电缆两端测量点时的绝对时间差值，来计算故障点到电缆两端测量点之间的距离。可以实现贯通电缆线路的精准故障定位，大大减少查找电缆故障点的工作量，缩短检修抢修时间，从而提高速铁路电力供电的可靠性。

京张高铁电力系统智能状态在线监测运维管理系统（图5-184）通过建立统一的智能运维建设标准、一体化共享的运维管理平台，将运维监测子系统一体化集成，形成新一代、全生命周期铁路电力智能状态在线监测运维管理系统，对铁路电力贯通线路及沿线变配电所的电力设备进行全覆盖监测。

系统通过集成网关，共享通信传输设备，利用铁路运维传输网络通道的方式，将各类监测数据传送至运维管理平台数据中心进行实时分析。系统实现铁路全线电力在线监测、智能化预报警及故障的智能化判断定位，对电力设施建立全生命周期管理体系，为电力调度和运行检修管理提供强有力的辅助决策依据，有力提升了电力系统的运营维护效率，把铁路电力供电系统运维管理提升到一个智能化的新水平。

系统可实现各在线监测系统的信息统一接入，并集成优化和信息共享；可查看各仪表所采集的所有数据，对铁路各电力设施实现智能化在线监测，进行智能化故障提前预报警以及智能化故障的判断和查找,建立全生命周期运维管理体系;可按类别和报警数量分析站点报警数据,并且支持多端告警,提醒运维人员及时处理警情;提供多样化的报表,数据和图表相结合,支持多表头统计,可查看装置在所选时间段内的告警与故障记录报表,可为用户定制化报表。该系统还具有装置录波、时钟监视、装置工况等功能,并且支持对系统中的各类别数据进行配置,对系统进行维护管理(图5-185)。

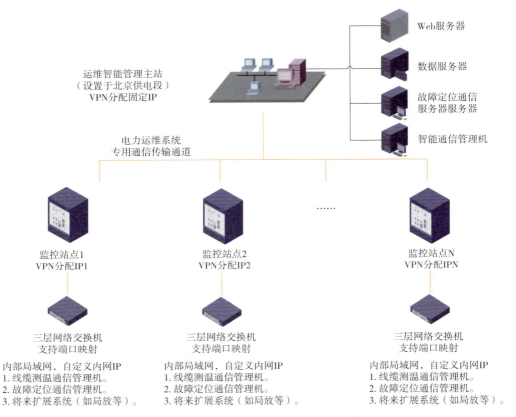

图 5-184 电力系统智能状态在线监测运维管理系统构成图

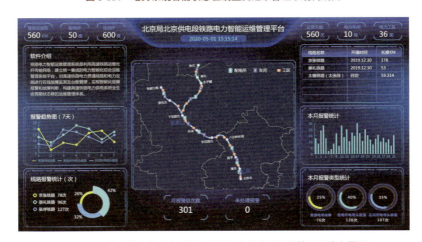

图 5-185 北京供电段电力系统智能状态在线监测运维管理系统主界面

本系统的设计,首次提出了铁路电力系统智能运维管理系统的理念。深度集成各子系统运维监测功能,打破了传统的各自独立的信息传输方式,充分利用共享数据交互设计以及铁路互联网地址资源,形成系统化、标准化的体系模式,大幅提高铁路电力供电运营维护管理水平,把铁路电力供电系统运维管理提升到一个智能化的新水平。

（2）能耗管理系统

①系统设计。

能耗管理系统按三层管理模式进行设置（图5-186）。

能耗管理系统功能架构见图5-187。

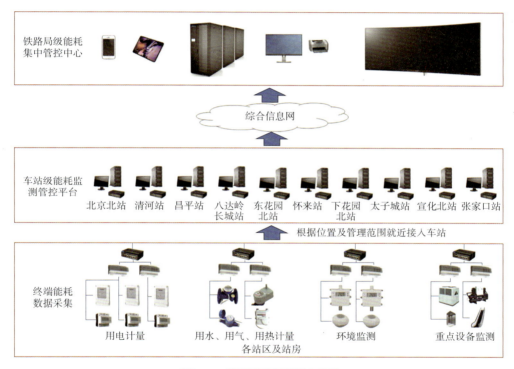

图5-186　能耗管理系统网络架构图

铁路局级能耗集中管控中心：其作为铁路能耗管理的大脑,可以实时掌握整个路局的用能情况,对于实现能耗管理统一管理决策,提高整个路局的用能安全、用能调控、降本增效上,均可发挥巨大的作用。

车站级能耗监测管控平台：在北京北、清河、昌平、八达岭长城、东花园北、怀来、下花园北、宣化北、张家口、太子城等各站的站房设置车站级能耗监测管控平台,可用于各车站的能耗监测管控。

终端能耗数据采集系统：在各车站的用电负荷点设置智能数字化电度表,作为现场级能源管理终端。实时采集和上传终端能耗数据,包括水、电、气、温度（热、冷）、燃油、环境、用能设备等各项数据,并且能支撑各种环境的数据自动采集上传,以及可以建立不同场景的数据采集接口。可以实现对用能单位用电、用水、用气等能源的分项计量、总量计量，同时将能耗数据上传至铁路局级数据中心。

图 5-187　能耗管理系统功能架构图

数据与控制流程如图 5-188 所示。

图 5-188　数据与控制流程

②系统成效。

通过设置能耗管理系统，实时采集能耗数据，实现站内设备运行状态实时监测与控制、全生命周期管理、设备故障及时上报、智能运维、节能管理，取得了以下成效：

实现站内设备运行状态实时监测与控制，全生命周期管理，设备故障及时上报，智能运维、节能管理。实现电能数据的在线监控、多维展示和动态分析评估，进行节能管理。满足项目能源方针、能源目标，实现能源绩效和能源指标。安装设置分类和分项能耗计量装置、采用远程传输手段实时采集能耗数据，实现能源在线监控和动态分析。系统集成了BAS系统、智能照明系统、配电监控系统。建立多种能耗数据模型，包括分户数据模型、分区模型、配电模型、环境参数关联模型、分类分项模型等，实现能耗数据多维展示、分析、评估等功能。

（3）官厅水库特大桥景观照明系统

①设计概况。

在官厅水库特大桥的主桥段创新性地设计了智能景观照明系统，主桥采用8孔110m简支拱形钢桁梁结构，桥面系采用正交异性钢桥面板，桥梁结构富有韵律，造型优美，犹如一道彩虹跨越过平静湖面。

②设计理念。

结合京张高铁从历史到未来的定位与意义，大桥的景观照明设计秉承"百年京张，龙腾盛世"的设计理念，象征祖国的繁荣富强，也表达了对2022年冬奥会顺利举办，中国体育再创辉煌、取得腾飞的美好祝愿。

③设计思路。

传统与现代的结合：将桥身结构与中国传统文化相结合，并融入现代高铁的理念，使设计充满时代的厚重感。

光线与造型的结合：利用变幻的多色彩灯光衬托桥梁的整体造型，将设计理念以照明效果的形式传达给观看者。

速度与激情的结合：动态的大桥照明设计，象征着飞速驰骋的中国高铁，更是中华民族伟大复兴、中国经济飞速发展的最好呈现。

④设计方案。

桥梁景观照明采用以下灯具设置方案：

在上弦杆外侧连续布置条形洗墙灯，采用工业界颜色标准（RGB）三色通道，功率48W，输入电压直流24V。照亮桥梁拱形外轮廓，结合水面倒影，可表现五环奥运的主题效果。洗墙灯外创新性地设计了外置遮光罩，颜色与桥梁本体一致，在白天形成了"见光不见灯"的效果，同时起到限制眩光、提高灯具使用寿命等多种功能。

在每座桥墩设暖色投光灯两组，色温2500K，功率12W，输入电压直流24V，分别向上照亮上弦杆与桥墩交界处，向下照亮桥墩外立面及相邻两个侧面，形成照明效果的多个支点。

在桥梁正上方顶部垂直于线路方向的上平联两端设暖色宽光束投光灯，色温2500K。根据安装高度不同，功率分别选择100W及150W，输入电压为交流220V。从上往下向桥梁外侧投射，照亮线路外侧人行通道。以内部发光的形式表现桥梁的整体结构，并用于桥梁日常检修照明。灯具布置位置见图5-189。

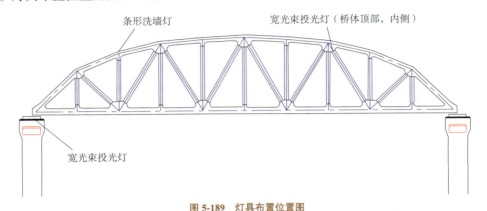

图5-189 灯具布置位置图

结合项目定位、桥梁结构、地理位置、文化背景等因素，设计出神龙戏水、二龙戏珠、五环奥运、烟花璀璨、复兴繁荣等多个有机衔接的动态照明主题，并根据不同区域的灯具点亮情况，设置了一般模式、一般节日模式和重大节日模式3种不同方案模式。桥梁景观照明采用独立的智能照明控制系统，可实现区域控制、模式控制、定时控制（图5-190）。桥梁景观照明实景效果如图5-191所示。

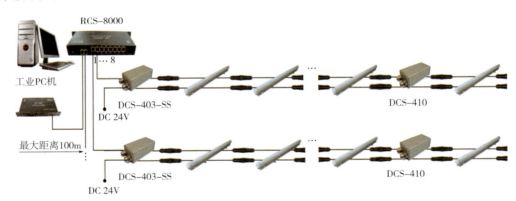

图5-190 景观照明灯具控制原理图

图5-191 桥梁景观照明实景效果图

（4）隧道智能照明及防灾救援设备监控系统

隧道智能照明及防灾救援设备监控系统，可实现对京张高铁全线隧道正洞及紧急出口内的固定检修照明、应急照明、防灾通风风机、正洞两端消防水池和消防深井泵、隧道电力箱变洞室门进行监控。该系统除了具有常规的就地控制功能外，还可实现对隧道照明及防灾救援设施的自动控制和远程控制，使得隧道内检修更加便捷，大幅降低运营维护成本，减少工作量，并能有效提高隧道的防灾疏散救援效率。

隧道智能照明及防灾救援设备监控系统拓扑图如图 5-192 所示。

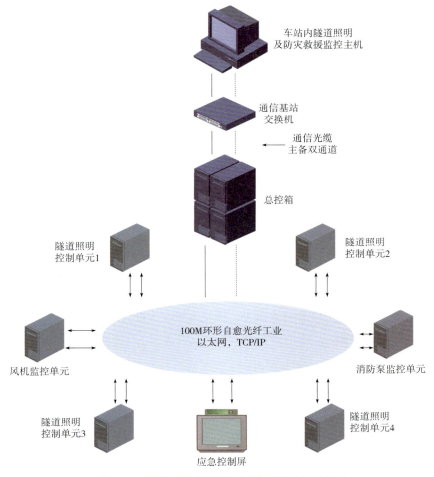

图 5-192　隧道智能照明及防灾救援设备监控系统拓扑图

该系统采用现场级和中央级两级的架构方案，现场级采用环形工业以太网，中央级采用以太网双网冗余架构。现场级设置系统智能控制箱，采用可编程逻辑控制器（PLC）控制方式，核心单元采用硬件冗余配置，经主备光缆连接至隧道外就近的通信基站，通过专用通信通道纳入就近车站和工区的防灾救援监控工作主站，主站设紧急情况下操作的集中监控手动强启控制盘，当发生火灾时实现紧急开启功能。系统采用以下控制方式：

①隧道智能照明监控系统实现 500m 分段双端控制，在隧道两端和隧道中间段设按钮箱控制每段隧道灯的启停；所有隧道进出口均设手动控制按钮，能启动全部隧道照明，长度 5km 以上或有紧急出口的隧道内每间隔 50m 设一处手动控制按钮；灯具点亮时，电源失电熄灭，

当恢复供电后，灯具能通过后台监控设备实现自动重新开启；救援通道斜井内应急照明灯采用进出口两端控制，在斜井两端距离防护门100m范围内间隔50m设手动控制按钮。

②隧道内设列车速度测量单元，监测到列车在隧道内速度低于设定值时，系统自动启动隧道照明灯具，列车故障解除后系统自动复原关闭隧道照明，并纳入相应隧道管辖的综合工区监控。

③长度5km以上或有紧急出口的隧道设置应急照明、疏散指示和防灾救援监控设备，其中应急照明与固定检修照明共用供电回路及灯具。在隧道照明配电箱、风机配电箱、消防泵配电箱等处就近设置监控单元，带光纤通信接口。各监控单元通过光纤形成环形网络，连接至隧道进口或出口最后一个洞室内设置的智能总控箱，通过主备光缆，经通信基站，纳入车站和工区监控主站。

④5km以上隧道在相邻车站设置隧道防灾救援设备监控系统主站进行控制，通过主站远程控制隧道内照明及风机，利用操作界面实现对其全开全关及电流电压检测。在昌平和张家口工务工区设集中监控主站，实现对全线隧道照明控制以及防灾风机状态监测功能。

⑤隧道紧急出口设火灾自动报警系统，作为子系统纳入防灾救援设备监控系统。紧急出口与正洞连接处设置感烟探头，当发生火灾时，防灾风机除就地启动外，可以通过火灾自动报警系统联动风机实现自动启动，也通过防灾救援监控主站紧急控制盘远程开启。

隧道智能照明及防灾救援设备监控系统设计充分贯彻"以人为本，服务运输"的设计理念，充分节约能源，对及时发现和排除隐患，提高沿线设备运行质量有着重要意义，为高速铁路安全运行提供了服务保障。

昌平工区隧道智能照明及防灾救援设备监控系统后台如图5-193所示，隧道智能照明监控系统正洞照明如图5-194所示。

图5-193　昌平工区隧道智能照明及防灾救援设备监控系统后台

（5）车站智能机电设备监控系统

车站智能机电设备监控系统采用分层分布式结构，系统自上而下共分3层，即监控管理层、通信层和现场设备层。系统使用浏览器和服务器架构（B/S架构），建立实时、在线的能耗计量监测系统；提供能耗统计分析和日常运行监控功能应用；建立高铁站房能效评估

图 5-194　隧道智能照明监控系统正洞照明

指标体系，实施精细化的科学量化管理；寻找能耗漏洞，与其他各系统的数据通信通过BAS平台连接，通过内部集成及外部集成的方式，在保证客运服务安全、旅客舒适的前提下，为用户制定节能整改措施，提高能源使用效率，指导BAS系统进行控制，达到节约能耗的目的。

张家口站智能车站机电设备监控系统操作界面如图5-195所示。

图 5-195　张家口站车站智能机电设备监控系统操作界面

智能车站机电设备监控系统功能包括数据采集、数据处理、计算引擎及统计、控制操作、图形化界面、历史数据、系统安全性管理接、接口及智能联动。其中，数据采集包括采集各种BAS数据和能耗数据；数据处理包括提供丰富的数据处理功能。处理之后的数据存储到历史数据库中，根据需求对历史数据进行处理、分析和转发等。所有的历史数据均保存在数据库服务器，本机也有当年备份的数据。该系统具有良好的开放性，可以与其他自动化设备或系统接口，能够便捷实现接口及智能联动功能。

车站智能机电设备监控系统是一个全新的应用集成系统，是一个综合性的针对现代化站房智能建筑设备的运维管理和应用平台。借助于该系统，管理人员能够及时、方便、直观地了解站房中各类能源和各项能源的使用情况，掌握能源使用中的问题，找出耗能点，更加合理地分配和调度管理能源，同时作为节能减排、管理能源的重要手段。该系统能够对电气设备运行及状态的安全性、合理性进行实时监控及科学化的管理，通过精细化控制，实现显著的节能效果（预计节能15%～20%），达到可观的节能收益。

CHAPTER 6
>>>> 第 6 章

绿色景观与文化设计
GREEN LANDSCAPE AND CULTURAL DESIGN

京张高铁总体设计与技术创新

2015年10月，中共十八届五中全会通过《中共中央关于制定国民经济和社会发展第十三个五年规划的建议》，提出了"创新、协调、绿色、开放、共享"五大新发展理念。铁路是国家重要的交通基础设施，也是资源型和环境友好型的运输方式之一，我国大量长途大宗货物运输和中长途旅客运输主要由铁路承担。铁路在节约土地、节约能源、保护环境等方面有着明显优势，积极发展和建设绿色铁路，建设资源节约型、环境友好型的综合交通运输体系，是新时代发展理念对铁路提出的新要求。2015年7月31日，北京、张家口赢得2022年第24届冬季奥林匹克运动会的举办权，京张高铁与崇礼铁路构成北京冬奥会的重要交通基础设施，设计贯彻了"绿色、开放、共享、廉洁"的办奥理念，进行了"一站一景"的专题研究，并进行了绿色景观和京张文化专项设计，传承京张铁路文化的同时结合时代新要求，对车站站房、站场、站区生产生活房屋及设施、站前广场等进行统筹设计、持续优化，努力把京张高铁打造成为一条绿色环保风景线。

6.1 概述

6.1.1 沿线绿色景观设计分区

京张高铁、崇礼铁路设计全过程遵循绿色办奥理念。全线开展了绿色景观、一站一景设计，根据沿线自然景观和人文景观，将京张高铁和崇礼铁路划分为五大景观分区，分别为城郊风光段、关塞风光段、大泽风光段、燕北风光段、雪国风光段。五大景观分段深入融合了沿线的自然资源、地貌特征、城镇布局、地域文化等因素，并以此作为开展全线景观设计的依据。

（1）城郊风光段：北京北站至昌平站，地势平坦，视线开阔，兼具城市与田园风光。

（2）关塞风光段：昌平站至八达岭隧道出口，层峦叠嶂，山势险峻，山林内容丰富。

（3）大泽风光段：八达岭隧道出口至怀来站，以官厅水库风光为主，视线开阔，沿途有大量的风电设备，现代化景观丰富。

（4）燕北风光段：怀来站至张家口站，左拥洋河，右揽群山，塞上高原风情。

（5）雪国风光段：崇礼铁路，丘陵起伏，掩映着古长城。

在系统划分五大风光段景观分区的基础上确定各风光段的主色调，其中城郊风光段以"绿"为主、关塞风光段以"色"为主、大泽风光段以"碧"为主、燕北风光段以"青"为主、雪国风光段以"雪"为主，如图6-1所示。

通过徒步路人、行车司机、高铁乘客等主要视角对进行景观分析，并且确定了绿色景观设计的一般地段和重点地段，如图6-2所示。重点地段采用精细绿化，以常绿树种为背景，通过植物的品种、规格、颜色、形状、花期、层次等进行组合配置，获取高铁交通、现代城市、沿途自然美景多角度视觉及观赏效果；一般地段采用生态绿化，力求达到稳固土体、改善环境的功能及目的。

绿色景观与文化设计 CHAPTER 6

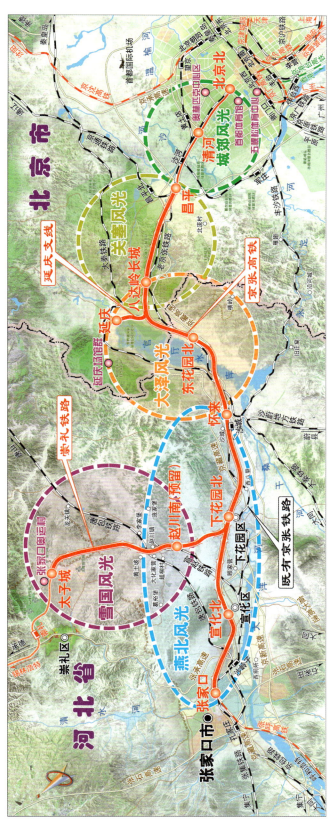

图 6-1 京张高铁沿线景观分区示意图

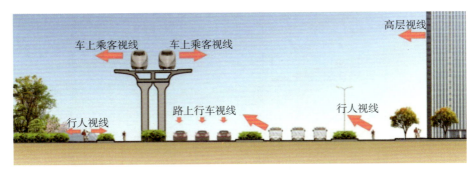

图 6-2　主要视角分析图

6.1.2　京张高铁文化元素提炼

1）文化主题

京张高铁与老京张铁路在同一个起点、同一个终点、同一条路径，新的京张高铁将老京张铁路融入其中，特别是在北京北站至昌平站一段，老京张铁路已成了京张高铁不可分割的一部分。

"人"字形铁路是老京张铁路广为传播、深入人心的文化标识，暨由"人"字其形取其意：中国哲学中对人之所以为人的至高理解与追求——天地合德，"与天合德：天行健，君子以自强不息；与地合德：地势坤，君子以厚德载物。"新老京张铁路所承载的穿越百年的"中华民族伟大复兴的中国梦"及线路最具代表性的中华民族文化遗产暨精神图腾——长城，也无一不应和"天地合德"之精神内核。因此，京张高铁文化植入的核心理念为"天地合德，百年京张"。

2）基础图形及色彩

（1）人字纹：京张高铁的视觉符号

京张高铁独有的"人字纹"视觉装饰图样，提取"人"的象形字流变造型，使"人字纹"创作运用于细部及装饰，标识及造型，如图 6-3 所示。应用手法：艺术丝网印刷、浮雕，用于格栅、通风口、踢脚、栏杆玻璃、扶梯玻璃、垂直梯玻璃等处。

（2）苏州码子：印证中国铁路的标志

以老京张铁路沿线曾使用的里程标——花码符号，即"苏州码子"作为文化艺术元素植入，进行图形抽象化提取以及打散重构，创作京张高铁独有的"苏州码子"视觉装饰纹样，保留、传唤了历史文化传统计数的信息，体现花数本身里程碑的特性，如图 6-4 所示。混合使用、元素组合，适用于地面、墙面踢脚、栏杆玻璃等细部及标识性装饰及造型。

（3）山水视界：独具风格的传统艺术

中国画是民族艺术的瑰宝，富有诗情画意和传统美。京张高铁结合这一传统文化艺术加以呈现，选择描绘沿线风景、自然界生机活力的山水画。取景布局、灵活构图、视野宽广。运用钩、勒、皴、擦、点、渲、染等技法，突出表现传统中国水墨画的写意与气韵，彰显京张高铁传承文化艺术同时，揭示人生哲理的深刻寓意。提取中国山水画的核心表现元素及技法，将传统中国画的写意手法,结合现代性的表现方式加以呈现,创作京张高铁独有的"中国山水意象"视觉装饰图像及纹样,如图 6-5 所示。适用于柱面、墙面、玻璃幕墙、栏杆玻璃等细部及标识性装饰及造型。

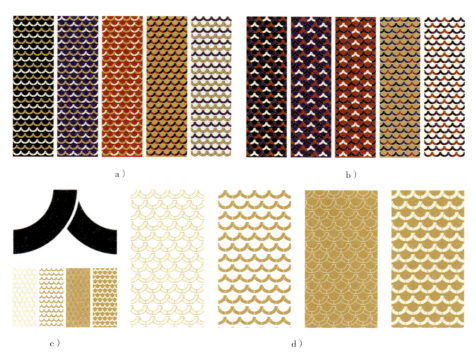

图 6-3 "人字纹"视觉装饰图样

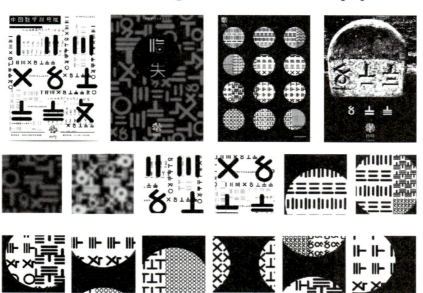

图 6-4 "苏州码子"视觉装饰纹样

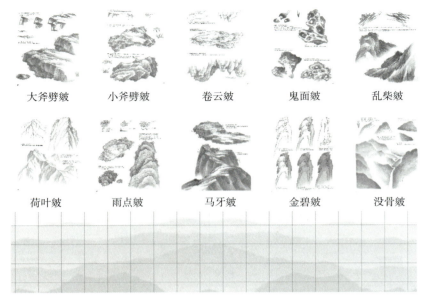

图 6-5 "中国山水意象"视觉装饰图像及纹样

（4）匾额：见证中华发源的文化艺术

中国是匾额文化的发源国，匾额历史源远流长，至今已有 2500 多年历史。匾额，在古代是指悬挂在宫殿当心间檐下的题字，在现代建筑物中则是挂在门上方或屋檐下的字。

匾额是悬于门屏上的牌匾，用以表达经义、感情之类的属于"匾"，而表达建筑物名称和性质之类的则属于"额"。京张高铁站房设计围绕着文化艺术的内涵，更多的是传承荣耀和精神存在。而且这份荣耀，不私藏、不束之高阁，通常将其立于墙上、门头中央等位置，为人所见，感人所感，激励后世之人，将美好品质薪火相传。

3）京张高铁 Logo 设计

京张高铁在 Logo 设计，贯以人字纹、祖国山河、中华大地、动车驰骋的外形（图 6-6），简明缜密，易于拓展，似人似山似城的变形、出神入化的定题，将"中国高铁行进在祖国广袤大地上"意境得以充分表达。

图 6-6 京张高铁 Logo 的人字纹元素

6.2 区间绿色景观与文化设计

6.2.1 路基地段绿色景观与文化设计

全线路基边坡总体绿色生态设计，按照"重点区域景观设计，一般区域生态设计"的指导思想,划分为一般路基边坡植物生态防护设计及重点路基边坡植物景观设计。

1)路基边坡绿色生态设计

硬质岩路堑边坡维持原有的边坡分级高度及边坡坡率,坡面采用GPI岩质边坡植被建造技术或锚拉式岩质边坡绿色防护技术防护,边坡分级平台设置截水沟,如图6-7所示。

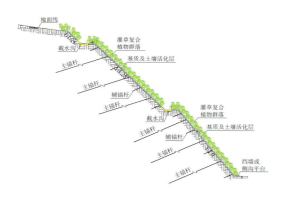 

a)断面设计图　　　　　　　　　　　　　b)防护效果实景

图6-7　GPI岩质边坡植被再造技术断面设计图及防护效果实景

土质路堤边维持原有的边坡分级高度及边坡坡率,坡面设置混凝土截水框架,截水框架由上、下镶边及截水槽组成。上、下镶边岩坡面长0.4m,厚度0.3m,截水槽宽0.6m,厚度0.3m,纵向布置间距10.0m。当路堤边坡高度小于5.0m时,路堤边坡坡面直接利用穴植容器苗技术进行生态绿化防护,种植密度16株/m^2,防护灌木选择卫矛、小叶黄杨、金叶女贞、水蜡、沙地柏等耐寒、耐旱、耐贫瘠的乡土灌木;当路堤边坡高度大于5.0m时采用高强土工格室辅助固土,格室铺设完成后,进行覆土绿化,植物选取及种植密度与边坡高度小于5.0m路堤相同,如图6-8所示。

a)土工格室铺设　　　　　　　　　　　　b)坡面效果实景

图6-8　坡面土工格室铺设及坡面效果实景

设计过程中提出了岩质深路堑边坡坡面刚柔结合的锚拉防护体系、路基坡面新型土工材料辅助固土技术,解决了采用植物柔性防护结构的边坡稳定问题。开展了滴灌、渗灌等多种灌

图 6-9　路基边坡绿化智能灌溉系统

溉技术现场测试研究,通过坡面埋土壤墒情传感器等设备,利用手持设备 App 程序远程控制,实现了智能灌溉,如图 6-9 所示。路基段绿色防护效果如图 6-10 所示。

2)重点路基边坡绿色景观设计

当路基通过区域为重点景观功能区时,进行路基边坡植物景观设计,主要原则为维持原路基边坡分级高度、边坡坡率及防护措施,根据地区景观需求及全线总体景观设计要求,选取不同颜色叶片的灌木植物进行色彩、图案搭配设计。

a)防护效果图

b)实景

图 6-10　路基段绿色防护效果图及实景

通过研究,掌握了多种城市景观植物野外过冬适应性及成活特征,以色带为主要基调元素进行景观图案创意设计,利用不同叶色灌木进行搭配栽种,最终实现路基边坡植物景观效果。在 DK90、DK140 及 DK158 等路基地段,开展了"五彩冬梦""飞越四海""继往开来"为主题的路基边坡景观设计,取得了良好的景观效果,如图 6-11、图 6-12 所示。

a)设计效果图

b)实景

图 6-11　"五彩冬梦"景观设计效果图及实景

绿色景观与文化设计　CHAPTER 6

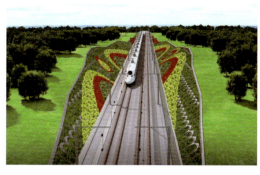
a）设计效果图

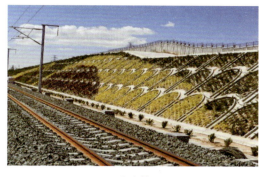
b）实景

图 6-12　"继往开来"景观设计效果图及实景

6.2.2　桥梁地段绿色景观与文化设计

1）桥下绿色设计

桥下树种选取不同色彩的植物与五大景观段景色相呼应，城郊风光段和雪国风光段以常绿树种为主、关塞风光段以色叶树种为主、大泽风光段和燕北风光段以自然乡土树种为主。桥下一般绿化地段内侧以植草为主，两侧种植灌木；重点绿化地段增加采用观赏性灌木点缀，观赏性灌木不少于总量 30%。设计效果图及实景如图 6-13 所示。

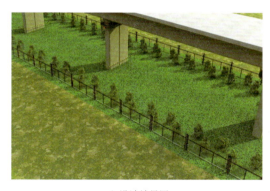
a）设计效果图

b）实景

图 6-13　桥下绿化设计效果图及实景

2）重点桥梁景观文化设计

（1）京张官厅水库大桥

文化主题："百年京张，龙腾盛世"。结合老京张铁路的历史意义，突出"百年京张，龙腾盛世"的文化主题，象征祖国的繁荣富强，也表达了对我国 2022 冬奥会成功举办、体育事业再创辉煌、取得腾飞的美好祝愿。

官厅水库大桥主桥采用 8 孔 110m 简支拱形钢桁梁结构，结构富有韵律、造型优美的特点，犹如一道彩虹跨越过平静湖面，如图 6-14 所示。跨越官厅水库的 880m 长的主桥范围内设景观照明工程，景观照明设计凸显传统与现代、光线与造型、速度与激情的结合，且不断推陈创新，提炼文化元素，将桥身结构与中国传统文化相结合，并融入现代高铁的理念，使设计充满时代的厚重感。同时利用变幻的动态、多色彩灯光衬托桥梁的整体造型，将设计理念以照明效果的形式传达给观看者，是中华民族伟大复兴、祖国经济飞速发展的最好呈现。

图 6-14　官厅水库特大桥实景

桥梁景观照明共设有"神龙戏水、二龙戏珠、五环奥运、烟花璀璨、复兴繁荣"等多个有机衔接的动态照明主题。并根据不同区域的灯具点亮情况，设置了一般、一般节日和重大节日三种模式。通过采用独立的智能照明控制系统，可实现区域控制、模式控制、定时控制。官厅水库特大桥景观照明效果如图 6-15 所示。

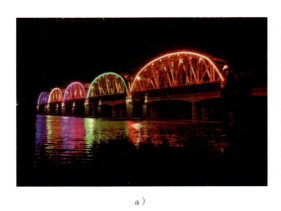
a)

b)

图 6-15　官厅水库特大桥景观照明效果

为解决桥梁钢结构的振动影响、防腐要求等问题，采用特制防松螺母对桥上的安装件进行固定，并对灯具采取防坠落措施，最大限度地保障了行车安全，避免了灯光行车干扰。此外，创新性地设计了外置遮光罩，颜色与桥梁本体一致，在白天形成了"见光不见灯"的效果，同时起到限制眩光、提高灯具使用寿命等多种功能。

京张高铁通车后,景观照明系统将在节假日或特定时段开启,形成桥连山水景如画、虹如巨龙腾天飞的壮丽景观,以它璀璨夺目的特有光和色照亮百年京张 110 年负重前行的光辉历程。

(2)九仙庙中桥景观文化设计

九仙庙中桥位于八达岭长城景区,居庸关隧道出口和新八达岭隧道入口之间,以 1-45m 上承式钢筋混凝土无铰拱桥跨越山谷冲沟。

根据自然环境,并充分结合桥址区地形、地质条件选择最适宜的桥型——拱桥,能与景区周围环境相协调,融于自然。对拱桥结构造型、外观装饰进行了精心的设计:桥身、桥头、隧道入口各个部分的风格保持一致;拱上两侧各设两个挖空的腹孔,腹孔顶为圆曲线,既减轻了自重,又使结构造型优美、圆润,富有动感;拱桥外立面以刻槽进行装饰,与外部环境整体和谐,增强其观赏性。在充分融入大气宏伟的人文理念的基础上,诠释"天人合一,效法自然,和谐包容"的设计理念。整座拱桥像优美的彩虹展现在八达岭风景区。景观设计效果及实景如图 6-16 所示。

a)设计效果图　　　　　　　　　　b)实景

图 6-16　九仙庙中桥景观设计效果图及实景

3)桥梁栏杆文化景观设计

为体现京张高铁"包容创新、人文京张"的核心设计理念,展示奥运主题并融合当地特色文化,重点对京张高铁的桥梁栏杆进行文化设计,选用具有特色的栏片图案,在符合铁路设计规范的基础上将实用性及观赏性进行了完全的结合,打造了主题景观型铁路,如图 6-17、图 6-18 所示。

a)　　　　　　　　　　　　　　　　b)

图 6-17　冬奥会元素栏杆图案

图 6-18 九仙庙中桥长城元素栏杆图案

6.2.3 隧道洞门绿色景观与文化设计

京张高铁共设 10 座隧道，除清华园隧道无洞门两端接 U 形槽处设置景观声屏障外，其余 9 座隧道共有 18 个洞门；崇礼铁路共设 5 座隧道，共 10 个洞门。根据隧道洞口所处位置、周边环境，通过主要视角对全线隧道洞门进行分析，确定洞门景观设计的一般景观洞门和重点景观洞门。京张高铁重点景观洞门共 6 个，一般洞门共 12 个；崇礼铁路重点景观洞门共 1 个，一般洞门共 9 个。洞门分布情况统计见表 6-1。

重点景观洞门和一般景观洞门分布情况统计表　　　　表 6-1

序号	隧道名称	进口里程	景观等级	出口里程	景观等级
京张高铁					
1	清华园隧道	DK13+400	无洞门	DK19+420	无洞门
2	南口隧道	DK52+953	重点景观洞门	DK55+985	一般洞门
3	居庸关隧道	DK56+092	一般洞门	DK59+136	重点景观洞门
4	新八达岭隧道	DK59+260	重点景观洞门	DK71+270	重点景观洞门
5	东花园隧道	DK82+770	重点景观洞门	DK87+740	重点景观洞门
6	西黄庄隧道	DK132+250	一般洞门	DK137+130	一般洞门
7	董家庄隧道	DK142+195	一般洞门	DK143+357	一般洞门
8	祁家庄隧道	DK144+125	一般洞门	DK149+865	一般洞门
9	八里村隧道	DK169+600	一般洞门	DK171+032	一般洞门
10	草帽山隧道	DK172+980	一般洞门	DK180+320	一般洞门
崇礼铁路					
1	孙家庄隧道	DK4+578	一般洞门	DK6+040	一般洞门
2	新兴堡隧道	DK10+548	一般洞门	DK12+680	一般洞门
3	正盘台隧道	DK30+425	一般洞门	DK43+399	一般洞门
4	青羊隧道	DK44+476	一般洞门	DK45+870	一般洞门
5	太子城隧道	DK46+285	一般洞门	DK51+060	重点景观洞门

隧道洞门设计需要满足三大需要：一是安全需要，挡土压、防落石、截汇水；二是功能性需要，减缓空气动力学效应，顺洞内外衔接；三是美观需要，与环境协调，使工程美化，提升高铁品质。

洞门景观设计贯彻了"地域元素、自然融合、简洁实用、美观大方"的设计理念。根据隧道洞门的需要，确立了洞门景观设计的基本原则为：美观、简洁、实用、经济。洞门景观设计与自然环境、人文景观相协调。将地域特色引入隧道景观洞门设计，考虑自然环境层面和地域文化层面。自然环境层面主要是区域地形、地貌、植物、水、气候条件等；地域文化层面主要是区域历史传统、风土人情、观念习俗、建造技术等。地域特色既可以提升自我形象，又可以传承古人遗留下来的精神财富。

1）重点景观洞门设计

重点景观洞门采用"地域元素、自然融合、简洁实用、美观大方"的设计理念。

（1）南口隧道进口洞门

隧道进出口洞门借用百年老京张铁路既有隧道洞门形式，并与周边环境协调统一，让百年老京张铁路建筑文化在京张高铁中延续，如图6-19、图6-20所示。

图6-19 京张铁路"五桂头山洞"洞门

a）设计效果图　　　　　　　　b）实景

图6-20 "古韵传承"京张高铁洞门设计效果图及洞门实景

（2）居庸关隧道出口与新八达岭隧道进口

居庸关隧道出口与新八达岭隧道进口周边地形陡峭，风景秀丽，层峦叠翠，近邻居庸关长城。隧道洞门设计借用了长城烽火台的元素，两隧道之间设置一处具有中国最古老拱桥形式将两座烽火台相连，拱桥、山涧、古长城相互辉映，融为一体，形成"峰台桥映"的美景，如图6-21所示。

（3）新八达岭隧道出口

新八达岭隧道地处关塞风光段，采用长城城垛等表现形式，点亮关塞风光。造型实现中国元素、百年京张文化与现代高铁的有机结合，体现了高铁隧道与区域环境和文化共生共荣的设计理念，如图6-22所示。

a）设计效果图　　　　　　　　　　　　　　　b）实景

图 6-21　"峰台桥映"洞门设计效果图及实景

a）设计效果图　　　　　　　　　　　　　　　b）实景

图 6-22　"城台夕照"洞门设计效果图及洞门实景

（4）东花园隧道进出口

东花园隧道地处大泽风光段，为浅埋隧道，两端出露地面，明洞顶部回填后采用灌草绿化，与周边整体环境一致，如图 6-23 所示。

a）设计效果图　　　　　　　　　　　　　　　b）实景

图 6-23　东花园隧道进口设计效果图及洞口实景

（5）太子城隧道出口

结合奥运规划和现场地形，太子城隧道出口采取"消隐式"的端墙台阶式洞门。在压顶帽檐的设计上，加入了硬山顶的仿古元素，体现"古城"的特色元素，表达"古城新意"的主题。端墙与洞外 U 形槽边墙引入冬奥会元素，设置滑雪图案，如图 6-24 所示。

绿色景观与文化设计 **CHAPTER 6**

a)

b)

图 6-24 太子城隧道出口洞门设计效果图

2）一般景观洞门设计

一般景观洞门主要满足隧道洞口安全为主，结合洞口地形采用传统的挡墙式洞门、斜切式洞门形式，隧道洞口绿化以恢复生态和植被为主。绿化实景如图 6-25 所示。

a)

b)

图 6-25 阶梯式花坛绿色防护实景

6.2.4 声屏障景观与文化设计

京张高铁在途经北京市境内高新企业、科研、高等教育院校等重点声环境敏感段落设置了全封闭、半封闭式声屏障。在满足隔声降噪环保功能性要求同时，对全封闭、半封闭式声屏障进行了文化景观设计，采用钢筋混凝土结构的"京张砖韵"方案，在传统声屏障的基础上融入了老京张铁路的文化与景观元素。声屏障采用钢筋混凝土框架形式，既便于维护，又符合京张文化景观需求。民国风格的灰砖墙及拱窗的元素提取自老京张铁路清华园车站，增添了怀旧感与历史的厚重感，象征着对京张铁路精神的继承与发扬；拱形窗为内部采光的同时增加了乘客的观赏乐趣，也为外部视角的观感增加了通透性；线脚样式融入了老京张铁路清华园车站与清华园牌坊西洋风格的元素，为声屏障增添了文化气息；内部墙体涂饰吸声涂料，保证了声屏障的功能性。考虑到美观与采光需求，采用亚克力固定窗，增强声屏障的稳定性与安全性，如图 6-26～图 6-28 所示。

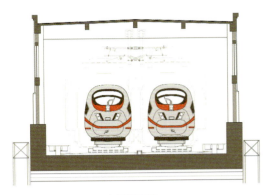
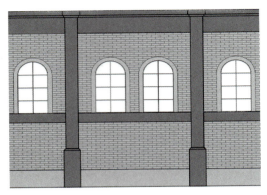

a）横断面图　　　　　　　　　　　　　　　b）侧立面图

图 6-26　全封闭声屏障结构横断面图和侧立面图

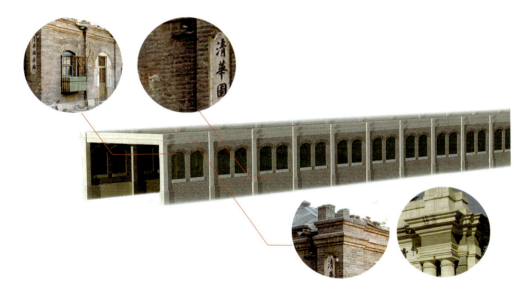

图 6-27　声屏障分析图

a）　　　　　　　　　　　　　　　　　　b）

图 6-28　声屏障景观实景

6.3 车站绿色景观与文化设计

京张高铁全线共设车站 10 座（含延庆支线延庆站），崇礼铁路设车站 1 座。京张高铁作为奥运工程，是国家形象展示、践行生态文明理念的窗口。根据"精品工程、智能京张"的建设要求，对京张高铁客站站区范围内车站站区进行了"一站一景"的景观和文化设计。

首先，对百年老京张铁路的景观和文化特色进行了研究和发掘。京张高铁与老京张铁路同一起点、同一个终点，线路相伴而行，老京张铁路沿线遗存的建筑、构筑物、饰物等触目皆是。在老京张铁路站舍、房屋屋檐、壁柱、围栏、纹饰等方面广泛采用长城墙上凹凸形的短墙垛口（瞭望口）；长城敌楼、烽火台、城堡被植入火车站繁体字站匾额（青龙桥站）中，建筑主体外形的系列化、灰麻色的基调、比例适度的细节、厚实坚挺的外观、自然清晰的质感等，形成了鲜明的京张文化特色，留下当时历史文化的印记，如图 6-29、图 6-30 所示。京张高铁设计，在传承百年老京张铁路文化的同时，结合新时代的特点和沿线的自然风貌、地貌特征，将民族、地域、奥运、冰雪、人文、历史等文化元素植入京张高铁的设计之中。

图 6-29　老京张铁路青龙桥站

图 6-30　老京张铁路西直门站

其次，按照站城融合、集约发展、人文绿色、信息共享的一站一景总体设计原则，重点从站区总平面布局、建筑风格、站前广场及地下空间、站区生产生活房屋及设施、其他配套设施等方面进行一体化设计。然后对站区范围内的场、段、所、工区等的室外可绿化用地区域进行了一体化绿色景观设计。站区景观绿化结合建筑功能主要分为广场区绿化、办公区绿化、生产区绿化、站台区绿化以及生活区绿化。广场区绿色空间布局迎合使用需求，构建人流集散空间、休憩空间和观赏交流空间等来充实广场的层次。办公区绿化坚持以人为本，根据功能区合理植物配置，选择有季相变化的特色植物，色彩搭配合理。生产区绿化根据车间生产特点，考虑生产运输、安全、维修、管线影响等要求进行植物配置。在保证绿化不影响车间采光、通风前提下设置。有污染车间周围的绿化，考虑污染物的成分和污染程度，选择抗性树种。仓库堆场绿化充分考虑交通运输条件和储存物品的搬运，方便装卸运输。站台区绿化注重与路基绿化相协调，保证行车安全。生活区绿化结合建筑布局和原有地形合理植物配置，达到改善生态、美化生活环境，增进员工身心健康的目的。植被选择上，"适地适树""适景适树"作为最重要的立地条件。选用生长健壮、病虫害少、易于养护品种，要做到宜树则树、宜花则花、宜草则草，充分反映出地方特色，做到最经济、最节约，也能使植物发挥出最大的生态效益。站区采用具有代表性的乡土植物作为背景，配合站区的文化元素进行详细的景观设计。整体设计采用常绿树与落叶树、速生树与慢生树、乔木与灌木相结合，不同花期的草花与木本花卉相结合，使绿化一年四季都有良好的景观效果。

◎ 6.3.1 站房绿色景观与文化设计

1）北京北站

（1）文化主题：通合

"应天以顺时，辨方而正位；乃相乃度，载经载营；贯天河而为一，与瀛海其相通；西接太行，东临碣石，巨野亘其南，居庸控其北；北通朔漠，南极闽越，西跨流沙，东涉溟渤。"历史上北京先后成为辽陪都、金中都、元大都、明、清国都，这里群英荟萃，闪烁古今，是祖国的名片，是文化交流与融合最核心的地方。

北京北站地处北京市二环，是京张高铁的始发终到站，坐落于市中心的西直门综合交通枢纽中。京张高铁以北京北站为载体，以"通合"为文化主题，配以京张高铁Logo，延续老京张铁路、西直门老站房文脉，集合北京北站新、老站房，新、老机车，铁路桥隧，太阳，祥云，和平鸽，绿水青山等文化元素（图6-31），以精致图案、适当比例、和谐色彩、典雅造型创意诠释历史、文化，在分享感官视觉的愉悦中，感受现实、古老的融汇和融合。

图 6-31

g) h)

图 6-31 北京北站文化元素

（2）文化元素应用与表达

北京北站文化创新以"天地合德，百年京张"为主题，在贯穿京张高铁文化主线的同时，突出视觉表达，充分显现首都北京"名都足迹"城市元素，极力展示京张高铁的"中国速度"，传递延续悠久的历史和时代气息。

围绕设计寓意，结合进出站检票流线及布置的优化、改造，在面向站台既有站房的北立面设计制作了两块矩形仿石浮雕，对称中部门厅嵌贴：刻映有老西直门站遗址、既有北京北站、新老铁路动机车及桥隧为主的呈像，图样的中、远呈像以阳光、绿水青山、大地衬托，祥云、和平鸽围合，镏金勾丝，仿石浮雕效果内涵流年，耐人寻味。令"百年京张""中国高铁奔驰在祖国广袤大地上"得以充分彰显、弘扬。

①匾额。

站房北墙上"北京北站"匾额（图 6-32），覆以金色、大气磅礴的榜书，高悬于候车厅门正中，醒目庄重，高雅端庄。金色匾额——于站房北墙增设金色匾额及浮雕，集实用性与艺术性高度统一，彰显首都北京古往今来、历史悠久的皇城特征及百年老京张铁路延绵深厚的文化内涵。此手法大胆运用中华特有的文化思想的表达传统方式——楹联、匾额，以两侧浮雕比作楹联楹墙，匾额为横，画面中心以京张高铁"人"字形 Logo 为主体，画面体现老西直门站房、京张站房、老机车、新动车，其铁路、桥隧、祥云、和平鸽、绿水青山等元素，异曲同工、概括直观，传达凸显北京北站在京张高铁的功能、北京枢纽的特有定位。

图 6-32 "北京北站"匾额

②外立面文化元素。

在既有北立面基础上优化立面造型增加塔楼及腰线，凸显立面进退关系，整合山墙面小窗的零碎感，增加回字纹、人字纹、站名匾额及壁画浮雕等文化艺术元素，整合玻璃幕墙及门斗序列关系等。玻璃护栏、围挡、外门等部位增加丝网印刷京张 Logo 等文化元素，如图 6-33、图 6-34 所示。

图 6-33　北立面改造后的设计效果图

图 6-34　北立面改造后的实景

（3）文化展示

京张铁路西直门老站房（图 6-35）既有北京北站房外墙的灰色基调，点缀铜仿旧金属质感 Logo，表达出北京市井建筑、胡同文化与高铁交通文化的变迁、史实，冠以"点石成金"寓意；与站房北墙增设金色匾额及浮雕相呼应，彰显百年老京张铁路延绵和深厚的文化内涵（图 6-36）。

a）

b）

c）

图 6-35　西直门老站房

2）清河站

清河站处于北京市城区内，工程用地紧张且站区房屋规模较大，设计考虑大量线下空间开发及线路上盖停车场，并将站区房屋集成设计。综合附属楼 A、综合附属楼 B、信号楼、铁路变配电所、行包库等建筑与站房在色彩与风格上与主站房协调统一。

图 6-36　新建围墙实景

景观绿化上，意在创造有城市文化特色的铁路景观，强调文化性，充分利用城市、铁路历史个性和文化遗产。景观绿化注重室内旅客观景视线，西广场台阶绿化、附属楼垂直绿化以及老站房重点展示区域景观基于旅客的观赏视线内外呼应，凸显京张人文底蕴，丰富旅客与车站的互动空间，如图 6-37、图 6-38 所示。

图 6-37　清河站"一站一景"效果展示（1）

a)

b)

图 6-38　清河站"一站一景"效果展示（2）

（1）建筑造型理念

站房以"海纳百川"为设计理念。站房屋面和轮廓比例呼应了中国传统庑殿顶屋面形式，体现了对北京古都文化的尊重。单坡张悬曲面屋顶，"A"字形柱廊，抬梁式悬挑屋檐等既现代又传统的建筑结构语言，不仅体现出清河站对于北京古都风貌的尊重，同时也展现了现代化城市枢纽建筑的通透与开放，以海纳百川的精神为北京北部枢纽区域带来新的秩序与形象，如图6-39、图6-40所示。

图6-39 清河站人视点效果图（1）

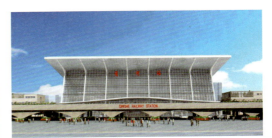

图6-40 清河站人视点效果图（2）

（2）文化主题：不息

清河站是京张高铁主要始发站，老京张铁路诞生之际也恰是近现代中华民族自觉、自强不息的起点。自詹天佑始，中国铁路人的精神从老京张铁路开始薪火相传，生生不息。取人与天地合德之自强不息精神，取中华民族图腾长城之自强不息精神，取百年铁路人之自强不息精神。

（3）文化元素的应用与表达

一层西进站集散厅文化应用与表达主要包括匾额、背景墙的主壁画、两侧折板墙的八连屏壁画，观光电梯及临空玻璃栏板的丝网印刷纹样。

①匾额。

匾额设计融合了老京张铁路"人"字形概念。在体现现代感的基础上也不抛弃传统装饰纹样，内部使用从古流传至今的贴蛋壳手法作为站名的底纹，为清河站增添了雅致的艺术风格。在延续中国古典精神的同时以现代的工艺技术使之成为现实。匾额边框及文字分别延用中国传统工艺手工、艺术大漆、掐丝珐琅、嵌铜等工艺的叠加来展现当代感，如图6-41所示。

图6-41 清河站匾额

②背景墙的主壁画。

西进站厅背景墙的主壁画将新老京张的建设历程进行艺术化提炼与表现，如图6-43所示。站房、桥梁、隧道、火车、盾构机、架桥机、铺轨机等元素无处不体现着技术的进步，进而表现出京张铁路精神的传承与弘扬。壁画的中心视觉由代表最先进生产力的复兴号与1957年第一辆中国自主设计制造的火车构成；穿梭的铁轨也由老的轨道发展为新型高铁轨道，轨道的变奏使画面充满速度和前进的构成感；远处绵延的长城与西山含蓄的表达站房所处的地域文脉。

在离主壁画前1m左右的位置，设立一块高约60cm金属展板（工艺：腐蚀+丝网印刷）。整块展板表达从老京张铁路到新京张高铁这 110 年的铁路建设发展历程。以文字、图片及二维码的形式呈现，如图 6-42～图 6-44 所示。

图 6-42　西进站厅背景墙的主壁画设计效果图

图 6-43　清河站西进站厅壁画设计效果图

图 6-44　清河站西进站厅壁画实景

③主贵宾室的主题壁画。

利用艺术镶嵌大漆画来展现北京地标性古迹建筑、新建筑以及现代高铁动车组和桥梁。融合成一幅文化艺术内容丰富的艺术壁画，如图 6-45 所示。

④次贵宾室的主题壁画。

利用石材浮雕精美的质地展现北京地标性古迹建筑以及现代高铁动车组和桥梁。融合成一幅文化艺术内容丰富的画卷，如图 6-46 所示。

图 6-45　清河站主贵宾厅实景

图 6-46　次贵宾室的主题壁画实景

（4）文化展示

清河站利用老站房作为文化展示以及新老京张对话的场所。室外保留老京张时期的铁轨作为早期工业文物遗存，与新京张高铁交相辉映，跨越百年同站同框。老站房的存在代表了老京张文化不息，它是铁路人的精神寄托。清河站为了实现对老站房的保护，使百年京张的精神得到完整的传承，采用异地搬迁保护方案。对老站房进行必要的修缮加固和展示陈列，实现新老建筑的历史对话，切实保留好对老京张铁路清河站的历史记忆。

设计中以还原老京张时期真实情境为表现主题，以图片布置为主展陈功能，情景式介入设计，再现老京张铁路清河站的原貌。主展板两侧设置四个展柜，通过展示新、老京张铁路建设过程中的珍贵文物，向广大人民群众宣传老京张铁路建设者们攻坚克难、自强不息、艰苦奋斗的伟大精神，也展示老京张铁路这条标志性铁路历经沧桑旧貌新颜的时代风貌，如图 6-47 所示。

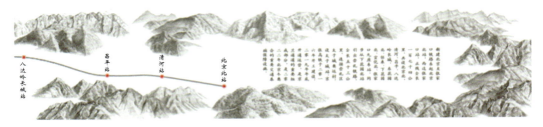

图 6-47　清河站主题展板

3）八达岭长城站

（1）建筑造型理念

八达岭长城站处于世界文化遗产核心区域，为尽量减少对环境影响，以"形隐于山"为设计理念，站区房屋与站房合建，并设置在地下空间。站房建筑造型设计将站房与自然环境融为一体，既适当地显示出交通建筑的标志性和现代特征，又不对历史人文和自然景观造成影响。景观绿化上，设计注重世界文化遗产保护，强调地域和谐，减少生态干扰，表达出对历史文化的尊重与再现，屋顶绿化与边坡恢复的景观设计将站房与周围山体相融合，如图 6-48 所示。

图 6-48　八达岭长城站室外实景

（2）文化主题：丰碑

长城是中华民族自强不息的精神图腾，是中华民族文明史的丰碑；途经长城的老京张铁路人字形铁路是中国现代工业文明史中闪耀的灵光，老京张铁路是中国铁路建设史中的第一座丰碑，而高铁是当下"中国名片"，是老与新、古与今的对话，也是新中国工业文明的丰碑，如图6-49、图6-50所示。

体现长城文化

通过建筑体块的错落堆叠，呼应了错落有致的长城形式

图6-49 八达岭长城站文化主题（1）

就地取材

建筑立面材料选用米黄色砂岩石，并做表面处理，与长城城墙的质感达到一致

图6-50 八达岭长城站文化主题（2）

（3）文化元素应用与表达

①匾额。

匾额设计在形态上寄托了对中国古典精神的思考和延展，边框应用具有长城标志的锯齿元素，加以金属条装饰，底纹阴刻雄伟的长城艺术壁画，如图6-51所示。

图6-51 八达岭长城站匾额

②装饰壁画。

进站候车厅墙面艺术装饰壁画雕刻八达岭长城山水长卷。艺术品的展示既不突兀，又巧妙地与站房内建筑语言融合，如同站房隐于自然环境中。进出站通道墙面壁画沿用一楼候车厅的山水、长城主题长卷作为观赏艺术装饰壁画。在车站上下两通道中运用风景长卷，使旅客在进出站都能感受到绵延不绝的长城穿梭在崇山峻岭中的景象。砂岩墙面是壁画展示区，选用吸音降噪材料，利用天然的砂岩色彩与机理营造自然岩层的视觉体验，壁画采用含蓄的表现手法，与室内、建筑设计理念融合在一起，如图6-52～图6-55所示。

a）

b）

图 6-52　八达岭长城站装饰壁画

图 6-53　八达岭长城站地下站壁画实景（1）

图 6-54　八达岭长城站地下站壁画实景（2）

图 6-55　八达岭长城站地下站设计效果图

4）东花园北站

（1）建筑造型理念

东花园北站以"京张新产业，花园创新城"为设计理念，站房整体设计延展、舒适，线条运用简洁明快。站房前的花形柱廊为旅客营造了舒适的城市与交通衔接空间，表达了"花园新城"东花园镇的含苞待放之势，促进新型产业之花开向世界，如图 6-56、图 6-57 所示。

图 6-56　东花园北站鸟瞰图

图 6-57　东花园北站人视点效果图

（2）文化元素应用与表达

①匾额。

图 6-58　东花园北站匾额

站房的设计将现代与古典有机交融，提取花形和参数化表皮运用到匾额的设计中，与建筑语言有机契合。结合室内装修模数，匾额长 3.3m、高 1.03m，放置于候车厅室内主入口上方，如图 6-58、图 6-59 所示。

图 6-59　东花园北站客厅匾额实景

②外立面文化元素。

站房外立面的花形柱廊为旅客营造了舒适的城市与交通衔接空间。以空间钢格构形成花伞造型主体，外饰铝板幕墙，形成连续完整的花形曲面。花伞中部凹槽做成镂空铝板花饰，花饰自下而上由规则的菱形逐渐演变为具象的海棠花，寓意科技之花的盛开。内外艺术照明丰富装饰效果。站房两侧菱形窗，虚实对比且富有渐变韵律，充满了新型科技的节奏美感，如图 6-60、图 6-61 所示。

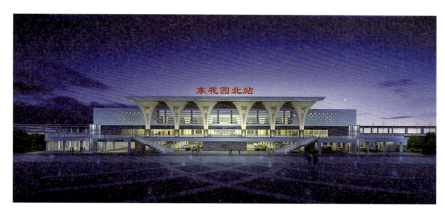

图 6-60　东花园北站外立面

图 6-61　东花园北站外立面文化元素

③独特文化标识。

按照全线统一策划的京张高铁人文符号,提取人字图案,组合成海棠花、葡萄硕果、官厅水波等图形,体现在地道、出站通道和候车厅的装饰细节上,形成东花园北站独有的人文文化标记,如图6-62、图6-63所示。

图6-62　出站通道文化装饰　　　　　　　图6-63　候车厅人字纹海棠花装饰纹样

④架空层中轴处的文化照壁。

利用架空层空间设出站厅,不仅避免了进出站流线交叉,还使得旅客方便地由地道直通铁路自营停车场以及地面公交、出租车场,体现便捷换乘,体现对旅客的人文关怀。架空层中部设计的文化照壁,采用了代表东花园镇的海棠花和葡萄图案,易县黑石材幕墙也使人联想到四合院的灰色墙体,体现了京、冀地区民居建筑的文化内涵,展现东花园"春华秋实"的美好寓意,如图6-64所示。

⑤站房与基本站台结合部柱廊。

在站房与基本站台之间的连接处空间,通过一半站台雨棚柱的镜像关系,沿纵向形成对称的柱廊空间,形成和谐统一的视觉效果,与站房造型协调统一,简洁规整。柱廊小平顶处序列灯具,韵律优美,为基本站台的旅客提供了舒适的无风雨换乘空间,如图6-65所示。

图6-64　架空层中轴处的文化照壁　　　　　　图6-65　东花园北实景

5）怀来站

（1）建筑造型理念

怀来站以"葡萄美酒夜光杯""一水,三城,四张名片"为设计理念,站房整体设计延展、舒适,线条运用简洁明快。站房前的酒杯形柱廊为旅客营造了舒适的城市与交通衔接空间,表达了开放创新迎繁荣、共创美好新怀来的寓意,如图6-66、图6-67所示。

绿色景观与文化设计　CHAPTER 6

图 6-66　怀来站鸟瞰图

图 6-67　怀来站人视点效果图

（2）文化元素的应用与表达

①站房外立面文化元素。

站房正立面上设置了四张浮雕，分别代表了怀来的四张名片：一座古城、一位英雄、一盆净水、一瓶美酒。开门见山地介绍了怀来的自然、人文景观和文化内涵，如图6-68～图6-70所示。

②独特文化标识。

山水建筑代表了怀来当地的风土人情，人字纹穿插装饰，体现京张高铁贯穿、纵横、发展、以人为本的理念。信息屏两侧装饰工艺采用铝板折弯烤漆UV印刷，丰富了装饰层次，增强画面效果，如图6-71、图6-72所示。

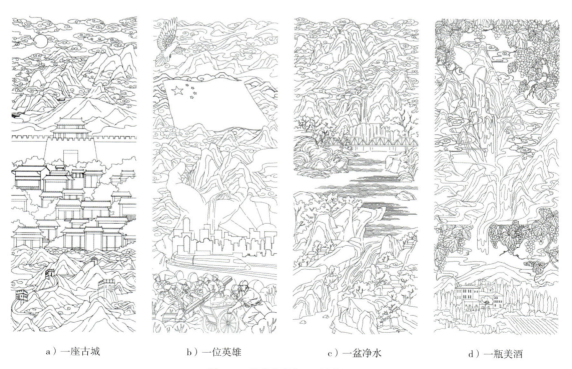

a）一座古城　　　b）一位英雄　　　c）一盆净水　　　d）一瓶美酒

图 6-68　怀来站站房正面浮雕图案

223

图 6-69 混凝土浮雕方案效果图

图 6-70 铜材质浮雕方案效果图

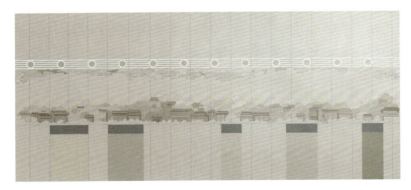
图 6-71 山水建筑文化标识

图 6-72 信息屏两侧装饰

③站房陶板饰面、匾额。

怀来站站房多用陶板饰面镂空组合，匾额用米色系组合搭配。结合站房造型及功能流线，将怀来站艺术匾额设置在框形建筑轮廓墙内侧，售票厅右侧石材幕墙上，如图6-73、图6-74所示。

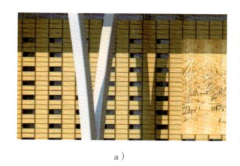 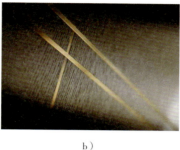 

a)   b)   c)

图6-73 怀来站站房陶板饰面镂空组合

a)   b)

图6-74 怀来站艺术匾额设置

6）下花园北站

（1）建筑造型理念

下花园北站以"拥抱城市与自然"为设计理念，建筑整体形象恢宏大气，偏转的柱型将室内景观导向南侧的鸡鸣山，广场柱廊的弧线围合将两侧的公交枢纽与商业配套一体化整合，如图6-75、图6-76所示。

图 6-75　下花园北站鸟瞰图

图 6-76　下花园北站人视点效果图

（2）文化元素应用与表达

①匾额。

匾额字体采用竖排版，置于站前柱廊端部区域，如图 6-77 所示。

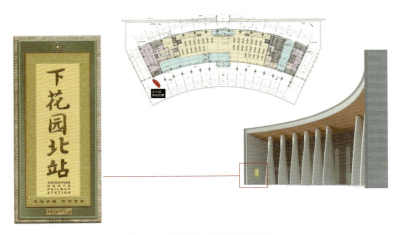

图 6-77　下花园北站站房匾额设置

②立柱及空间装饰。

立柱采用强度等级 C35 的混凝土，为防止后期在雕刻过程中后期的表面涂层大面积随机脱落，采用篆刻＋绘制着大漆工艺完成，如图 6-78 所示。

图 6-78　下花园北站立柱及空间装饰

③玻璃幕墙装饰窗框。

以张家口地区蔚县剪纸工艺为基础，结合京张高铁通用艺术图标 Logo 和苏州码子、历史重要年份为运用元素进行组合。金属花窗格栅与陶板同色，从北侧幕墙里面安装在陶板墙上侧幕墙，南侧根据需要安装在第二层幕墙上，阳光透射进来，形成光影婆娑的效果，如图 6-79 所示。

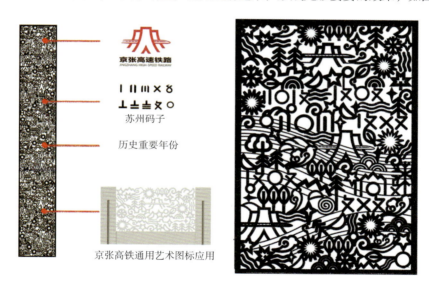

图 6-79　下花园北站玻璃幕墙装饰

④铁艺栏杆。

以京张高铁通用艺术图标 Logo 和苏州码子、历史重要年份为运用元素进行组合，如图 6-80 所示。

7）张家口站

（1）建筑造型理念

张家口站处于城市老城区与经济发展区交界处，面向老城区以轨道交通接驳为主，面向新城区设置枢纽广场，呈现"承旧迎新"之势。景观绿化上，依托京晋冀文化交汇特点，布置地域特征树种，建立绿网交织、多元和章的景观风貌，体现塞北多民族汇聚的地域文化特征。绿化布置集中在站台区及生产生活房屋院内，如图 6-81 所示。

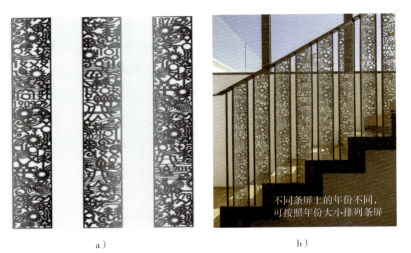

图 6-80 下花园北站铁艺栏杆装饰

图 6-81 张家口站"一站一景"效果展示

大境门是张家口市最重要的城市地标之一。站房设计理念结合张家口的历史文化以及自然风貌,其正立面的曲线呼应张家口著名地标大境门,如图 6-82 所示。浅色建筑材质,灵感来自张家口地区广袤无垠的自然风光,仿佛积雪山脉映于天际,呼应了即将到来的 2022 年北京冬奥会。

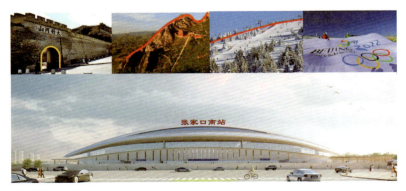

图 6-82 张家口站建筑造型(1)

在20世纪初,詹天佑大胆创新,设计了"人"字形铁路,堪称中国铁路建筑史上的一个创举。在新京张高铁车站的整体造型中,用大气舒展的曲线将"人"字形的意向融入其中,在表达对百年京张的敬意同时也巧妙地为候车厅提供更多自然采光,提高旅客候车舒适度,同时呼应了张家口地区的自然风貌,如图6-83所示。

a)建筑造型效果　　　　　　　　　　b)"人"字形铁路

c)"人"字形铁路鸟瞰

图6-83　张家口站建筑造型(2)

(2)文化元素应用与表达

①文化主题:纽带。

张家口站是京张高铁的终点站,张家口被誉为"长城博物馆",是现有长城所属最多的地区,长城是古代边塞发展的纽带,张家口在古代是中原和北地汉蒙商贸的纽带,在当代是连接京津,沟通晋蒙的纽带。北进站厅文化应用与表达包括匾额、进站信息屏两侧浮雕主题壁画、综合服务中心墙面浮雕壁画及局部丝网印刷玻璃的应用。

②匾额。

张家口作为商贸和交通经济的纽带,更加突出了"人"的作用,广泛运用人字纹装饰。同样作为长城众多的地区,匾额在装饰纹样方面也以连绵的长城元素为主,如图6-84、图6-85所示。

图6-84　张家口站站名匾额

③进站广厅墙面浮雕。

以纽带为背景,运用植物、高铁、长城、山、水、云等元素进行浮雕创作,条条纽带犹如繁茂的枝叶,延续、生长,寓意中国铁路发展无限的可能性与永动的生命力如图6-86、图6-87所示。

④综合服务中心墙面浮雕。

运用飘带,长城,高铁,长城等元素,进行浮雕创作。表现茶马古道,塞北风光,如图6-88～图6-90所示。

图 6-85　张家口站匾额实景

图 6-86　张家口站进站广厅墙面浮雕实景

图 6-87　进站广厅墙面浮雕

图 6-88　综合服务中心墙面浮雕效果图

图 6-89　张家口站进站广厅综合服务中心墙面浮雕实景

a）

b）

图 6-90　综合服务中心墙面浮雕

⑤高架候车厅玻璃装饰。

本站于高架候车厅东西两侧商务候车室及特殊重点旅客候车区侧墙通透区域设置丝网印刷玻璃，反映地方特色文化，如图6-91所示。

图6-91　高架候车厅玻璃装饰

8）太子城站

（1）建筑造型理念

太子城站为奥运车站，依山而建、环境优美。车站背山面水，连接山水之间，贯彻"尊重自然、融于自然"的设计理念，外形设计借鉴了优美的自然山形，以"曲线"为元素，与自然的山体相呼应，与水相结合，融入于山水之间，形成了具有崇礼地域特色的建筑风格，最大限度地保留自然景观，如图6-92所示。

图6-92　太子城站人视点效果图

站前广场设计与站房形成一体，生态自然。站区生产生活用房与其周边冰雪小镇及会展中心建筑风格相协调，又各具风格，对站房形成众星捧月的效果。景观绿化上，设计依托崇礼自然丘陵地势，以大量密植的林木整齐排列，增大常绿树种比例，确保冬季景观观赏效果。针对太子城地区特殊护坡结构，对绿化边坡植进行了特殊设计，以达到生态景观效果，减少护坡圬工建设带来的视觉冲突，如图6-93所示。

图 6-93 太子城站鸟瞰图

（2）文化元素应用与表达

①太子城站文化主题：无界。

中国文化讲求"天人合一""天地合德"，讲究"山水画"之于人可行、可望、可游、可居；人与自然相通、空间与自然相通、人与天地相通、心性与天地相通是中国传统文化的至高追求；地理之于高铁无界，山水之于人心无界，奥林匹克之于人类无界，无论民族、国家，"每一个人都应享有从事体育运动的可能性，而不受任何形式的歧视，并体现相互理解、友谊、团结和公平竞争（奥林匹克精神）"。

②一层进站厅文化元素。

一层进站厅文化应用与表达主要包括匾额、地面铺装及临空玻璃栏板的丝网印刷纹样。

a. 匾额。

迎合太子城现代抽象的站房设计，匾额的整体风格减去烦琐的装饰偏向简约。边框采用切割手法，在灯光的照射下，波光粼粼，使得质感细腻丰富。木雕的切割使用能够消除繁重之感，大面积使用浅色系汝瓷和珐琅彩，将太子城站房轻盈灵动的体态延续于匾额之中，如图 6-94、图 6-95 所示。

图 6-94 太子城站匾额

图 6-95 一层进站厅匾额

b. 临空玻璃栏板的丝网印刷纹样。

《文化长河》是层峦叠嶂的山峰，也是人字纹的变形。在图案制作工艺中，水墨部分使用手工油墨丝网印，使得每一块的呈现都具有随机性、独一无二。其他辅助图形区域运用平面构成的方法体现人字纹阵列排布和京张编年史。用于太子城站的方案另加入了漫天飞舞的雪花元素，如图 6-96 所示。

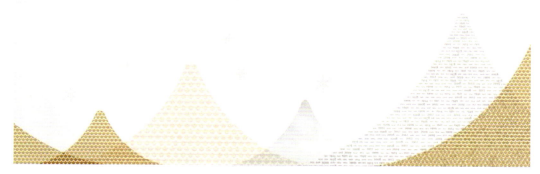

图 6-96　临空玻璃栏板的丝网印刷纹样

c. 地面铺装。

在地面铺装中，局部加入全站通用的 Logo 及人字纹等文化元素，并将各站房形象融入其中。地砖石材按照原地砖尺寸 750mm 的模数切割，最小色块地砖为 93.75mm，色块依据深浅逐渐向不同方向延展变化造型可塑性强，色块过渡自然。

③地下一层候车大厅文化应用与表达。

a. 主壁画。

崇礼太子城站依山而建，艺术壁画用写实的手法，通过琉璃与珐琅等晶体材质将广袤无际、层峦叠嶂的群山和雪融为一体，体现无垠、广阔、磅礴之感。整体上使用不同明度的灰色材质，呼应"无界"这个主题所切入的历史感。同时与大厅立柱的灰色系山水石雕相互对话，给旅客一种整体协调的空间感，如图 6-97 所示。

图 6-97　地下一层候车大厅主壁画

b. 拱顶艺术背雕。

拱顶艺术背雕位于地下一层候车室采光天井下方，采用可透光人造石材背雕，背后设置灯光，形成山水纹样，如图 6-98、图 6-99 所示。

图 6-98 太子城站地下一层候车大厅效果图

图 6-99 太子城站地下一层候车大厅实景

c. 大厅立柱的灰色系山水石雕。

使用不同形式的凿子,制作深浅、疏密等山形肌理;使用不同种类的铁刷子、金属毛轮调整肌理,以达到最佳效果;使用毛笔、刷子、喷壶等工具,将淡墨一层层罩染,制作出水墨画的效果。山水石雕如图 6-100、图 6-101 所示。

a)　　　　　　　　　　　　　　　　　　b)

图 6-100 地下一层大厅立柱的灰色系山水石雕

图 6-101 地下一层大厅立柱山水石雕实景

（3）文化展示

太子城站地下一层及地面一层设置有铁路文化展厅（图6-102、图6-103），通过照片、文献、老物件等，展现中国铁路文化的发展历程。

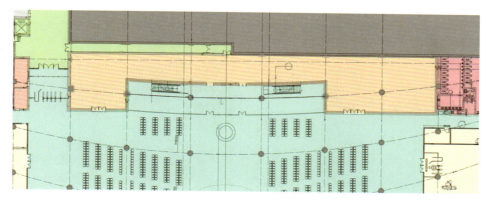

图6-102　太子城站文化展厅平面图

6.3.2　生产生活房屋景观与文化设计

生产生活房屋采用不同功能单体院落围合的集成布局方式，通过对老京张铁路的文化元素挖掘，形成新京张高铁全线精神面貌：既是一站一景，又是一线一景。整体造型遵循经济适用、凸显时代特征的原则，重点体现当代京张高铁的风貌。新建生产生活房屋采用现代的设计手法，与新建站房风格相统一，塑造整体、简洁、现代的站区一体化形象。贯彻经济适用原则，生产生活房屋严控建造成本，将建筑单体进行整合，减少建设用地以及建筑面积。

图6-103　太子城站文化展厅内景效果图

京张高铁生活生产房屋建筑主体形象的塑造以仿石涂料、瓦屋面为主，仅建筑檐口、入口等部位采用铝单板进行装饰；围墙及大门均选用了与建筑外观相符的样式，在现代简洁的基础上增加了些许中国传统及铁路的元素。围墙整体采用混凝土砌块间设装饰柱的形式。围墙中铁艺栏杆上方铸造有重新设计的Logo标志，铁艺栏杆后方装有钢化玻璃作为分割。铁质大门的门边柱正中间具有京张文化的铁艺浮雕，如图6-104所示。

崇礼铁路太子城站内生产生活房屋立面设计上，整体造型遵循尺度适宜、依山就势的原则形成连绵的坡屋顶。屋顶整体采用了挑出的新中式的坡屋，顶搭配立窗及木制格栅组合形成室内与室外空间的半透明界面，产生建筑的通透性，丰富空间氛围。结合南侧的冰雪小镇奥运颁奖广场，汲取其立面元素及立面颜色，采用折板屋面、灰颜色外墙、深色外檐口，局部辅以木色百叶，与其相对统一，同时又突出站房主体，形成"众星捧月"的整体形象。围墙及大门均选用了与建筑外观相和谐的样式，在现代简洁的基础上增加了中国传统及铁路的元素。围墙中铁艺栏杆部分均铸造有全线统一的铁路标识，铁艺大门的门边柱正中间具有京张文化的铁艺浮雕以及门口带有中式元素的迎门石共同形成了去繁就简、化圆为方、更为现代化、视觉化的立面景观，如图 6-105 所示。

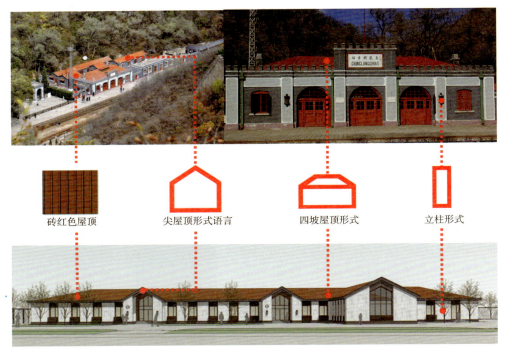

图 6-104　京张高铁生产生活房屋效果展示

图 6-105　崇礼铁路生产生活房屋效果展示

6.4　历史文物与京张文化保护

京张高铁的建设，注重历史文物和文化的保护。涉及文物保护单位分别有平绥西直门车站旧址（市级）、清河汉城遗址（市级）、八达岭长城（国家级、世界文化遗产）、水关长城（市级）、老京张铁路南口段至八达岭段（含青龙桥车站、詹天佑铜像及碑亭、詹天佑墓）（国家级）、养鹅池遗址（区级）、清华园站房、清河站房、大浮坨烽火台等。

6.4.1 平绥西直门车站旧址保护

平绥西直门车站旧址（古遗址），位于北京北站内，为北京市第五批市级文物保护单位。平绥西直门车站旧址是詹天佑主持修建老京张铁路时所建（图6-106），有站房、站台、机车库及员工宿舍等，是现存老京张铁路站场设施中唯一保存较完好的一处。根据第六批划定文保单位的保护范围及建控地带，保护范围即文物建筑本身（包括天桥、候车雨廊、候车室及其散水、台阶）。京张高铁引入北京北站，尽量减少土建工程，实现了对平绥西直门车站旧址的保护（图6-107～图6-109）。

图 6-106　老京张铁路走向与车站设置示意图

a）

b）

图 6-107　平绥西直门车站旧址老站房

图 6-108　平绥西直门车站旧址站台雨棚

图 6-109　平绥西直门车站旧址站台天桥

6.4.2 清河老站房平移与修缮保护

清河站老站房始建于 1905 年，与老京张铁路同期建造，为单层砖木结构，这座百余年的标志性建筑历经沧桑，代表了老京张文化之不息，是铁路人的精神寄托（图 6-110、图 6-111）。京张高铁清河站选址无法避开老站房，为了实现对历史文物的保护，使百年京张的精神得到完整的传承，采用了对老站房异地搬迁并修缮加固的保护方案，实现了新老建筑的历史对话，切实保留好老京张铁路清河站的历史记忆。

图 6-110　清河站老站房外景

a）

b）

图 6-111　清河老站房内景

清河老站房在平移前，先对既有结构安全性进行了评估，根据评估结果对站房基础、墙体、木屋架、屋面等进行了加固。老站房平移采用抬梁托换法，在砌体托换部位穿横向抬梁，即：双夹梁式墙体托换方法，由墙体两侧夹梁和用于拉接两侧夹梁的横向梁组成。在托换体系下部布设上、下平移轨道和滚轴，将老站房与地基切断，建筑物形成可移动体，然后用牵引设备将其移动到预定位置（图 6-112、图 6-113）。老站房迁移就位后再进行屋面瓦件及大木修补和更换、墙体剔补和锚喷、门窗更换和补配以及地面改造等修缮工作。

a）

b）

图 6-112　老站房整体平移过程

清河新老站房作为百年京张的见证者,承载着百年京张精神,将成为向广大人民群众宣传老京张铁路攻坚克难、自强不息、艰苦奋斗的伟大爱国精神的阵地。

6.4.3 清河汉城遗址保护

清河汉城遗址位于海淀区东升乡朱房村,属于北京市市级文物保护单位,战国至汉代时期遗址。城平面呈正方形,东临朱房村,南临清河,南北向,边长约500m,周长约2000m。清河汉城遗址保护范围为清河汉城遗址城墙(图6-114),为Ⅰ类建设控制地带,范围:东至京包快速路规划道路西红线,南至距清河汉城遗址现状城墙南105m处,西至老京张铁路,北至上地南路规划道路南红线。

图6-113 移动之后的清河站老站房

图6-114 清河汉城遗址

京张高铁在DK21+700～DK22+252段以路基形式近邻清河汉城遗址Ⅰ类建设控制地带,距遗址保护范围约100m,运营期预测振速小于限值要求。在施工过程中,施工单位采取减少振动的施工方式,最大限度地减小对遗存的影响。

6.4.4 八达岭长城及水关长城保护

线路在DK63+625～DK63+750及DK64+750～DK70+000段,以隧道形式穿过水关长城及八达岭长城Ⅰ类、Ⅱ类、Ⅴ类建设控制地带和规划绿地。水关长城及八达岭长城如图6-115、图6-116所示。

国家文物局以"文物保函〔2010〕1165号"文《关于京张城际铁路下穿八达岭长城及水关长城工程方案的批复》回函原则同意线路方案。根据《古建筑防工业振动技术规范》(GB/T 50452—2008),理论和仿真计算均表明京张高铁振动水平低于老京张铁路,引起的振动速度远小于容许标准,不会对长城结构的主体安全带来影响。为确保长城的安全,新八达岭隧道穿越水关长城(DK63+300～DK64+000)、八达岭长城文物(DK65+900～DK67+700)段采用减振板式无砟轨道,并进行跟踪监测。对隧道出入口、九仙庙中桥、斜井洞口等地面出露工程进行专业景观设计,确保与周边环境相协调。结合规划,在满足工程要求基础上,设计已尽量降低八达岭站地面站房和车站风亭的高度与体量。

图 6-115　水关长城

图 6-116　八达岭长城

施工期新八达岭隧道施工优先选择非爆破施工方法，确需采取爆破施工时，严格按照《爆破安全规程》（GB 6722—2014）要求，控制用药量，减小对长城文物的振动影响。设计中对于Ⅴ级围岩一般采用机械开挖，Ⅱ～Ⅳ级围岩采用控制爆破开挖，严格控制药量，对下穿长城段采用精准微损伤爆破技术最大限度地保护长城。爆破施工过程中全程实时监测穿越处长城结构振动速度水平，在隧道内结合围岩变形监测安装爆破监测仪，一方面将围岩变形控制在标准范围之内，另一方面监测隧道内爆破情况，实现隧道内和地面的同步监测，以确保长城结构的安全。

6.4.5　京张铁路南口段至八达岭段文物保护

老京张铁路是我国自行设计、施工建设的第一条铁路，是我国早期的工业遗存，在我国铁路建设史上具有重要地位。老京张铁路南口段至八达岭段于 2013 年被确定为全国重点文物保护单位，包括南口火车站站房、南口机车车辆厂近现代建筑遗存、"人"字形铁路、青龙桥车站站房及职工宿舍和监工处、詹天佑墓及铜像等。"人"字形铁路位于青龙桥车站附近，利用折返线原理来减小坡度。青龙桥车站站房位于八达岭长城脚下，青龙桥车站西为职工宿舍和监工处。詹天佑铜像位于青龙桥车站南侧，包括詹天佑铜像和大总统颁给之碑，铜像后山坡上为詹天佑墓，如图 6-117 所示。

a）詹天佑铜像及碑亭

b）青龙桥车站

图 6-117　青龙桥车站、詹天佑铜像及碑亭

京张高铁在南口到八达岭段以隧道形式并行老京张铁路，并在 DK66+400 处下穿"人"字形铁路；下穿"人"字形铁路处京张高铁隧道洞顶最小覆土仅 4m。根据《古建筑防工业振动技术规范》（GB/T 50452—2008），理论计算表明京张高铁振动水平低于容许标准，不会对文物结构的主体安全带来影响。为减小影响，隧道采用暗挖法施工，采取精确计算并控制爆破用药、提前注浆、搭建管棚、隧道内加固、既有车站内钢轨加固等措施保证老京张铁路文物的安全。采用减振板式无砟轨道，并进行跟踪监测，避免对青龙桥车站文物（DK65+900～DK67+700）产生不利影响。

6.4.6 大浮坨烽火台与养鹅池遗址保护

（1）北京市延庆区八达岭镇大浮坨村内有一座烽火台，烽火台为黏土砌筑（图 6-118），位于延庆下行联络线特大桥 14 号～15 号墩之间。桥梁采用主跨 64m 连续梁上跨烽火台，桥墩布置于烽火台外侧，从而消除了铁路建设对烽火台的不利影响。

（2）养鹅池遗址为辽代萧太后的行宫，行宫中有一泉原叫影娥池，后传为养鹅池。与旧志所载"在州城西南二十里"相符，是辽代古遗址，位于康庄镇，现为县级文物保护单位。遗址保护范围东西长 300m，南北宽 200m，其中殿宇遗址东西长 50m，南北宽 60m。本工程以桥梁形式经过遗迹地段，为遗址范围内设置 6 个桥墩。本线采用动车组列车，产生的地面水平振动速度小于振动限值，对养鹅池遗址无明显影响。

图 6-118　大浮坨烽火台

CHAPTER 7
>>>> 第 7 章

展望
FUTURE DEVELOPMENT PROSPECTS

不远的将来，我国将迎来"全面智治""以低碳甚至零碳为重要目标引领"的新时代，智能出行、绿色出行是未来出行的重要特征。随着交通强国，铁路先行，最终实现铁路强国战略的实施，高速铁路将在综合立体交通运输体系中发挥更加重要的作用，更加智能、更加绿色的高速铁路将满足公众出行的个性化服务需求外，还应推动社会的可持续发展。

7.1　高速铁路智能化设计展望

按照高速铁路智能化勘察设计发展方向，基于多种类、多时相、多分辨率数据的融合处理技术，利用数据中心超大存储及计算能力下的室内三维实景踏勘、三维选线设计、BIM设计、数字孪生工程及场景浏览等人工智能的勘察、测绘、选线设计、基于BIM的高速铁路一体化设计等技术，将为高速铁路智能建造提供信息更多元化的设计产品。

依托通信网络、大数据、区块链、物联网等新型技术及实践，基于航空航天摄影测量、倾斜摄影、北斗（BD）、激光雷达、InSAR等多种测绘技术的集成，实现空天地一体化的多源数据获取及应用。

采用云平台对地质数据库、岩芯照片及勘探进度监测等，辅以智能AI摄像头辅助管理勘探现场进行实时动态管理，实现高速铁路智能勘察与智能设计的无缝衔接，为智能设计提供基础平台。

搭建协同设计管理平台，对项目涉及的资源库、规范及标准、人员及组织权限、工作流程、数字化资产等进行统一管理；实现高速铁路智能设计以及各阶段设计资源管理、数据管理等方面的协同；对多来源数据采集、集成、分析计算、动态维护、可视化表达等方面进行集成。

7.2　高速铁路绿色化设计展望

我国向世界庄严承诺：2030年碳达峰、2060年碳中和。推动绿色高速铁路设计，强化生态保护修复，实现美丽绿色交通发展新模式成为发展趋势。在高速铁路绿色化设计中，以生态文明发展为指引，落实国家环保法规要求；以绿色发展为底色，以科技创新为依托，科学规划高速铁路绿色化设计行动方案。

践行绿色发展理念和生态环保理念，从源头上规避生态环境风险。强化生态环保设计，拟合地形地貌，采取有效的工程措施，减少对生态环境影响，注重生态功能修复建设，有效改善生态环境功能，力争无破坏式穿（跨）越。加强高速铁路对沿线生态环境影响的科学评估和方案措施的科学论证。

积极推进高速铁路沿线绿化设计工作，更加注重高速铁路沿线的环境保护设计，特别是强化高速铁路沿线和站段周边的生态保护、场地绿化、环境修复等工作，提高高速铁路用地范围内的生态环境质量，实现与高速铁路周边生态环境及景观的协调和谐。构建绵延万里的高速铁路绿色化走廊和生态美丽环境的协调一致。

强化高速铁路绿色节能设计，从源头上注重能耗综合使用。加强大型客站综合能源管理，大力推广使用清洁能源智能管控系统，利用自然采光、通风和太阳能，提高非牵引能耗使用效能，提升能源综合利用效率。

开展节能减排和污染防治设计，创新移动装备节能技术，推进车站综合能源管控系统、智能微电网控制技术、废物循环利用、清洁能源供应技术等多项技术综合应用，打造绿色车站。应用新能源、可再生能源、清洁能源技术，减少大气污染物排放，推进高速铁路清洁能源化、绿色低碳化。结合国家碳中和行动方案的要求，明确高速铁路碳排放目标，引领高速铁路绿色化设计。

参考文献

[1] 中铁工程设计咨询集团有限公司. 北京至张家口铁路可行性研究 [R]. 北京：中铁工程设计咨询集团有限公司, 2008.

[2] 中铁工程设计咨询集团有限公司. 北京至张家口铁路初步设计 [R]. 北京：中铁工程设计咨询集团有限公司, 2015.

[3] 中铁工程设计咨询集团有限公司. 北京至张家口施工图总说明 [R]. 北京：中铁工程设计咨询集团有限公司.2016.

[4] 中铁工程设计咨询集团有限公司. 崇礼铁路可行性研究 [R]. 北京：中铁工程设计咨询集团有限公司, 2015.

[5] 中铁工程设计咨询集团有限公司. 崇礼铁路初步设计 [R]. 北京：中铁工程设计咨询集团有限公司, 2016.

[6] 中国铁道科学研究院. 新建北京至张家口铁路环境影响报告书 [R] 北京.2015.

[7] 陆东福. 奋勇担当交通强国铁路先行历史使命 努力开创新时代中国铁路改革发展新局面——在中国铁路总公司工作会议上的报告 (摘要) [J]. 铁路计算机应用, 2019, 28 (01)：1-8.

[8] 王同军. 抓住重要战略机遇期 开创铁路建设高质量持续健康发展新局面——在2019年中国铁路总公司铁路建设工作会议上的讲话 (摘要) [J]. 中国铁路, 2019 (02)：7-17.

[9] 王同军. 中国智能高铁发展战略研究 [J]. 中国铁路, 2019 (01)：9-14.

[10] 王同军. 智能铁路总体架构与发展展望 [J]. 铁路计算机应用, 2018, 27 (07)：1-8.

[11] 冯莎莎. 中国高速铁路绿色发展的思考 [J]. 高速铁路技术, 2018, 9 (03)：94-98.

[12] 马建军，李平，邵赛，等. 智能高速铁路关键技术研究及发展路线图探讨 [J]. 中国铁路, 2020 (07)：1-8.

[13] 李寿兵. 智能环境下的铁路勘察设计 [J]. 铁道标准设计, 2018, 62 (10)：1-5+12.

[14] 蒋伟平. 解析"精品工程 智能京张"对新时代中国铁路建设的深远影响 [J].

铁道标准设计, 2020, 64 (01): 1-6.

[15] 蒋伟平. 张家口铁路地区总图研究 [J]. 铁道标准设计, 2009 (4): 19-21.

[16] 赵勇, 俞祖法, 蔡珏, 等. 京张高铁八达岭长城地下站设计理念及实现路径 [J]. 隧道建设(中英文), 2020, 40 (07): 929-940.

[17] 乔俊飞. 京张高铁八达岭景区设站研究 [J]. 铁道标准设计, 2020, 64 (1): 12-15.

[18] 王洪雨. 智能京张高速铁路总体创新设计 [J]. 铁道标准设计, 2020, 64 (01): 7-11.

[19] 王洪雨, 张振义, 刘建友. 京张高速铁路八达岭长城站客流特征及流线设计 [J]. 高速铁路技术, 2020, 11 (03): 37-41.

[20] 夏瑞伶. 从城市布局谈北京枢纽新客运站规划 [J]. 铁道标准设计, 2009 (11): 1-4.

[21] 李智伟, 杨锐. 京张铁路引入北京枢纽线路建设方案探讨 [J]. 铁道运输与经济, 2016, 38 (06): 44-48.

[22] 林海波. 京张铁路八达岭越岭方案研究 [J]. 铁道勘察, 2014 (6): 89-92.

[23] 李亮. 京张城际铁路引入张家口地区方案研究 [J]. 铁道运输与经济, 2014, 36 (7): 50-53+65.

[24] 王新宇. 京张城际铁路引入北京枢纽方案研究 [D]. 北京: 北京交通大学, 2015.

[25] 赵勇, 吕刚, 刘建友, 等. 京张高铁清华园隧道建造关键技术创新与应用 [J]. 铁道标准设计, 2020, 64 (01): 109-115+136.

[26] 陈学峰, 刘建友, 吕刚, 等. 京张高铁八达岭长城站建造关键技术及创新 [J]. 铁道标准设计, 2020, 64 (01): 21-28.

[27] 蒋小锐, 刘建友, 高宇宇. 京张高铁八达岭长城站智能建造技术 [J]. 铁道标准设计, 2020, 64 (01): 28-33.

[28] 赵琳, 张轩, 陈鹏飞, 等. 京张高铁八达岭地下车站BIM设计应用 [J]. 铁道勘察, 2020, 46 (01): 111-116+122.

[29] 赵琳, 孙行, 吕刚, 等. 京张高铁八达岭长城站站台宽度计算及舒适度分析 [J]. 铁道标准设计, 2020, 64 (01): 87-94.

[30] 欧宁. 京张高铁车站设计创新研究 [J]. 铁道标准设计, 2020, 64 (01): 164-169+193.

[31] 欧宁. 京张高铁清河站站房绿色设计研究 [J]. 铁道勘察, 2020, 46 (01): 1-6.

[32] 冯小学, 张宁, 李恒兴, 等. 京张高铁站房设计管理的创新理念与实践 [J]. 铁道标准设计, 2021, 65 (02): 128-133.

[33] 李纯, 张忠良. 基于BIM标准体系的铁路协同设计体系研究 [J]. 铁道勘察, 2020, 46 (01): 95-102.

[34] 马小宁, 史天运. 智能铁路的内涵及关键技术研究 [C]// 第八届中国智能交通年会, 2013.

[35] 祝安龙, 答子庋, 刘建友, 等. 京张高铁八达岭长城站结构安全智能监测技术 [J]. 铁道标

准设计, 2020, 64 (01): 94-98.

[36] 马福东, 王婷, 彭斌, 等. 复杂深埋地下高铁车站站台及通道空气动力学效应模拟及设计对策选定 [J]. 铁道标准设计, 2020, 64 (01): 40-44.

[37] 金令, 李辉, 高静青, 等. 京张高铁官厅水库特大桥总体设计及创新技术 [J]. 铁道标准设计, 2020, 64 (01): 194-198+208.

[38] 杨永明, 李彦博. 京张高铁应急抢修简支钢—混结合梁设计应用 [J]. 铁道标准设计, 2020, 64 (01): 199-203+219.

[39] 王潘潘, 魏宏伟, 楚振宇. 智能牵引供电系统一次设备与辅助监控系统工程实施方案 [J]. 电气化铁道, 2018, 29 (S1): 21-25.

[40] 孙嵘, 姜志威. 高速铁路一体化综合视频监控系统构建研究 [J]. 铁路通信信号工程技术, 2020, 17 (03): 19-24.

[41] 孙嵘. 京张高铁八达岭长城站防灾疏散救援强化设计 [J]. 铁道标准设计, 2020, 64 (01): 209-214.

[42] 李金冬, 张苏, 韩松, 等. 基于BAS的京张高铁站房能源管理系统研究 [J]. 铁道标准设计, 2020, 64 (01): 176-179.

[43] 刘瀚舒. 高速铁路站区景观绿化工程设计研究——以太子城站站区景观工程为例 [J]. 铁道标准设计, 2020, 64 (01): 188-193.

[44] 赵匡胤. 京张高铁官厅水库特大桥"智能景观"点亮夜空 [N]. 人民铁道, 2019-09-05 (A04).

[45] 解亚龙, 王万齐. 京张高铁工程数字化的探索与实践 [J]. 中国铁路, 2019 (09): 22-28.

[46] 谢甲旭. 京张智能客站旅客服务与生产管控平台设计 [J]. 铁路计算机应用, 2021, 30 (01): 30-34.

[47] 廉文彬. 智能客站旅客服务与生产管控平台设计与实践 [J]. 中国铁路, 2019 (11): 7-12.

[48] 褚冠男. 从站房角度谈京张高铁文化的表达 [J]. 铁道勘察, 2020, 46 (01): 12-18+102.

[49] 周总印. 从京张铁路到京张高铁的百年跨越与蝶变 [J]. 档案天地, 2020 (06): 31-36.

[50] 石颖川. 对城市工业遗产的人类学思考——西直门火车站的变迁与历史记忆 [D]. 北京: 中央民族大学, 2010.

[51] 佚名. 北京冬奥会赛区场馆介绍 [J]. 工会博览, 2018 (20): 36.

[52] 魏然, 高小, 周浪雅. 基于OpenTrack软件的列车技术作业过程仿真研究 [J]. 铁道运输与经济, 2013, 35 (05): 25-29.

[53] 袁广琳, 高国琛. 唐包线张家口地区引入方案研究 [J]. 铁道勘察, 2012, 38 (1): 72-76.

[54] 朱彦, 韩文, 于大海, 等. 聚氨酯固化道床用聚氨酯材料使用寿命预测 [J]. 铁道建筑, 2017 (05): 113-117.

[55] 陈峰. 浅析我国清水混凝土技术的应用瓶颈与对策 [J]. 价值工程, 2010, 29 (36): 54-55.

[56] 林军.基于自制便携式点荷载仪快速获取岩石强度的试验研究[D].绍兴文理学院,2017.

[57] 张天明.铁路站房健康监测技术研究[D].石家庄:石家庄铁道大学,2018.

[58] 韩秀辉,袁锋,罗世辉,等.BIM在铁路设计中的应用探讨[J].铁道标准设计,2016,60(08):17-20.

[59] 宋雷.建设宜居新城典范[J].北京规划建设,2006(06):96-99.

[60] 刘长青.京张高铁智能动车组关键技术研究与应用[J].中国铁路,2019(09):9-13.

[61] 刘长青.京张智能动车组——从"中国创造"向"中国智造"的里程碑式跨越[J].城市轨道交通研究,2018,21(02):3+108.

[62] 王楠.高速铁路防灾安全监控系统[J].铁路计算机应用,2012,21(07):56.

[63] 周朝增.北京朝阳站信息化建设应用研究与展望[J].铁路技术创新,2020(06):17-25.

[64] 李长林.虚拟现实技术在高层建筑防灾应急救援中的应用[J].信息安全与技术,2010(09):69-72.

[65] 保鲁昆,孙伟,赵楠,等.基于京张高速铁路相关智能技术设备应用的技术规章制修订研究[J].铁道技术监督,2021,49(02):7-10.

[66] 张树.北斗卫星导航系统在青藏铁路列车定位中的应用研究[D].中国铁道科学研究院,2017.

[67] 黄康,应志鹏,苗义烽.高速铁路行车调度技术发展历程及展望[J].铁道通信信号,2019,55(S1):103-108.

[68] 周晓昭.复杂高速铁路路网下的列车运行智能调整策略与方法研究[D].中国铁道科学研究院,2018.

[69] 展鑫.高速铁路C3+ATO调度集中系统研究[J].铁路通信信号工程技术,2019,16(06):15-18.

[70] 张明平,于广明,徐园园,等.与环境协调的城市地下工程开挖问题分析[J].地下空间与工程学报,2007(03):458-462+469.

[71] 一凡.穿越百年的京张铁路[J].交通与运输,2012,28(03):74.

[72] 陈幽燕,王军.硕果累累书答卷 百年京张再启航[N].人民铁道,2017-04-21(B01).